香川綾の歩んだ道

現代に活きる実践栄養学

香川 綾・香川芳子

女子栄養大学出版部

香川綾の歩んだ道

——現代に活きる実践栄養学

目次

装　丁　代田 奨
カバー版画　安井寿磨子
本文切り絵　金川禎子

はじめに

本書のもととなった『栄養学と私の半生記』は、香川栄養学園の創立者であり、前学長で私の母でもある香川綾が昭和六十年に出版したものです。幼少のころの思い出や母親の死をきっかけに医学を志したこと、そして栄養学一筋に歩んだ五十余年と、夫昇三とともに創立した学園の歴史を記しています。その後もさまざまなことがありましたが、綾は最晩年になっても続編を書きたいと話していました。文化栄養学科（現・食文化栄養学科）や大学院のこと、二十一世紀の栄養学に期待することなども伝えたいと考えていたのでしょう。けれども、その思いを果たすことなく平成九年に九十八歳でこの世を去りました。

そのため、この本の初版から二十七年という月日が流れています。私は平成二年に綾から学長を引き継いできましたが、新学科の増設や改称、実習室や研究施設の充実、インターンシップをはじめとする就職支援体制の充実、香川昇三・綾記念展示室の創設、国際交流、産官学連携と地域協力、生涯学習の推進など、学園は新たな歴史を刻んでいます。

また社会的にも、平成八年には糖尿病や高血圧などの成人病を生活習慣病に改称、平成十七年には食育基本法が成立。また栄養教諭が誕生しました。平成二十年からは激増しているメタボリックシンドロームと糖尿病に対処するために、特定健診・特定保健指導が発足しました。こうしたことからもわかるように、栄養学の研究や栄養教育への期待はますます大きくなっています。それにこたえて、本学では全教職員が協力して、平成十九年は第三十九回アジア太平洋公衆衛生学術連合国際会議、翌年には第六十二回日本栄養・食糧学会大会を坂戸キャンパスで成功裡に開催することができました。

このように学園も社会も変化していますが、綾は次のような文章を残しています。

「教育とは、人間が今日まで歩んできた道を誠実に考え、その継承と展開を次の世代に託すものです」

教育は学問や社会の出来事、人の生き方なども含めて過去を検証・確認しながら、継承すべきものは現在に生かし、さらに進歩発展を目指し、それを次の世代に伝えることだということでしょう。

しかし、それは教育者だけに課せられたものではありません。どんな分野でも、どんな小さなことでも、社会や家庭において一人一人が未来への伝言の発信者です。

人間の歴史はその伝言の積み重ねですが、特に健康というテーマには終わりはありません。生きている限り学び伝えていくことができます。

今年は綾が亡くなって、丸十五年になります。そこで、私も学園を受け継いだ一人として『栄養学と私の半生記』に綾が書き残した昭和六十年以降の学園のこと、栄養学と「食」の教育をとり巻く社会の動向などについて書き加えることにしました。ただ紙幅の関係でくわしくは述べていませんが、健康と命のたいせつさについて、また後に続く人たちに自分はなにを伝えたいか、そんなことを考えながら読んでいただければうれしく思います。

平成二十四年十月

香川芳子

第一章　大きなゆりかごの中で

学び続けて

私は昭和六十年の三月に、満八十六歳になりました。
といって、縁側で日向ぼっこをして気楽に過ごそうなどという気はありません。江戸時代の儒学者佐藤一斎《さとういっさい》の『言志四録《げんししろく》』に

少《わか》くして学ばば、壮にして為《な》すあり。
壮にして学ばば、老いて衰えず、
老いて学ばば、死して朽ちず。

という言葉がありますが、人間はいくつになっても髪やつめが伸びるように、学んでいれば、

成長することができるのです。年をとったから、もう努力しないでよいという日は一日だってありません。ささやかでも自分のなすべきことを果たしてこそ、人の役にも立ち、この世に生を受けた喜びが味わえるのだと思います。

ところで、学ぶといえば、昭和五十九年の夏の中国旅行ではたくさんのことを勉強してきました。訪中のきっかけは、五十八年、中国の主要な栄養学者が日本の栄養士養成所と大学を視察に来日されたことです。女子栄養大学の坂戸校舎も見学されました。そんな関係で、中国を訪問するよう要請されたのです。

日程は、八月十八日から二十六日までの九日間。成田を午後四時四十分に出発して、八時ごろには北京に到着しました。

私には子どものころ、『十八史略』など中国の歴史や文学を読んだ記憶があります。また戦前、中国の東北部から栄養指導をと、たびたび招かれたのですが、子どもがまだ幼く学園の仕事も忙しかったため、断念したことがあります。

ですから長い間、私には中国は遠い国、幻の国という思いがありました。ところが、日本と北京の時差は一時間ですが、正味三時間ばかりで、本当にアラッという間に着いたのですから、夢のような気がしました。

翌日から、中国の栄養学や食品の専門家との集会の合間に、万里の長城や明の十三陵、故宮博物館、天安門広場や朝市などを見学したり、揚子江の見えるところまで湾めぐりを楽しんだりしました。

驚いたのは、そのスケールの大きさです。万里の長城は想像以上に切り立った峰から峰へと長い長い道が続き、その途中には物見櫓《やぐら》や狼煙《のろし》台などがあります。私は、通訳の人から降りるときがたいへんだからやめるようにと言われ、頂上のすぐ手前であきらめましたが、よくこんな壮大な構築ができたもの。

明の十三陵にしても、そうです。十三陵に行くまでの道の両脇には、等身大よりももっと大きい馬や象、キリンや武官などの石像があります。しかし、墓地といっても日本のように所狭しと墓石が並んでいるわけではありません。もちろん、廟の地下にはもう柩《ひつぎ》や遺品はありませんが、一つ一つの廟が公園のような広さの中にあるのです。

私（中央）と香川芳子（右）

時は流れ、人の世は容赦なく移り変わっていきました。現代では十三陵や故宮など、いわゆる王朝時代の豪華な建物は、権力を集中し人民の膏血《こうけつ》を絞って造ったものということになっているようですが、中国国土の広大さと四千年の文化の幽遠さに、ただただ圧倒されてしまいます。
私たちの旅は北京三泊、瀋陽（旧奉天）一泊、上海三泊というものでした。そのいずれの街でも感じたのは、働く人たちが生き生きとしていることです。一般家庭の事情はわかりませんが、中国でも朝食は簡単にすませる習慣があるのでしょうか。ユーピン（中国風お焼き）を焼いているお店に、朝早くから次々と労働者がやって来て、ユーピンと豆乳を食べ終わると、自転車に乗って職場に向かいます。自転車が広い道路いっぱいに行き交うさまは、みごとといってもよいほどでした。

私がもっとも感激したのは栄養教育に対する熱い意欲です。私たちが招待された目的は、日本の、それも女子栄養大学における栄養教育の実態を、中国の関係者に紹介するということでした。北京でも上海でも、またスケジュールにはなかった瀋陽でも、栄養や食品、医学や衛生などの専門家との集会が開かれました。

確かに中国の栄養教育の現状は、文化大革命などの影響もあって、まだ緒についたばかりといってもよいでしょう。しかしすでに、新しい息吹が感じられました。瀋陽では近々初めての栄養学会を、その次の年には全国学会を開く予定があり、栄養士の養成も具体的に検討中とのことです。私と香川芳子とで日本の栄養の現状、女子栄養大学の教育状況、四群点数法、栄養クリニック、胚芽精米などについて話しましたが、出席者の熱心さに圧倒されてしまいました。科学的にいいことは、なんでも実践してみようという姿勢です。瀋陽を出発する直前にも、王敬国先生（中国営養学会幹部）が、わざわざ空港まで自転車を走らせてきて、昨夜、省のおもだった人と相談した結果だが、留学生を派遣したいから協力をお願いしたい、と言われたほどでした。

　このような中国の人たちの、学ぶことに努力を惜しまない姿に接して、私は深い感動を覚えました。不遜かもしれませんが、わずかでも中国の栄養教育の役に立ちたいと考えています。そのためにも、まだまだ学び続けなければ。

　学び続けること、それが私の健康の秘訣《ひけつ》になっていると思います。

父が残してくれたもの

　学ぶといえば、私に、女性であっても学問がたいせつなことを教えてくれたのは、父でした。

　つい最近、古い木箱の中から、私の尋常高等小学校一年から尋常高等小学校高等科一年までの、学習帳のつづりが二冊出てきました。表紙には、父の字で「清書」「清記」と毛筆で書かれています。私の名前の「横巻綾」という字も、父のものです。私は、そんなものが残っているとは思ってもみませんでしたが、学校から宿題やテストの採点を持ち帰るたびに、父が麻ひもでとじて保

存していてくれたのでしょう。

父は「女の子だからといって、男の子と区別して育てることはない」とか、「女も勉強すれば偉くなれるご時世だ」とか、よく話していました。「女の子も漢詩や漢籍くらいは読めなければ」と言って、私を漢文の素読に通わせてくれたのも父でした。明治時代には、どこにでも漢学のできる人がいましたが、おかげで私は小学校五年から高等科の二年まで、『日本外史』と『十八史略』を読み続けました。私たちきょうだいが、まだ小さかったころ、姉の手をとって水泳を教えたり、妹を肩車に乗せ私の手を引いて、川下りや花見に連れて行ってくれたのも、父です。

私の父横巻一茂は、当時にすると、ひじょうに開けた人といえますが、和歌山県日高郡の出身で、維新前には苗字帯刀を許された大きな農家の次男坊です。ただ、逆算してみると、明治元年に十三歳。文明開化の影響を受けながら育ったといってもよいでしょう。人の役に立つ仕事をしたいと考えたようです。クリスチャンの兄と同じように警察官になりましたが、その採用試験の勉強も月の明かりでしたことがあると言います。

一口に言えば、父はなかなかの努力家でした。私の姉は子どものころ、父が管内を見まわるとき、いつも法律書を読みながら歩いていたのを、よく覚えていました。私も母から、父は暗記をすると、そのページを破って飲み込んでいたという話を聞いています。

そんなことで法律にもくわしかったのでしょう。次々に昇進して、本宮の分署長だったころには、新宮の警察と裁判所の事務取り扱いも兼ねていたほどでした。当時、父は月の半々を本宮と新宮で過ごしていましたが、私が生まれたのは、この本宮時代のことです。

やがて父は、古座や加太の分署長を経て、湯浅の警察署長から加太の警察署長になりました。そして明治四十四年、五十七歳のとき、加太の町長に迎えられました。

妹は私の仕事ぶりや性格が、きょうだいの中でいちばん父に似ていると言いますが、父はがんこなわりに豪放磊落《らいらく》で、どこか人を魅《ひ》きつけるところがありました。警察署長や町長時代に、いろんな人が相談に来ていたのも、父の気さくな人柄によるのでしょう。

仕事柄とはいえ、来客好きな父でした。とくに、正月などは町の有志や警察署の人たちを幾組にも分けて招待していましたが、母がおいしい料理を作るのと、議論好きな父が大きな声で話すのとで、いつも家の中はにぎやかなものでした。

父・横巻一茂

人はだれもが幸せと不幸せを同じ数だけ持っていると言います。人によって、その現われ方が違うだけだとも言いますが、仕事のうえでは順調だった父も、三度の結婚を考えると、あるいは寂しい人だったかもしれません。最初の結婚では、二児をもうけたあと、妻を病気で失いました。

　私の母と結婚したのは、それからずっとのちの明治二十三年のことです。父三十六歳、母二十八歳のときでした。父の兄夫婦が母と同じ教会のクリスチャンで、父は信者ではありませんでしたが、教会の人たちにすすめられて結婚したといいます。その母も、大正三年二月に他界しました。

　五十九歳の父が三度目の結婚をしたのは、それから半年後のこと。その人はおみきさんといい、士族の出身でした。父も一度は「千石取りの娘は家に過ぎる」と断わりましたが、茶飲み友達として世話をされたようです。

　そのころ、私はすでに師範学校の寄宿舎にいましたし、姉も小学校に勤めていました。だから、ほとんど家にいませんでしたが、大きく変わったのは食事がわびしくなったことです。私の母が生きていたころには、手料理があたりまえで、父もそれを楽しみにしていました。ところが、おみきさんは外から取り寄せたり簡単にすませたりするので、父はずいぶん味気ない思いをしていたようです。私がたまに寄宿舎から家に帰ると、寂しそうに父が愚痴をこぼしていました。

　それから、おみきさんが長火鉢の前でキセルタバコを吸うのも、いやな光景でした。妹は母が亡くなったとき十二歳。結婚するまでおみきさんといっしょに生活していましたから、そんなことにも抵抗を覚えたようです。

その後、私たちきょうだいはみんな独立し、結婚しました。だから、父のめんどうを見てくれるおみきさんに感謝していましたが、食事によって家庭の雰囲気がガラリと変わるのも不思議なことでした。

父が加太の町長をしていたのは、四年余りのことです。リウマチで歩行が困難になると、退職して一家で和歌山市へ引き揚げ、大正九年には私の勧めで大阪の天下茶屋へ家を買って移りました。そして貸家の家賃などで気楽に余生を送っていましたが、昭和十九年の五月に八十九歳で天寿を全うしました。

思い出すのは、その臨終まぎわのことです。クリスチャンだった私の母の心が通じたのか、洗礼を受けていない父が「牧師さんを呼んでほしい」と言いました。私には、父が牧師さんに、なにを打ち明け、なにを祈ったのかはわかりませんが、思い残すこともなく安らぎのうちに旅立ったような気がします。

母の形見

母は口数の少ないもの静かな人で、別に言い残したわけではありませんが、私に三つの大きな形見を与えてくれました。食生活のたいせつさと医学への道、そして神を信じることです。これは、母の家庭環境とも関係があるようです。

母・のぶ枝

私の母は旧姓を河島のぶ枝といい、父喜八郎は幕末まで紀州徳川藩の食膳《しょくぜん》係をしていました。喜八郎の母も殿様に仕えたことがあり、学問にも手芸にも優れた人でした。喜八郎は、この母からきびしい教育を受けたようです。明治維新のあと寺子屋を開きましたが、

「出来の悪い子がいるとそろばんで頭をポカリッとやるものだから、うまくいかなくって。それで、うちのお父さんは農業を始めたんだよ」

と私の母はよく話していました。大きな家屋敷を売って広い農地を買い、穀物やくだものを作っていたようです。

母のきょうだいは兄一人と二人の妹、それに弟が一人。みんな熱心なクリスチャンで、アメリカの宣教師が和歌山県下で布教活動をするとき、かならず河島の家に寄って便宜を得ていたほどでした。

そんなせいで、海外の文化に接する機会が多かったのでしょう。和歌山の田辺教会史によると、母の兄敬蔵はシェークスピアの『ロメオとジュリエット』を『春秋浮世の夢』と翻訳して日本に紹介した、と書いてあります。母のきょうだいは、みんなこの兄から大きな影響を受け

たようです。

　母は折に触れて、

「私は長女なので学校へは行かないで、家の手伝いをしていたけれど、妹たちは大阪にウイルミナ女学校ができるまで、新渡戸稲造先生がいらっしゃる同志社に一時預かってもらうといって、兄が京都へ連れて行ったんだよ」

と言っていました。

　その妹たち、次女の米《よね》と三女の春枝は、大阪のウイルミナ女学校を卒業すると和歌山へ帰って、宣教師レヴィット女史の宣教活動を手伝っていました。また私の母も、女学校へは行かなかったものの、宣教師ハドソン氏の秘書のような仕事を、結婚するまでしていました。

　料理にしても信仰にしても有形無形に、親から子に、子からそのまた子にと伝えられていくものですが、私はわりあいに早く母を亡くしたこともあって、この二人の叔母から多くの恩恵を受けました。幼少のころには春枝叔母の世話になり、東京女子医専に通うようになってからは、米叔母の家に住んで母代わりにさまざまなことを教わりながら、結婚までのたいせつな時期を過ごしたのです。

　とくに私の胸に深く残っているのは、神学者の田中達《たなかたつ》と結婚した米叔母のことです。この叔母は性格のさっぱりした、そして本当にクリスチャンぶらない人でした。

「説教するより、おいしいすしで慰めたほうがよい」

と言って、よく手作りの料理で刑務所から出てきた人をもてなしたり、病気の人を見舞ったりしていました。夫がアメリカへ留学中は東京音楽学校の、そして夫の死後には東京女子大の舎監をしたこともあります。私が栄養学の道に入るのを促してくれたのも米叔母で、女子栄養学園ができてからは家庭料理の講師をしてくれたことも、『栄養と料理』や『婦人之友』に料理記事を書いていたこともあります。戦中、戦後、しばらく『栄養と料理』を休刊していたことがありますが、そのとき希望を持ち続けるよう励ましてくれたのも、この叔母でした。毀誉褒貶《きよほうへん》を求めず、素直に自分の生涯を生きた人といえばよいでしょうか。昭和二十二年に八十二歳でこの世を去りました。『栄養と料理』が復刊して一年後、そして女子栄養学園が短大として認可される三年前のことです。

こんな環境の中で、私の母は育ちました。今でもはっきりと思い出しますが、色白のふっくらした顔で、髪はいつもきちんととといてうしろで丸め、自分で手織った着物を着ていました。母が洗礼を受けたのは、兄や妹のところへ立ち寄っていた宣教師からだといいます。茶菓をもてなしたり、逆にハドソン夫人からパンやクッキーの焼き方を習ったり聖書の話を聞いているうちに、素直に信仰を得たのでしょう。

母は、よくこんな話をしてくれました。

「神様は、私たちの悲しいことも苦しいことも全部わかってくださる。どこにいても私たちの行ないを見ていらっしゃるし、遊んでいるときも眠っているときも見守っていてくださるんだよ」

　私たちきょうだいは、まだ小さくてわからないままに聞いていましたが、母はきっと、神を見つめて恐れずに生きなさい、いつも大きな力に見守られているのだから、と言いたかったのでしょう。現在の私の信仰は、母のこのさりげない言葉によって植えつけられたものだと思います。

　身びいきかもしれませんが、母は心のきれいな人でした。人を地位とか富とか着物のよしあしで判断することもなく、河原で乞食が赤ん坊を産んだと聞けば、人に隠れるようにして食べ物や着物を持って行き、通りすがりのお遍路さんには熱いみそ汁を勧めるというふうでした。村の人の結婚式や葬式には、自分の一張羅を惜しげもなく貸すので、母の着物が村じゅうを行ったり来たりしていたものです。また、今なら規則違反になるかもしれませんが、けんかや賭《か》け事《ごと》で留置された人がいると、「お風呂にお入り」とか、月夜の晩には「きれいな月ですえ、出てきていっしょにながめなはれ」と、声をかけたりしていました。

　そんなわけで「奥さんには足を向けて寝られません」と言う人がいて、だれが持ってくるのか、しょっちゅう新鮮な野菜や魚が玄関に投げ込まれていました。母はそれをまた、漁師の家には野菜を漬物やたくあんにして、農家には魚を干物などにして配っていました。

　母が着物や家財道具をそろえるより、食事に心を配るようになったのは、お城の食膳係をしていた、母の父親の影響でしょうか。私が子どものころには、もちろん冷蔵庫はありません。

だから家庭の料理といえば、近くでとれる野菜や魚を使い、煮たり焼いたりするだけでした。けれども母の料理には、材料が乏しければ乏しいなりにくふうして、それを上まわるだけの温かい心づくしがあったように思います。

とくに鮮やかに思い出すのは、こぎれいに身づくろいして正月のしたくをする母の姿です。毎年暮れになると、まだ外が暗いうちから起き出して、「お母さんはここよ」とでも言いたげな音を立てながら、もちつきの用意をしていました。そして近所の人や警察の人が手伝いに来て、次々とつき上げたものを、お鏡にしたり小取り（丸もち）にしたり、のし棒にします。よもぎを入れた草もち、ごまや粟《あわ》を入れたもの、砂糖入りのものなど、たくさん作っていたものです。

三十日ともなると、母は決まって和歌山の市場まで、人力車で買い出しに出かけていました。そして大晦日には、早朝からそれを刻んだり煮込んだりして、お正月料理の用意です。私たちきょうだいの楽しみは、母がそのおせち料理を味見させてくれることでした。

「どう？」

と母に聞かれると、

「おしょうゆが足りないみたい」とか「もっとやわらかくして」などと、私たちはいっぱしの口をきいていたものです。

当時は酒や砂糖などの調味料も少なく、おせちの煮しめは小魚やこんぶでだしをとり、にんじん、ごぼう、はす、こんにゃく、厚揚げなど、材料の味がからみ合ってまろやかな風味になるまで、とろ火で煮込むのがコツでした。母はなべの両手を持って、しょっちゅう中の具を手前でサッサッと混ぜ返していましたが、小さかった私は、その手つきを手品師のようだと思いながら、うっとりとながめていたものです。

そのほか、母は左党にも下戸にも心配りをして、吸い物やお汁粉など手早く作れる温かいものと、口当たりのいい大根のなますや魚の酢の物などを用意していました。

現代では、煮物や酢の物さえデパートやスーパーの食料品売り場で売っていますが、家庭で作る料理は料亭やレストランあるいはパック商品などとは、いろいろな面で違います。

たとえば、家庭の料理は決まりきったメニューで作るのではなく、献立は家族の健康を考えて毎日決めますし、材料も一つの型にこだわることもなくまったく別のものを使ってくふうをすることもできます。洗うということにしても能率よりも清潔さを心がけ、小さな子どもや偏食がちな家族がいると、細かく刻んだりすり込んだり、ジュースにするなど、欲得なしに手をかけます。

このように、お金には換算できない心配りをするから、その家庭独特の味が生まれるのです。料理の出来、不出来があまり問題にならないのも、またレストランなどの料理と違って飽きることがないのも、そこに作ってくれた人の愛情を見るからでしょう。

母が料理じょうずなおかげで、私の家の食卓はいつも豊富でした。加太でも熊野でも魚には不自由せず、大きなマグロやブリが何本もかつぎ込まれたり、イワシがとれる季節にはバケツ一杯いくらという買い方をしていました。新鮮な小ダイや磯魚は、生でも酢づけでもよく食べていたものです。イワシのごぼう漬け、ブリの煮こごり、それから野菜では大根の三つ輪漬け、まる干し大根のハリハリなどはいつも用意してありました。また、小アジは焼き干しを作って一年じゅうだしに使うというふうでした。

季節のものを取り入れること、材料の味を生かすことは料理の基本ですが、母は材料が新鮮であればタイでもサバでもイワシでも、よくすしを作っていました。春秋の野菜は竹の子ずし、こけらずし、炊き込み飯にもしました。また冬の寒い日には、大根飯の熱いご飯の上に大根おろしをたっぷりのせて、ふうふう吹きながら食べた思い出もあります。熱いご飯とピリッと辛い大根おろしで体がポカポカしてくるのです。

こんな母の料理で、わが家の食事はいつも楽しくにぎやかでした。私は子どものころ、うちのお母さんほど料理のうまい人はいないと思っていたほどです。これも父がいつも〝職住近接〟で、お昼もみんなといっしょに食事をしていたので、母にとっても料理を作る張り合いがあったからでしょう。料理は喜んで食べてくれる家族がいると、自然に上達してくるのです。

私が子どものころといえば明治も末期のことですが、母はおやつにも心を配ってくれました。たとえば正月のおもちの残りは、かきもちやあられに切って、大きな紙袋に入れ天井につるしてありましたが、これが一年じゅう私たちのおやつになっていました。ホカホカの蒸し芋、それから蒸しパンもよく食べました。けれども、なんといってもいちばん懐かしいのは、「宣教師ハドソン夫人からの直伝よ」と言って、母が焼いてくれたクッキーです。

どんなふうに改造してあったか、もう忘れましたが、オーブンは石油缶を利用して近所の鋳《い》物《もの》屋さんに作らせたものです。材料の小麦粉とミルクと砂糖には不自由しませんでしたが、田舎では手に入りにくいバターは、あまり使わなかったように思います。

私はクッキーの香ばしいにおいがしてくると、近くで遊んでいても本を読んでいても、真っ先に台所へ駆け込んでいました。そして姉と私と妹で、かわるがわるに「ねえ、まだ？」と催促。そのたびに母はオーブンを軽くたたいて、

「ね、まあだだよ、と言っているでしょ」

と、笑いながら答えていたものです。

焼けたばかりのクッキーは、おちょこで丸くくりぬいたのやひし形のものなど、それには母の指の跡がわずかに残っていたりしました。

あれは、私が十歳くらいのときでしょうか。まだ熱いクッキーをほおばっているとき、ふっと胸に迫るものがあって、思わず涙がこぼれそうになったことがあります。

「うちはいいなあ」

温かくて頼もしい父がいて、きょうだいはみんな仲よしで、それに私たちをやさしく見守ってくれる母がいて……。明るい日射しを受けた警察の官舎のまわりには、夏みかんの白い花が

咲いたり垣根には野いちごが赤い実をつけたりしているのです。

「あの『マッチ売りの少女』が寒いクリスマスの夜、お母さんのことや暖かいおうちのことを夢に見るでしょ。あれは、きっとうちみたいな家よ」

と私は姉に話しました。そしてクッキーを食べながら「幸せって、こんな味がするのかもしれないわね」と、ませたことを言って姉を驚かせました。

アンデルセンの「マッチ売りの少女」は、当時東京にいた米叔母が送ってくれたものですが、子どもの私に、幸福とか不幸というものがどんなものか、わかっていたはずはありません。けれども、母の手作りのクッキーをほおばっているうちに、幸せな気持ちになってそんなことを言ったのでしょう。

それがけっしてまちがいでなかったことを知ったのは、大正三年のことです。

私は大正二年に、尋常高等小学校の高等科を卒業していました。そして師範学校に入学する年齢に達していないため、和歌山で小間物屋をしている兄（先妻の子）のところで、昼間は店を手伝い、夜は先生について受験勉強をしていました。

そんな、二月半ばの今にもみぞれが降りそうな寒い日でした。母が急性肺炎で、和歌山の日赤病院へ入院したという知らせがありました。今から考えてみると、これがかえって悪かったのではないかと思いますが、もちろんまだ自動車もない時代のこと、加太から和歌山まで十キロ余りの道を人力車で運んだというのです。

入院の知らせを受けた翌日、私が病院に行ってみると、母は大部屋の病室でわりあい元気にしていました。見舞いにきた人たちと、師範学校を出たばかりの姉の縁談話をしていたほどです。私は安心して帰りましたが、病人食といえば梅干しとおかゆで、これといった薬もなく、危篤になっても酸素吸入だけが頼りというような時代でした。

母が亡くなったのは、それから一週間目の大正三年二月十九日のことです。あまりにも突然の死でした。私は病院に駆けつける間もありませんでしたが、母の死を最初に知らせてくれたのが、父であったか、親戚の人であったか、ぼう然として記憶にないのです。ただ、あんなに元気だった母が死ぬなんて、どうしても信じられず、家に運ばれたなきがらにすがって、「うそだ、うそだ」と叫び続けていたことだけを覚えています。母五十一歳。そのとき、姉十九歳、私は十四歳、そして妹はまだ十一歳でした。

葬式の当日、私はお棺を閉めようとする人たちの前に立ちはだかって、みんなを困らせました。そして和歌山の町はずれにあるキリスト教の墓地、天聖寺山へ行くときも、ずっと泣きじゃくっていました。……私が冬よりも春や夏が好きなのは、二月の悲しい思い出のせいかもしれません。

母の死後、私は和歌山の兄のところを引き払って、わが家に戻りました。けれども、父と私たちきょうだいとで囲む食卓は、母が生きていたころとは打って変わって寂しいものでした。家じゅうの灯が消えたようで、家族がそろっていてもみんな黙り込み、なにを食べても砂をかむような気がしました。

その当時、はっきり認識したわけではありませんが、私が〝幸せの味〟は料理の技術とともに、作る人の愛情や食事のときの雰囲気などによってつくられると知ったのは、母の死を通してでした。宮崎県の幸島《こうじま》のサルが芋を海水で洗って味をつけて食べるといっても、そこには決定的な差があるのです。人間と動物の違いといえばよいでしょう。

母と妹と私

のちに私は、だれにでもおいしい料理が作れるようにと、調理の計量化を考案しましたが、だからといって料理技術がすべてだと思っているわけではありません。ただ機械的に量だけ計って作ってみても、献立作りから食事のときの雰囲気まで、あらゆる過程に心が行き届いていなければ、おいしい料理も健康づくりもできるものではありません。そこに食生活の難しさやたいせつさがあります。

母は五十一年の生涯でした。私が母の懐の中にいたのは、わずか十四年余りのことです。けれども、いつの間にか、このように大きな形見を残していてくれたのです。

三つ子の魂百まで

私は明治三十二年三月二十八日に、父が署長になって初めて赴任した和歌山県の本宮村で生まれました。ただ、ここにいたのは三年余りのことです。そのうえ、まだ小さくて、そのころのことが記憶にないのもしかたのないことかもしれません。

その一つ、五つ違いの姉の話によると、私がよちよち歩きをしていたといいますから、二歳か三歳になったばかりのころでしょうか。家族そろって、本宮から日帰りできる川湯温泉へ行った帰りのことです。

私は足の悪い警察の小使いさんにおんぶされていましたが、居心地が悪かったのか、みんなと同じように歩きたいと思ったのか、小使いさんの背中で「降ろして、降ろして」と駄々をこね始めました。

「おうちはまだまだ遠いんだよ」

「いや、降りる、降ろしてよ」

だれがなんと言っても聞きません。そして私が足をバタバタさせたり頭をたたいたりするので、ついに小使いさんもあきらめて降ろしてしまいました。すると、なにを思ったのか、いやだと言い出した山門の前まで引き返して、そこから私がまたよちよち歩き出したので、みんなで大笑いをしたと言います。

わざわざ引き返して、また歩き始めるなんて、いかにも私のやりそうなことです。わが家ではわりあいによく写真を撮っていたらしく、今でも子ども時代のものが何枚か残っていますが、おっとりしている姉や妹に比べると、私はなかなかきかん気な顔をしています。

もう一つ、これは私もよく覚えているので、五つか六つのころではないかと思います。当時の田舎では、たいていの家に機《はた》を織る機械があって、家族の着物ぐらいはだれかが織っていたものです。私の家ではそれも母の仕事で、とくに雨の日には縦糸を張り、杼《ひ》で横糸を差し、それをトントンと締める音が一日じゅうのどかに響いていました。私は母といっしょに、染料にするつつじの花を山に摘みに行った記憶がありますから、糸もいくらか手染めにしていたのではないでしょうか。

しかし糸が少ないころのことで、子どものふだん着には紙布《しふ》を使うことがありました。紙布というのは、手紙や覚え帳などに使った和紙をこよりにして、それを横糸にして織ったものです。墨や朱の文字がなんともいえない幾何学模様を編み出して、それなりにきれいで、また暖かいものでしたが、私はどうしてもそのゴワゴワした感触が好きになれなかったのです。

それで、次々に着替えているうちにその紙布の着物がまわってくると、私は絶対に着ないと強情を張って、そのたびに家じゅうが大騒ぎになっていました。

「そんなわがままはいけません」

「その着物はイヤ！」

母と私が押し問答しているうちに、それを父が聞きつけて、

「お母さんの言うことを聞きなさい」

と言います。私はますます反抗的になって、家じゅうを走りまわって逃げていました。しまいには父も怒って「お灸《きゅう》を据《す》えるよ」と言いますが、それでも私ががんこにいやだと言い続けるので、本当にお灸を据えられたことがあります。

そんなとき、そばに来て「私も謝ってあげるから、綾ちゃんも早くごめんなさいして」というのは姉です。泣きながら父や母に、「熱いからかんにんしてやって」と言ってくれますが、私のほうは泣きもしないで、いやなものはいやだなどと思っていました。

「三つ子の魂百まで」と言いますが、私は子どものころから一度こうと決めたらテコでも動かないというところがあったようです。

これもおもしろい話ですが、父や姉によると、小さなころの私は言葉数が少なくて、歌がへた、動きも鈍い子だったと言います。そのせいか、母が外出するとき、生まれてまもない妹と体の弱い姉は連れて行き、仲子《なかっこ》の私は一人でよく留守番をしていまし

妹と小学校４年生ごろの私

た。ところが、それを私は寂しいとも思いませんでした。

父が、二つのたらいの一方に水を張ってくれます。そして小さな竹のひしゃくで、もう一方のたらいに水を移して遊んでいなさいと言われると、私は喜んで繰り返していたものです。着物の袖を背中で結んでもらい、官舎の庭先にしゃがみ込んで、右から左へ、左から右のたらいへと、母や姉が帰ってくるまで、無念無想で水を移し替えていました。それから母が、

「同じ色の残り糸でまりを作っててね」

と言って、用足しに出かけることもありました。すると、私はだれもいない家の中で、機のそばにちょこんと座り、赤や紺や黒や白の残り糸を集め、同じ色の糸を小さな指で結びながら、一日じゅうまりを作っていました。

そんな私が孤独というものを子ども心に感じたのは、明治三十八年、田辺尋常高等小学校へ入学した六歳のときです。

私は初めて一人で船に乗せられて、田辺の春枝叔母の先生、レヴィット宣教師のところに預けられました。教会のない古座より、宣教師の家なら信仰生活に慣れることができ、行儀もよくなる、英語やオルガンや琴も習える、と母は考えたようです。

そこにはレヴィット先生と春枝叔母、そしてよそから預かったポーロという混血児と、お手伝いさんが住んでいました。家は日本家屋の広い屋敷でしたが、生活はすべて洋式です。食事も手焼きのパンやマーマレード、おやつのビスケットも手作りで、私とポーロもパンや牛乳が

ゆを食べていました。

初めのうちは、もの珍しかったのでしょう。西洋れんげの敷き詰められた庭には、白や赤の花が咲いていましたが、それをポーロといっしょに摘んだり、シーソーをして遊んだりしていました。みんなで海水浴に行ったとき、私は白い角貝《つのがい》や桜色の紅貝、ホコラ貝、二枚貝などを拾ってきました。また、レヴィット先生の家で集会があると、オルガンを弾いて賛美歌を歌い、お祈りをしたあと、信者の人たちが編み物やわら細工を習うので、私はきれいな色に染めた麦わらを集め、貝殻といっしょに宝物の箱に納めたりしていました。

けれども、このときはさすがの私も母のいる家が恋しくてしかたがなかったようです。小学校に入学と同時に琴を習い始めたので、「黒髪の乱れそめにし……」といった歌を書き、今日はここまで進みましたなどと、大きな仮名文字で毎日のように手紙を書いていました。どんなに春枝叔母やレヴィット先生がやさしくしてくれても、六歳の私には窮屈で寂しかったのでしょう。

日曜日には、きれいな着物に着替えて教会に連れて行かれましたが、外出するのは教会と学校のほかは、二、三日おきに近所の校長先生のところへ、「お風呂においでください」と案内に行くときだけでした。

それを知らせに行くとき、私は屋敷を飛び出すと、ろう石のかけらでよその家の板塀や土壁に落書きの線をつけながら、夕暮れの町を駆け抜けました。走りながら、いつの間にか胸の中でお母さんと叫んで涙ぐんでいたこともあります。もうだれも遊んでいないし、どこの家からもランプの明かりが漏れていて、自分だけがひとりぼっちのような気がしたのです。

夏休みが来ると、私は貝殻やきれいな麦わらの入った宝物の箱を持って、古座に帰りました。そして両親に手をついて、ただいま帰りましたと挨拶《あいさつ》をしたあと、私は切り口上で言いました。「私はこの家の子でしょう。それなのにどうして田辺へやられたのですか。もう行くのはいやです」と。

母は私の深刻な口ぶりと蒼白い顔にびっくりして、それっきり田辺行きは中止になりました。田辺での生活は、半年足らずのことです。それなのに、子ども時代の夢のように楽しかった思い出の中で、そこだけ暗い陰のような気がするのは、父や母と離れて、よほど寂しい思いをしたからでしょう。

もう一つ、田辺で印象に残っているのは、田辺尋常高等小学校の校庭に大きなあじさいの花が咲いていたことと、校長先生が西山という女の先生であったこと。いつも黒い袴《はかま》をはいた、大柄で、よく声の通る先生でしたが、当時、女の校長先生というのは珍しかったのではないでしょうか。

明治三十九年、父が加太町へ転勤して、私は小学校二年から五年までをそこで過ごしました。友達もたくさんでき、加太は漁師町ですから町に活気がありましたが、学校へ通うにも川端を歩いたり橋を渡ったり……。

しだいに元気を取り戻した私は、教室ではよそ見やいたずらをしていたものです。ところが、先生が当てるときちんと答えるので、「しかることもできない」と先生が父に言われたとか。成績はたいてい一番か二番。学年末には、賞状とごほうびのノートや鉛筆をよくもらいましたが、とにかく活発な子どもでした。今も父が残してくれた私の学習帳を見ると、算数、理科、国語などはほとんどまちがいがないのに、習字は大きすぎてはみ出したもの、筆先がそろっていないものなどさまざまです。きっと、よそ見やいたずらに忙しく、時間まぎわに書いて提出していたのでしょう。

私は学校から帰ると、復習も予習もせず、教科書の風呂敷包みをほうり出して、日が暮れるまでセミやトンボとりをして遊んでいました。それも女の子より男の子といっしょのほうが楽しく、ままごとや人形ごっこはめったにやりませんでした。

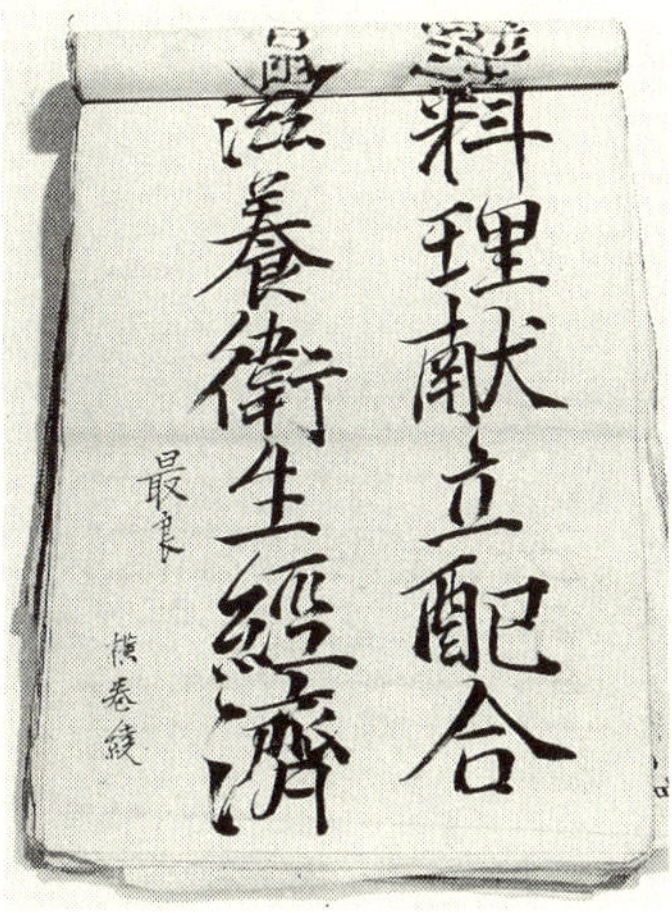
高等科時代の手習い帳より

なにが原因だったか忘れてしまいましたが、小学校と練兵場との境の土手で、男の子とけんかをしたことがありました。そのとき、男の子を土手から突き落としてすましていたら、それを校長先生が見ておられたらしく、私の父に、

「おたくのお嬢さんは、男の子にも負けていませんな」

と話されたそうです。体操の時間には、クラス全員で相撲をとることがありましたが、私は男の子にもほとんど負けたことがなかったほどです。

けれども、本を読むのは小さなころから好きで、東京の米叔母と田辺の春枝叔母から、絵本や巌谷《いわや》小波《さざなみ》のおとぎ話集が送られてくるのを、毎月楽しみにしていました。「花咲じじい」「カチカチ山」「舌切り雀」「桃太郎」「聖書物語」や「マッチ売りの少女」など、自分で読んだり、母にせがんで読んでもらったりしたものです。また正月近くになると、すごろくやカルタ、小学生になると小倉百人一首が送られてきて、一生懸命覚えたこともありました。

そういえば、用事を言いつけられてはたいへんとばかりに、官舎の屋根に上って、『八犬伝』や『源平盛衰記』などを片っ端から読みふけったこともありました。それは加太から湯浅にかわった小学五年生の半ばのことですが、当時は母もまだ元気で、私にはなんの心配もありませんでした。屋根の上で本を読むとき、いつも青空が広がっているように、そんな日がずっと続くものだと思っていたのです。

明治四十四年三月、私は湯浅尋常高等小学校の尋常科を卒業しました。

ちょうどそのころ、湯浅にも女学校ができるという話があったので、私はそこへ入学するつもりでいました。ところが、どういうわけかなかなか開かれず、私はそのまま高等科の一年になり二年になって、とうとう女学校へ行くチャンスを失ってしまいました。

いま考えてみると、これが人生をまわり道する前兆だったのでしょうか。高等科二年を卒業すると師範学校へ行くことにしましたが、入学資格は十五歳からで、私はまだ十四歳でした。そこでやむなく和歌山の兄のところへ行き、昼間は店を手伝い、夜は数学の先生をしていた叔父について試験の準備をしていたのです。

母が亡くなったのは、その入学試験も間近い大正三年二月十九日のことでした。

第二章　学んだこと
悩んだこと

白紙の答案用紙を出して

十四歳といえば、それでなくても精神的に動揺の激しい年ごろですが、私は母の突然の死に大きな衝撃を受けました。とくに活発な子どもで、幸せな日がずっと続くものと思っていたばかりに、いきなり奈落の底に突き落とされたような感じでした。今でもそのときの、これからどう生きていったらよいのかわからない恐怖と不安、そしてなにを見ても寂しくて悲しかった想いがよみがえってくるほどです。

けれども、人間は不思議なもので、喜びや悲しみの中から、なにかを与えられたり学んだりするもののようです。

私の場合、死が不可避なものであって、人生には耐えなければならない悲しみや苦しみがあると知ったのも、人間の生命の尊さや神の摂理に触れたのも、そして自分の生き方について考え始めたのも、母の死がきっかけでした。

また、医学の道を志すようになったのも、その悲しみが深かったからでしょう。これも母が残してくれた形見です。

母が亡くなったあと、医学についてなんの知識もない私は、

「あんなに元気だったのに死ぬなんて、医者の誤診だ。そのために手遅れになったのだ」

とうらみさえ感じていました。そして、私が医者だったらお母さんは助かったかもしれないと思い、医者になろうと決心しました。自分が医者になって、小さな子がお母さんを亡くして悲しまないようにしてあげたい、とも思いました。

けれども、当時はまだ女医さんはいないといってもいいような時代でした。また現代と違って、情報もわずかな新聞と雑誌くらいのものですから、私には医者になるためにはどうしたらよいのか、さっぱり見当がつきません。父や姉に相談するといっても、賛成してくれるかどう

か……。十四歳の私は小さな胸をいためながら、医者になりたい医者になりたいと、そればかり毎日、思い続けていました。

そしてあれこれ考えているうちに、私は医学部のある大学に行けばわかるだろうと気がつきました。そんなある日、県庁の玄関で「東京大学看護婦募集」の貼《は》り紙を見つけました。そこで、なにも知らない河島の祖母に保証人の印鑑を押してもらい、一人でこっそり応募の手続きをすませてしまいました。今でもこのことを思い出すと吹き出したくなりますが、とにかく東京の大学病院へ行けば医者になれるだろうと思ったのです。

ところが、それはすぐにバレてしまいました。ちょうど父が町長をしていたころなので、県庁の人が知らせたからです。

「親の許しも得ないで」としかられた私は、すっかり意固地になって、父が勧める師範学校には絶対行かないと言い始めました。どうせお母さんがいないんだから、勉強してもつまらない、と私は思いました。それに、医者になれないんだったらと、自暴自棄になって試験勉強も投げ出してしまいました。

そんな私に対して、姉は「力を落とさないで試験を受けなさいよ」と励まし、父は父で「学校へ入るだけ入って、それから考え直してもいいんだから」と言いましたが、一度曲がったつむじは直るものではありません。私は「絶対に師範学校には行かない」と宣言していました。

その師範学校の入学試験が行なわれたのは、三月の初めです。試験日の早朝、近所に住んでおられた師範学校の先生が迎えに来てくださったのは、頑強に抵抗しそうな私を見て、父が頼んでいたのでしょう。着物を着てげたをはいて、私はその先生に引きずられるようにして試験場へ行きました。

けれども、私は試験が始まっても、腕組みをしたまま、答案用紙を前にして、

「お母さんはいないし、医者になりたいんだから」

と思い続けていました。一問でも答えを書くと、医者になると母に誓ったことが果たせなくなりそうで、私はぐっと歯を食いしばって、試験の間じゅう机を見つめていました。試験終了の鐘が鳴っても、私の答案用紙はどの学科も白紙のままです。

それなのに、なんとしたことか、合格してしまったのです。それは、私のそれまでの学業成績や、母の死にショックを受けていることを先生がよく知っておられたこと、その前の年に姉が優等で卒業していることなどが、考慮されたようです。こうしてみると、当時の入学試験はおおらかなものですが、私の場合、とにかく入学させてみようということで、仮入学になっていたのではないかと思います。

大正三年に、私は和歌山県立師範学校女子部に入学しました。学校は和歌山城に近い、通称「奥山」というところにありました。そこから少し離れた場所に寄宿舎がありましたが、松林が左右に広がり、校舎から寄宿舎までの道には、月見草がたくさん咲いていたことを覚えています。

ところで、家族に説得されて姉の顔で入学してみたものの、なにかときょうだいが比較され、私にとっては居心地のいいものではありませんでした。もっとも、こちらが問題児だったので姉のほうが「迷惑したのは私のほうよ」と、思っていたかもしれません。

五つ違いの姉は、学業においても寮生活においても模範生でした。それに対して私のほうは、どちらかといえば自由奔放なはみ出し型。そのうえ医者になりたいという気持ちがあり、退学させてくれたら好つごうとさえ考えていたので、とくに一年の一学期は成績でも操行でも姉とは正反対でした。ことあるごとに、「歌（姉のこと）さんの妹なのに」と先生や上級生から言われました。

なんといっても窮屈だったのは、当時の師範学校は全寮制で、十六畳の大きな部屋に八人がいっしょに生活しなければならなかったことです。寮の規制もひじょうに厳しく、朝礼、夕礼、人員点呼や黙学の時間も決められていました。けれども、そうなると、強制されることが嫌いな私は、ますます反抗して授業をエスケープして寮で寝ころがっていたり、黙学の時間に騒いでおもしろがったりしていました。

おかしかったのは、河島の祖母のところからはったい粉（麦こがし）をもらってきて、黙学の時間に同室の人たちとおしゃべりをしながら食べていたときのことです。いつの間にか就床時間が来ていたようです。不意に、見まわりの舎監の先生が部屋に入って来られました。

冗談を言っていた私は、驚いて先生の前でプッとはったい粉を吹き出してしまいました。すると、それがみんなに伝染して部屋じゅうがはったい粉だらけになってしまったのです。

もちろん、こんな騒々しい事件をたびたび起こしたわけではありませんが、それでも私のはしゃぎようは、当時の師範学校の女子部では、特別目立っていたようです。自分では意識しなかったものの、母のいない寂しさや医者になれないいら立ちを、冗談を言ったり反抗することでまぎらわせていたのでしょう。そのために姉のところに、私がしとやかではなく、わがままだという苦情が寮長から持ち込まれていたのです。

一番だけど二番だ

ところで、師範学校に入ってしばらくふて腐れていた私が、どんなことをしても退学させてくれないと観念（?）して、学習に意欲を燃やし始めたのは、一年の二学期からです。けれども、私の無軌道ぶりはあまり変わらなかったのかもしれません。私は正しいと思うことをはっきりと言い、自分の信念を行動に移したまでのことですが……。

それでも当時の師範学校は、進歩的だったといってもよいでしょう。本科には男子部と女子部がありましたが、実験などは同じ教室を使い、授業が分かれていても教える先生も授業内容も、そして試験も同じで、ほとんど男女差別のない教育でした。これは、女のきょうだいばかりの家に生まれ、男女差別を知らない私にはつごうがよく、大きなプラスになりました。実力さえあれば、男女が対等にやれるという信念になったように思います。

ただ一つだけ、女子部が家事（現在の家庭科）を勉強しているとき、男子部は理科を習っているという差別がありました。男子部は大学に進学する者がいるので、女子部より余計に理科の時間があったわけです。それで、私は不公平だと言って先生に抗議をしたことがありました。

女としてそれは当然のこと、というのが先生の返事でしたが、男女の差別はあたりまえの時代ですから、私のように抗議をする学生は珍しかったに違いありません。担任の先生は不思議そうな、そして「変わった子だ」とも言いたげな表情でした。しかし、それから七十年も経てから家庭科が男女ともに選択に改正されることを考えると、このときの私の言い分はまちがっていなかったといってもよいでしょう。

進歩的といえば、師範学校では体育祭とか音楽会、ときには研究会も男子部と合同でやることがありました。そんなとき、特別なボーイフレンドがいたわけではありませんが、私はおおいにハッスルしていました。意見ひとつにしても男子部の学生は公平に判断してくれるのと、打ち合わせや準備がテキパキ進行しておもしろかったからです。

ところが先生がたは、私のそんなふるまいを苦々しく思っておられたらしく、これも「優等生の女子学生にはあるまじき」ことの一つのようでした。

それから授業の中では、裁縫のことが印象に残っています。私は理科や数学が好きで、図画だとか裁縫を苦手にしていました。とくに裁縫は型どおりのことが要求されるので、拒絶感さ

え持っていました。ところが、私が二年生になったとき、東京の女高師を卒業したばかりの若い先生が着任して、

「着物だからといって一反で一枚の着物を縫う必要はありません。コツコツ縫わなくても、縫い目がはじけて破れては困るような、肩や袖付けのところを少していねいに縫っておけばよいし、裾合《すそ》わせは粗く針目を飛ばしてもよいのです」

と教えられました。つまり、それまでは決められたとおりにどこでもていねいにやらなければだめだと指導されていたのに、その先生は従来の考えにこだわらないで、要所要所はしっかりと縫い、あとは自由にやりなさいというおもしろい授業なのです。

その先生になるまでの私は、運針がへたで、裁縫の時間にはずいぶん情けない思いをしていました。運針は創意くふうのしようがなく、ただ縫い目をそろえることばかりが要求されるからです。型どおりのことが苦手な私は、そのために裁縫嫌いになっていましたが、考えてみるともともと人間の能力に大差があるはずはありません。学問にしろ仕事にしろ、その能力がうまく引き出されるチャンスがあるかどうかで、好き嫌いやじょうずへたが決まるのではないでしょうか。

私は、この先生の斬新で創造的な教えを受けて以来、ちっとも裁縫が苦にならなくなりました。それればかりか、その裁縫の先生が結婚されるとき、私は寮生が寝静まってから、結婚衣装を一人で縫ってあげたくらいです。けれども、これも消灯時間を守らないというので、ほかの

寮生や先生がたには気に入らないことのようでした。私には、そんな批判が気にならないくらい裁縫が楽しかったのです。

それで、二年の夏休みにはミシンを習いに行きました。その当時、シンガーミシンに十二か月分のテキストがありましたが、私は将来ほかにたくさんやることがあるので、今のうちに習っておかなければ、一生ミシンを習う機会はないだろうと考えたのです。そこで、朝早く出かけてミシン屋さんが開店するのを待ち、夕方は閉店で追い出されるまでねばり、一か月のうちに十二か月分のテキストを全部マスターしました。

私が夏休みや冬休みに、自分が将来専門にしようと思うこと以外のものを、集中的に勉強し始めたのはこのころからのことです。その道の専門家にならないのなら、たいせつな本業の時間をさくのはもったいないし、余暇を利用するだけでもかなりのことが修得できます。

こうして思い出を拾ってみると、自分ではまっすぐ歩いていたつもりなのに、いつの間にか横にそれていたこともあるようです。けれども、それも夢に駆られ希望に燃えていた青春ならではのこと。

師範学校の卒業式の朝、教頭先生に呼ばれたので行ってみると、

「あなたは優等生だけれど、教師の理想像からはずれている。一番だけど二番だ」

という話でした。そして、社会に出ても教師の体面をけがすようなことをしてはいけません、と注意されました。

私は優等賞をもらいたいとは思いませんが、その理由が納得できませんでした。——女子部が裁縫をやり男子部が理科を習う。それを不公平と言ってなにが悪いのだろう。自分の考えをはっきり言ったり、男子部の学生と自由に話したり、寮でおとなしくしていなかったことが、なぜ女子学生にはいけないことで、教師の理想像からはずれているのだろう。男も女も同じ人間なのに……。

明治の末から女性解放運動が盛んになっていましたが、こうした私の主張や行動は、それとはほとんど関係のないものです。しいて言えば、クリスチャンの母や叔母たちの生き方を見て、自然に差別や束縛を拒否し、男女平等があたりまえと思っていたのでしょう。

卒業式を前にして、教頭先生のお説教を聞いたときも、おかしな話だなあと感じただけです。優等賞がもらえないことを、口惜しいとも思いませんでした。優等生がそのまま人生の優等生、悔いのない人生を送るかどうかは別問題です。私は、やらないというものをくださいということもないので、頭をペコリと下げて職員室を出ました。

私には修身が教えられない

私は師範学校を卒業すると、すぐに付属の西和佐小学校の教師になりました。大正七年四月、私が十九歳のときです。

卒業式の当日、教頭先生から理想の教師像からはずれていると言われ、世の中に出たときの心得をこんこんとさとされた私が、一応教師のエリートコースともいうべき付属小学校に配属されたのは、「学校の名誉のために他校には出せない」というのが真相のようでした。変わった子だから師範学校の先生たちの目の届くところへ、と思われたのでしょう。

すぐに二年生の一クラスを担任しましたが、まず驚いたのは、同じ本科正教師の免状を持ちながら、月給に男女の差別があったことです。男子十七円、女子十五円。同じ勤務時間で、同じように責任があり、しかも能力に差があるとは思われないのに、採用されたときから二円の差がついているのです。

それで校長先生に、

「二円の差があるなんて不思議ですねえ」

と言ったら、私の言うことのほうがよっぽど不思議だという顔をされました。別に金銭にこだわるわけではありませんが、世の中に出て歴然と男女差別があることを感じたのです。

それからまた、教師という仕事についてもいろいろな疑問を感じました。これは現代でも小学校の先生がたの悩みと同じ悩みかもしれませんが、一人で何教科も教えるので、自然にどの科目も準備不足になってきます。ベテランの先生ならともかく、私のような初心者には準備がたいへんでした。しかも、それは良心的に教えようとすればするだけ、そのジレンマは大きくなってくるのです。

とくに、修身の時間が難しく、教科書に書いてあることがうそだというのではないけれど、はたして教科書どおりに実行できるだろうか、と考え込んでしまいました。

たとえば、修身の教科書に「正直」という話がありました。

「遊んでいるうちに、ガラスにボールをぶっつけて、ガラスが割れてしまいました。悪い子は逃げました。よい子は謝りに行きました」

このとおりに、教えられる資格のある教師が何人いるでしょうか。私は子どものころ、けんかをして男の子を土手の上から突き落とし、すました顔をしていました。ほかのときでも、もし謝りに行ったとすれば、親に言われてしぶしぶ行ったのではないかと思います。大きくなってからでさえ、できれば逃げ出したいというのが本心です。そんな私が、子どもに教科書どおりにしなさいと言っていいものかどうか。

善悪の判断についても迷いました。私はいいと思ったら他人の反対を押し切ってもやる、悪いと思ったらテコでも動かないという性格ですが、自分の判断で、いいこと、悪いことを子どもたちに教えてもよいか、ということです。

それと同時に、十九歳の私にはもう一つ収拾のつかない問題がありました。生きていくうえで「正直なこと」は本当に「よいこと」かということです。正直に謝りに行くことが悪いというのではなく、人生問題として考えた場合、はたしてそうだろうかという気がするのです。正直だけでは世の中は渡れないし、謝ればすむことばかりではなさそうだし……。

私はあれこれ考えているうちに、すっかり自信をなくしてしまいました。

子どもの心は黒板のようなものだという人がいます。また、吸い取り紙のようなものだという人もいます。どんなことでも書けるし、どんどん吸収していくという意味でしょう。そんな子どもに、これは正しいことだといい、そのとおりに実行しなさいと教えられるだけのものが、私にあるだろうか。

自分なら逃げ出すだろうと思うのに、正直にしなさい、謝りなさいと教えなければならない苦痛、自分でも判断がつかないことを教えなければならない悩み、それが私個人の問題ならまだいいけれども、小学校の二年生といえば先生の話を真正直に受け取る年齢です。キラキラ目を輝かせて私の話を聞いている子どもたちに、自分でもわからないことを教えてもいいのだろうか、と思ったのです。

尊敬する先輩に尋ねてみると、

「それをいちいち自分で判断していると難しくなるから、よくも悪くも教科書どおりに教えればよい。大工さんがノミやカンナで仕事をするように、教科書は教師の道具なんだから、それに従ってやればよい」

という返事でした。確かに、教師にとって教科書は一つの道具です。けれども、大工さんがノミやカンナで机やいすを作るのと違って、子どもの教育はまちがえたからといって簡単にやり直しができるものではありません。私はこの先輩を尊敬していただけに、大きな不信感を抱きました。

いずれにしろ当時の私には、教師としてのはっきりした信念や自覚がまだなかったようです。そのため、小学校教師に負わされている肉体的・精神的な負担に耐えられなかったのでしょう。また、そのころ、私は家庭教師もしていましたが、責任が重いのに報酬が少ないこと、そして社会が教師に求める模範的な理想像と現実の女性教師に対する侮蔑の前で、いら立ち、立ち往生していたのだと思います。

若い私は、そうした矛盾をなるべく気にすまいと思いました。けれども、毎日毎日授業の準備が充分にできないことや、修身を教えるときの良心的な苦痛には耐えられません。自分は本当に教師の理想像からはずれていて、向いていないのかもしれないとも考えました。すると、科学の分野で、そして専門教科だけを教える高学年なら、こんな悩みは持たなくてもすむかもしれないという思いが強くなってきたのです。

そこで、教師になったばかりの夏休みに、文部省の検定試験（普通「文検」といっていた）を受けて、女学校の体育の先生になろうとしました。体育を選んだのは、試験科目に生理学や解剖学が含まれていて、医学に近い分野だからと考えたのです。そして理論の試験にはパスしました。ところが実技試験のために上京したとき、当時流行していたスペイン風邪にかかって、受験することができなかったのです。夢は簡単に破れてしまいました。

けれども私は、体育の先生になる希望はすぐに捨ててしまいました。というのは、文検は難しいといわれ、事実同僚の先生にも何回も失敗した人がいましたが、私は二か月余りの準備で簡単に筆記試験にパスしたので、逆に考え直してしまったのです。体育は健康をつくるうえでだれにとってもたいせつな教科なのに、それが得意というのでもなく、専門的に勉強していない者が合格して安直に先生になってもいいものだろうか、と。

そんな考えから、ふり出しに戻ってまもない二月のことです。私はうす暗いランプのもとで授業の下調べをしながら、ふっと「ああ、もうすぐお母さんの命日が来る」と思いました。そのとき、まるで天の声を聞いたかのように、

「医者になる以外、私の生きる道はない。やっぱり医者になろう」

と私は決心したのです。一瞬のうちに、長い間くすぶり続けていた医学への執念が、パッと勢いよく燃え上がる感じでした。師範学校へ入学する前は、あまりにも子どもすぎてどうすることもできませんでしたが、今度こそ自分の力で道を切り開いてみたい、お母さんに医者になると約束したのだから、と私は思いました。いざとなれば教師の免状があるのだからとも考えました。

ただ、そのためには私自身準備しなければならないこともあり、なによりも年老いて気力も体力も衰えている父のことが気がかりでした。

当時、父はおみきさんと和歌山で恩給生活をしていましたが、町長をしていたころと同じように人の出入りも多く、なにかと出費の重なることがあったのでしょう。好きで集めた骨董品《こっとうひん》

や掛け軸が少しずつ減っていました。それで私は、

「なしくずしに売ったのでは骨董屋に買いたたかれるばかりだから、何軒か呼んで一度に競売にしたら」

と勧めました。私はそのころ、西和佐小学校から和歌山師範の本校の付属小学校へ転勤し、住まいも下宿を引き払って父たちといっしょに暮らしていましたが、父に東京女子医専を受験するつもりだとはっきり言ったのは、このときではないかと思います。


着物を着た父はうす日の差す縁側に座って、茶器を手のひらでくるむようにしてながめていました。そのそばで、上京して医学の勉強をしたいこと、それまでもう一年、大阪市南区三津小学校へ勤めるつもりでいること、お父さんたちも家財道具を整理して大阪で貸家でも持てば、のんきに生活できるのではないか、などと話したのです。私は話しているうちに、六十半ばの父の背がしだいに丸くなり、小さくなっていくように感じました。黙って話を聞いている父には、署長時代のかつての剛気さは消え失せています。鳥に巣立ちがあるように、娘が自分の道を歩くようになるのもしかたがないこと、とでも思っていたのでしょうか。私はぼんやりと、庭のゆずの葉ずれの音を聞いていました。

茶器を見つめたままの姿勢で、ぽつりと、

「医者になると言っても、たいへんだよ」

と父が言いました。

「ええ、覚悟しています。それに、いざとなれば教員免状があるからだいじょうぶ」

私は答えながら目を伏せました。私が言い出したらきかないことを、父はだれよりもよく知っています。だから、上京するなとも医者になるなとも言いません。けれども、父の寂しげな気持ちはひしひしと伝わってきました。

はっきりと私の意見に賛成したわけではありませんが、父が家財道具を整理してくれたので、私は大阪市南郊の天下茶屋に家を買い求めました。大正九年三月、私は和歌山師範の付属小学校を退職し、その後上京するまでの一年間を大阪市南区三津小学校に勤務しました。

20 歳ごろの私

私が上京したのは大正十年の三月のことです。じつは、師範学校は学費が免除されている代わりに、五年間の学校勤務が義務づけられていました。ところが、私が勤めたのは三年間だけ。つい最近も和歌山県から文化功労者として表彰したいと言われたとき、和歌山県には二年間の借りがあるんですよと話しましたが、当時の私は学校義務や家族の賛否より、医者になるという目標しか目に入らなかったのです。

いよいよ大阪を離れるという日の前夜、私が荷造りをしていると父がやって来て、

「行くのか」

と念を押すように言いました。

「ええ、行きます」

と私が言うと、父は、

「医者になると言ってもたいへんなんだよ」

と言いながら行李《こうり》のひもをかけてくれました。たった一つの行李なのに、その手を休めては、しぶるような口調で「たいへんだよ」と繰り返していた父の姿を、今でも思い出します。父は娘に対して、自分が寂しくなるとも言えず、反対しても私が思いとどまらないことを知りながら、そんな言葉をつぶやかずにはいられなかったのでしょう。

姉のこと妹のこと

ここで、私の姉の歌《うた》と妹の多喜《たき》について述べておきたいと思います。

大正二年に師範学校を卒業した姉は、加太小学校に勤務したのち家事科の文検に合格して、私が師範の学生だったころは、女学校の先生をしていました。家事科というのは現在の家庭科のことです。このことからもわかるように、私とは性格が真反対といってもいいくらいに違い

ましたが、やさしさの中にもしっかりとした哲学を持っていたのではないでしょうか。

　私が医専を受験するとき、姉はそのころちょうど持ち上がっていた縁談をいやがっていたので、二人で示し合わせて上京しました。上京してからも私たちは、西大久保（現在の新大久保の駅の近く）の田中米叔母のところでいっしょでした。当時、米叔母はすでに夫の達を病気で失い、ひとり暮らしをしていたので、私たちの上京を喜んで迎えてくれたのです。姉はまもなく京橋女学校の家事科の先生になりました。医専の学生だった私は、ときにはこづかいをねだったりしたものですが、どんなにこの姉を頼りにしたことか。

　姉が医師の安藤純一郎と見合い結婚をしたのは、関東大震災の翌年、大正十三年のことです。それは安藤氏の兄嫁が米叔母と同じ大阪のウイルミナ女学校の卒業生で、二人が親しかったことから話が決まりました。安藤氏は、当時日本が進出を始めていた南方、現在のマレーシアのペナンの病院に勤めていました。そこで姉も結婚するとペナンに渡り、引き揚げてきたのは太平洋戦争のさなか、昭和十八年のことです。

　したがって姉と私は、ざっと二十年間離れていましたが、引き揚げてくるとまた近くに住み、二人がともに夫を亡くしてからの昭和二十一年以降は、ずっといっしょに暮らしていました。

　その姉が昇天したのは、昭和五十八年二月のこと。八十八歳の生涯でした。姉のものを整理してみると、十数冊の日記帳が出てきました。年老いてからもしっかりと前向きに生きていましたが、さすがに死の四日前は気力が衰えていたのでしょう。わずかに二月一日という日付が読めるだけです。けれども、ほかの日は、社会の動き、金銭の出し入れ、訪問者の氏名、時計がラジオの時報に合っていたことなどまで記入しています。

子どものころから体の弱い姉でした。とくに八十を過ぎてからはぜんそくにも苦しんでいましたが、それでも「綾子足が痛いという、心配なり」とか、「芳子、繁先生自動車事故。動転して食事が喉に通らぬなり」などと書いています。いくつになっても、早くに母を亡くした私たち三人姉妹の長女として、心をいためていたのです。

散歩をして足を鍛え、季節の移り変わりに目を注ぎ、聖書や古今集を読み、日記をつけていたのも、最後の最後まで健康でありたいと願っていたからでしょう。私は姉の日記を読みながら、改めて健康について再認識しました。健康とは、体力ばかりでなく、自分の持つ知、情、意が能力いっぱいに生き生きと働いていること。たとえ体力があっても、頭や心が活動していなければ半人前。それは病気でないというだけで、自分の能力を存分に使わないのは自殺行為なのです。つまり、健康とは、頭のてっぺんから足のつま先まで、人間の持つ命を躍動させて生きること。

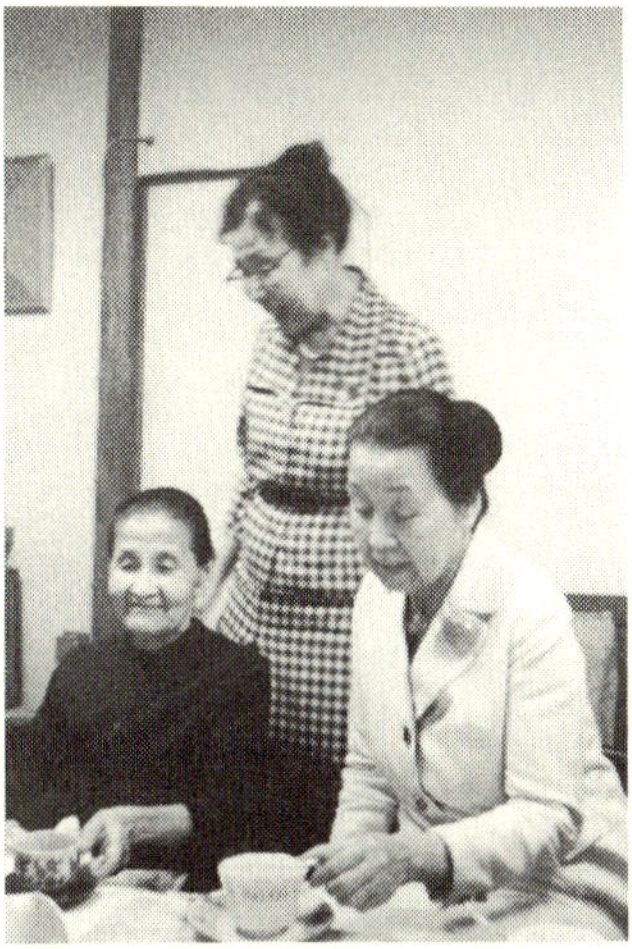

左から歌，多喜，私

そんなことを思いながら姉の日記を閉じました。一方、三つ違いの妹多喜は、姉や私と学校も違い、成人してからもずっと関西で過ごしたので、お互いに人生の転変に立ち会うことが少なかったと言ってよいでしょう。同じきょうだいでも、いろいろな運命があるものです。

私は忘れていたけれども、「お姉さんによくつねられたわ」と妹は言います。末っ子で甘えん坊の妹に、私がやきもちをやいていたのかもしれません。母が亡くなったとき妹は十一歳でした。和歌山の女学校を卒業すると、すぐ、神戸高商出身のサラリーマン、福田健一郎と結婚しました。

生活が一変したのは、終戦直後、心臓マヒで突然夫に先立たれてからのことです。四十歳を少し出たばかりのところで、四人の子どもを抱え、しかもそのうちの二人はまだ小さかったので、いろいろな辛酸をなめたようです。当時、私自身昇三の死に遭い、学園の復興にも気をとられていたので、気にはしながら充分なめんどうを見てやることはできませんでした。

けれども、人間は人の死から生きることを学ぶのでしょう。妹は私のところへ料理の勉強にやってきました。確か、昭和二十二年の学園が復興したばかりのころだったと思います。しばらくすると、

「お姉さんにできることが私にできないはずはない。和歌山で料理教室を開くわ」

と言って、もうだれも身寄りのいない、自分が子どものころに住んでいたというだけの和歌山へ帰って行きました。けれども、あの混乱した戦後の食うや食わずの時代に、料理を教える

ことはなまやさしいものではありません。野菜や魚や肉も自分で買い出しに行くほどの覚悟がなければ、できないころのことなのです。

私たちきょうだいが和歌山の妹のところに集まって、そのころの話になったことがあります。妹は陽気にあれこれ話してから、庭のそてつに潤んだ目をやりながら、

「自分で実際にやってみると、とても大変だったわね。心の中で、ねえお母さん、どうしたらいいのって、いつもいつも相談しながらやってきたの。その連続だったわね」

と言っていました。その言葉から、料理教室が軌道に乗るまでの重い足取りが、ひしひしと伝わってきます。

妹は料理教室を始めるとき、復刊されてまもない『栄養と料理』を片手に、「この本に載っている料理を習いたい人はどうぞ」と言って、生徒を募集して歩いたそうです。そして「先生たちにも教えてあげるから」という約束で、焼け残った女学校の、水道の水がやっと出るような教室を借りて、料理教室を開きました。

けれども、料理に自信があるからと言っても、健康を目的とした料理を教えるのだから、そこには別の苦労もありました。栄養学の知識も必要で、またそれに合った調理法をしなければなりません。そんなわけで、子どもたちが寝静まったあと、翌日教える料理を繰り返し繰り返し試作しているうちに、外が明るくなっていたことがたびたびあったとか。やがて、世の中が落ち着いて生徒数も多くなり、自宅で料理教室を開くようになりました。とはいえ、神戸から

まだ小さい二人の子どもの手を引き、リュックサック一つで和歌山へ帰り、ざっと二十年間は、苦労と失望の連続だったようです。

八十三歳の現在も、「人間の生命をつくる料理を教えているんだもの。その手本として、健康で長生きをしなくちゃ」と言いながら、和歌山市で福田料理学園を経営しています。

妹も、私と同じように母の料理を食べて育ち、知らず知らずのうちに、食生活をたいせつにする精神を受け継いでいたのでしょう。それにしても、めぐりめぐって私と妹が同じ道を歩むようになろうとは、若いころには思ってもみないことでした。

第三章　東京女子医専時代

課外学習に熱中して

私が東京女子医専を受験するために上京したのは、大正十年三月のことです。姉といっしょに大阪から汽車に乗ってまる一日がかりの旅でしたが、東京駅へ着いたときは、疲れや不安よりも心が弾み、なにかしら新しい世界が開けるような気持ちでした。新大久保の田中米叔母の家へ行く途中、まだそのころ珍しい洋装の女性を見かけるたびに、「女性も大きく変わるのね」と、胸をふくらませながら姉と話したものです。

叔母の家に落ち着くと、私は二週間ばかり試験準備に没頭しました。大阪にいたときも、もちろん勉強はしていましたが、学校の勤めもおろそかにはできず、かならずしも準備完了とは、いえなかったからです。

それでも試験が終わったとき、自分ではまあまあの出来だと思っていたので、合格と決まっても特別の感激はありませんでした。これは、現役の十六、七歳の人たちと違って、私は二十二歳、すでに社会の厳しさを経験していたからでしょう。ただ、入学式の前日だったか当日だったかに「新入生の代表として挨拶《あいさつ》してください」と言われたときは、ちょっと意外な気がしました。

けれども、一番の成績で入学できたので、学費の心配はいらなくなりました。というのは、その当時、旧藩主などが学問を奨励し援助をしていて、紀州の殿様の南葵育英会から奨学金が出ることになったのです。また、私が教師をしていた大阪の三津小学校の父兄の篤志家からも援助がありました。

確か、私が入学した大正十年の入学者は、百二十名くらいだったと思います。百二十名といえば予想外に多い数字ですが、これは全国から集まったもので、当時の女性の心意気を示すものかもしれません。二十二歳の私がいちばん年長で、心理学者宮城音弥さんの夫人二三子さんたちが同級生でした。

そのころの東京は、現代の若い人には想像もつかないのではないでしょうか。東京女子医専は、新宿区の河田町（当時は四谷区）にありましたが、あたりには人家も少なく、草原や畑が広がっていました。そんな中を、私は五年間、現在の新大久保の叔母の家から河田町の女子医専まで歩いて通いました。だいたい、三十分余りかかったように思います。雨や雪の日には田んぼや畑の道は泥んこになりましたが、四季折々に咲く、桜やつつじ、曼珠沙華などに、心を楽しませたものです。

服装は、角帽にスーツ。当時はまだまだ着物の時代で、私自身、家では着物を着ていましたが、東京女子医専はそれが制服になっていました。

ところで、吉岡彌生先生が東京女子医学校を創設されたのは、明治三十三年のことです。先生は当時の医科学校済生舎の出身ですが、「女がいては勉強のじゃまになる」と、女性の入学を拒否するようになったので、自分で女子医学校を創立されたのです。その医学校が医専に昇格したのは、明治四十五年のこと。これが現在は東京女子医科大学となっていますが、私たちが入学した当時は、先生は自分で産婦人科の病院を開業し、その利益を医専につぎ込まれていました。苦難の道を歩くのは先駆者の宿命とはいえ、先生もずいぶんご苦労なさったのではないかと思います。

東京女子医専に入学したころ

校舎は木造で、平屋と二階建てのものが幾棟も曲がりくねった廊下で結ばれて並んでいました。そして、広い教室には裸電灯がぶら下がり、妙にうす暗かったような記憶があります。

講義は、おもに東大の先生によって行なわれました。ただ、その先生がたは東大で授業があれば、私たちのほうは早朝の七時からとか、夕方も五時、六時からというふうになっていました。それというのも、専任の先生を置く余裕がなかったからでしょう。

私は長年の夢を果たして、一、二年の基礎医学は遮二無二《しゃにむに》勉強しました。生理学、組織学、解剖学……なにもかも科学の先端をいくものばかりで、おもしろくてしかたがなかったのです。

中でも、驚いたというか、感激したのは、ホルマリン漬けになっている人体解剖です。初めは少し怖い気もしますが、一人で筋肉を取り一本一本の神経や血管を全部取り出していきます。その位置を心得ておかないと、手術のときに困りますから、ひじょうに緊張してやりました。全部終わるまでに、一学期間かかったように思います。けれども、人間の体の構造を知る、手術のやり方を覚えるという意味で、この人体解剖が医者になるための一つの関門のようなものでした。死体のにおいをいやがる人もいましたが、私は、神経はどのようにつながっているのか、脳の組織は、心臓は、と興味津々。むしろ、人体の精妙さや神秘さに感動したほどです。

当時の学生は、みんなよく勉強したものです。私は講義を受けるとき、重要なことはノートの欄外に書き出しておき、疑問に思うことは、その時間の終わりにかならず質問しておきました。そうすれば、少なくとも家に帰ってわざわざノートの整理をする必要がありません。また、試験のときも全部を読まなくても、重要なポイントを中心にやればよいわけです。

こうしてつくった時間を、私は自分のために思いっきり使いました。新宿・柏木町にあった無教会派の集会所によく出かけたのも、医専時代のことです。そこで内村鑑三先生にお会いしましたが、「神様は教会の中だけにいらっしゃるわけではない」と言って、会のあとで夜空を見ながら星座について話されたり、「キリストを知らなかったら、日蓮宗になっていたかもしれない」と言われたことなど、今でも覚えています。

そのほか、時間をうまくくふうして勉強したことは、将来、自分がやらないと思う分野のことです。私は予科の二年間、毎週一回、慶応大学の生物学の講義を聞きに行きました。また、卒業のころにはこんなことは二度とないからといって、三井慈善病院の産婦人科へ行ったこともあります。強制されることが嫌いな私は、宇宙遊泳していたといってよいでしょう。

とくに私の印象に残っているのは、一年生と二年生の夏休みに、脳の組織や病理の勉強をしたくて松沢病院へ行ったことです。

私はこの間、松沢病院に自分の研究室のように通いましたが、当時、病院には誇大妄想狂で、みずから葦原将軍と名乗る患者がいました。いつも金モールつきの軍服を着て、謁見料をとったり見学者に拝謁させていばっていたので、ちょっとした名物患者でした。

ある日、三宅礦一先生の総回診のとき後のほうからついて行くと、葦原将軍が私を指して「これは、わしの孫じゃ」と言ったので、あわててしまったことがあります。当時、精神病院というと、それだけで憂うつな感じがしましたが、将軍は患者や東京市民にも人気があり、差し入れなどもあって、けっこう楽しそうに見えました。

しかし、そのころは、まだ精神病は未開の分野で、治療法も確立していなかったのではないでしょうか。軽度の患者には田植えや病院内の植木の手入れをさせたり、狂暴性のある患者は袋に入れてぬるま湯につからせたりしていました。

そんな雰囲気の中で、私はパラリーゼ（マヒ性痴呆）の脳組織から、梅毒の病原菌スピロヘータパリダを発見することに熱中しました。あとになってみると、ちょうどそのころ、アメリカにいた野口英世が発見したといわれていますが、日本ではまだ見つかっていなかったのではないでしょうか。私は毎日毎日、脳組織から薄い切片を作り、銀メッキの染色法で染め上げては顕微鏡をのぞき込んでいました。そしてある日、ついに脳の切片にスピロヘータが群生して光っているのを見つけたのです。私は黒沢潤三《くろさわじゅんぞう》先生のところへ走って報告に行きましたが、今でもその視野が眼底に焼きついているくらい、うれしいことでした。

そして大正十二年九月一日。私は頭痛がするので、松沢病院を休んで新大久保の米叔母の家にいました。朝方は土砂降りの雨でしたが、八時過ぎに叔母が旅行に出たあとは、うそのように晴れ上がっていたのです。そして、姉がそろそろお昼にしようかと言っていた矢先のことです。突然、地の底からゴーッというような不気味な音が突き上げてきました。

「地震、地震！」

思わず、私たちは庭に飛び出していました。それから大きな揺れが二度ばかりあり、しばらくしておそるおそる家の周囲を見まわすと、かわらが落ちた程度で近所の家もたいした被害はないように思われました。ところが、やがて市内のあちこちで火災が発生し、東京じゅうが大混乱に陥ったのです。

これが有名な関東大震災ですが、数日後に松沢病院へ行ってみると、標本室の脳のホルマリン漬けが棚から落ちて散乱していました。解剖実習には平気だった私も、このときばかりはゾッとして、なにか、人間の末路を見たような気がしました。私が、自然科学で解明されていることは、宇宙現象のごく一部にすぎないと身をもって感じたのは、松沢病院での体験と関東大震災の惨事によってです。

人間の肉体と精神については、まだ究明されていないことが多いのです。患者と話してみても、どちらが異常なのかわからないような不可解さも、人間の世界にはあります。それからまた、関東大震災のような災害が起きてみると、私たちがいかに自然について無知で無力なものかがよくわかります。私は、この広い宇宙には人間の理解や想像をはるかに超えるものがあり、人知がすべてを解明し支配できると考えるのは傲慢《ごうまん》だということを、つくづく感じました。

吉岡彌生先生の教え

当時の女子医専は五年制になっていましたが、その間に学んだもう一つのことは、吉岡先生の生き方や信念です。

先生は医専を維持するために病院を開き、そこで働かれていたので、月に一度だけ全校生を集めて講演をされました。私たちが会えるのはそのときだけですが、女医というものに結びつけて、職業倫理とか責任について年じゅう聞かされました。

たとえば、あるとき、

「職業婦人になるなら、結婚してはだめだ」

と言われたことがあります。これは当時、女性が職業を持つなんてとんでもないとか、女医なんてという風潮があったことを考えなければなりません。そうした差別社会の中で女性が職業を持つなら、結婚しないくらいの覚悟がなければ、男性に伍《ご》してやっていくことはできないという意味です。先生ご自身は、ちゃんと結婚し、よき理解者であり医師でもあった荒太先生にやさしく仕えた人ですが、男の医者に負けないというか、しっかりした女医を育てようという信念がありました。

「男も女も同じ人間として果たさなければならない使命がある。女だからといって、その責任を回避してはならない」

といつも強調されていました。

とくに医者は人命をあずかるのだから、男も女も使命は同じ、女医が診察したから患者が死んだと言われては困る。職業としてやっていく以上は、家庭があるから、女だからと言って中途半端なことは許されない。職業と家庭を両立させるためにはタフでなければならないし、たえず勉強していなければ医者としての責任は果たせないのです。などと話されました。

その当時、先生は五十歳くらいだったと思います。豊かながら小柄な人でしたが、そんな話をされるとき、男女差別の厳しい社会を生き抜いた人らしく、すごい迫力がありました。

あとで述べますが、私自身いつも職業と家庭を両立させてきましたし、大学教育についても、両立に耐えうる肉体と精神を養うことを方針としてきました。先生の「男も女も人間として使命は同じ」という言葉に、大きな影響を受けています。同級生も、みんななんらかの形で先生の精神を受け継いでいるといってよいでしょう。私といっしょに卒業した友達は、小児科、眼科、内科、耳鼻科などの医者として、ある人は開業し、またある人は病院勤めをしました。

もう、卒業して六十年になります。けれども、クラス会が年ごとに味わい深くなっているのも、人生の幾山河を越えた者同士の喜びがあるからでしょう。

第四章　栄養学に魅せられて

病気を予防するのが医者の本分

私が医者になることになんとなく自信を失ったのは、医専の三年になり、臨床をやるようになってからです。それまでの理論的な基礎医学はおもしろくてしかたがないほどでしたが、臨床では理屈で割り切れないようなことがたくさん出てくるようになりました。たとえば、同じ結核にしても症状は各人各様で、理論どおりにはいかないばかりか、先生によって解釈が違う場合もあります。その一方では、医者は治療のために仮にはっきりした裏づけがなくても、一つの決断の上に立って病気に対処しなければなりません。つまり、病名一つ診断するにしても経験が大きくものをいうわけです。

理詰めでものを考える私は、臨床をやることに不安を抱いてしまいました。そしてそれよりも、もっと基礎医学を勉強したいと思い、卒業が近づいたころには、生化学をその専攻として考えるようになっていました。

そのとき相談に乗っていただいたのが、東大医学部の島薗順次郎《しまぞのじゅんじろう》教授です。先生も同じ和歌山県の出身で、何度か県人会でお目にかかっていたからです。

私が、生化学にかかわろうかと思っているんですと言うと、先生は、

「あなたは、なんの目的で医専に入ったのですか」

と尋ねられました。その言葉を聞いたとたん、私はハッとしました。母を亡くしたとき医者になろうと決心し、それがきっかけで医専に入ったのです。医者になることが目的だったのですから、たとえどうであれ、いきなり生化学にかかわるのは邪道だと気がつきました。先生も、

「将来、生化学をやるにしても、医学を学んでいれば知人から病気の相談を受けることもあるでしょう。そのときのためにも、診察ぐらいはできるように内科の勉強をしておいたらどうですか」

と言われました。そんないきさつから、私は東大の島薗内科へ入局することになったのです。

のちに東大病院の院長にもなられた島薗先生は、日露戦争（明治三十七〜八年）のとき軍医として従軍し、日本軍に脚気《かっけ》が多いという実態を知って、京都帝大の教授のときから脚気の研究に取り組まれていた人です。

島薗順次郎博士（1877 ～ 1937）

今でこそ脚気は珍しくなっていますが、白米の普及とともに、明治から大正、昭和の初期にかけて、日本じゅうに脚気が蔓延《まんえん》していました。私が島薗内科に入局したころにも、衝心脚気で死亡する例がありました。また当時は、ビタミンB_1欠乏症が多く、脚気の人体実験をするとき、応募者の中から健康な人を選び出すのが困難なほどでした。そればかりか、東大病院でも、給食が白米中心だったため、入院中のチフスや肺炎の患者は脚気を併発して予後が悪くなったり、母親がB_1欠乏で乳児脚気を引き起こしたりしていました。

そんなわけで〝脚気亡国論〟さえささやかれていましたが、当時の栄養学はまだ手探りの状態だったといってよいでしょう。

ちなみに、オランダの医師エイクマンが、米ぬかの中の栄養素が不足すると脚気になると発表したのは、明治二十九年のことです。しかし、米ぬかの中の栄養素といっても、それがどういうものかわかっていたわけではありません。その手がかりがつかめたのは、明治四十三年のこと。よく知られているように、東大農学部の鈴木梅太郎先生が、米ぬかの中から脚気に有効な成分を抽出して、オリザニンと名づけました。のちに、これがビタミンと呼ばれるようにな

鈴木梅太郎博士（1874 ～ 1934）

りますが、ビタミンB_1とB_2が区別されるようになったのは昭和二年のことです。といって、これで脚気が撲滅できるようになったわけではありません。ビタミンB_1の構造式が決まり、合成に成功したのは昭和十一年のことで、それまでさまざまな研究が行なわれました。

　私の夫・香川昇三は大正十三年から島薗内科に在局し、おもにビタミンと脚気の研究をしていましたが、女子栄養大学の前身である女子栄養学園で次のような講演をしています。脚気とビタミンB_1の研究過程がわかるので、『栄養と料理』に掲載されたものを抜粋してみましょう。

……明治四十二年から陸軍で脚気調査会という研究機関を作り、全国の学者に本病の原因や治療法について研究を命じ、各大学や研究所の学者がこれに参加した。日露戦争では脚気で戦病死したものが多数あったので日本軍の戦力を増強する上においても、この脚気を研究することが最急務であったのである。各大学でもB欠乏食の人体実験も行なわれた。大正十四年の春になって、いろいろ議論はあったが、脚気はついにビタミンB欠乏プラスX、すなわちB欠乏のほかに、なお分からない原因があるということになって、この調査会は一応打ち切りになった。

しかし、本病の最後の結論を得ることが大切であったので、帝大の入沢先生は脚気研究会という新たな会を作ることを提唱され、前からの研究者が集って会を組織し、毎年続けることになった。健康者にビタミンBの欠乏した食餌を与え、人工的に脚気を起こさせる実験は各所で繰り返された。島薗内科で柳氏、岩崎氏等もこれを担当したが、結論はいつも同じことであった。

島薗先生は、昭和四年にドイツに交換教授として行かれた。帰られた先生はビタミンには種類がある。ビタミンは複合体でB_1とB_2があるといわれ、さっそく人体について実験がはじめられた。食品の中でB_2を有し、しかもB_1を持っていない食品があるや否やを調べ、卵白にはB_2はあるがB_1はないことがわかったので、B複合体欠乏食にB_2を加え、B_1だけ欠乏した食事を与えて脚気が起きるかどうか、私と医局の内藤君とが実験をすることになった。

ちょうどその折りに、鈴木梅太郎先生の門下の大嶽博士が、昭和六年十一月の学術研究会で、ビタミンBの結晶をとることができた旨を発表された。その講演を聞き、私は大嶽博士とはじめて会見し、いろいろとビタミンBの結晶をとることの苦心をお聞きした。

その方法は、東インドにおいて結晶をとることに成功したというヤンセンとドナートの発表した方法で、百分の二グラムあれば鳩の脚気を治すことができるというのである。しかし、どう考えてもそう簡単にとれるものではない。まず、その人物を外務省に調査を依頼したところ、間違いない人物であることがわかった。一・六グラムの結晶をとるために、ぬか十一トンを要し、ずいぶん骨を折られたそうである。

しかし、脚気にローオリザニンが効いたのはB_1で治ったかどうかわからない。そこで私が、今度計画している実験的B_1欠乏症の治療には、どうしても純粋なビタミンB_1が必要なことを申し上げたところ、ビタミンを作る役は鈴木先生や大嶽であり、人工の脚気を作り、これを治す役は島薗先生およびその弟子である、今後協力して研究したいと申された。

島薗先生のもとへ帰ってそのことをお話しし、さっそく人体実験も続行すべく人も頼み、実験にとりかかった。それから、はじめて鈴木先生にお目にかかりB_1結晶を使用したき旨を申し上げたところ、そのときは二十ミリグラムだけ生理食塩水に溶かして下さった。

その貴重品を持って島薗先生のもとに帰り、まず動物実験に使用し、次に人体実験に応用することになった。ビタミンB_1欠乏食を与えて実験をはじめた人は、一カ月で足はふくらみ、最低血圧も下がり、脈早く足はマヒして浮腫を生じ、今度は本当の脚気と変わらぬものが人工的に現われたのである。一二八日目には脈搏は一二〇、心臓拡大し、熱も三十七度三分あり、もう遠からず脚気衝心を起こさんとするまでになり、そこでまずビタミンの結晶を第一日に〇・五ミリグラム、第二日目一・五ミリグラムを服用し、少し脈が下がり、患者は大分楽になった。三日目には脈が七〇になり、その後一日わずかに一ミリグラムを続けて経過も非常によくなってきた。

島薗先生に診ていただくと「それは真の脚気と同じであり、またビタミンの結晶は効くということができますね」といわれ、鈴木先生にお話し申し上げようということで、いよいよ鈴木先生がこられることになった。
鈴木先生と大嶽博士は、ケースに入った各種のビタミンの結晶を宝箱の如く持参され、ただ白や黄色い粉を島薗先生は振ってご覧になられたりした。それから私共は実験患者の心臓のレントゲン写真をお目にかけ、鈴木先生は脚気特有の心臓型の説明を聞かれ、かつそれが小さくなったレントゲン写真を見られた。それから実験患者の所へも行かれ、温度表や脈搏、血圧等も見られつつ、島薗先生に向かって「大きな進歩ですね」といわれた。
間もなく昭和七年十月内科集談会や脚気病研究会で、そのことを発表、第二、第三の人体実験を繰り返して、ビタミンB_1の欠乏によって脚気が起きることが確実になったのである。そこで、私と医局の内藤君、沢田君や大嶽博士等と一緒に発表したが、実験的にビタミンB_1欠乏食で自然の脚気に等しい脚気を起こしたのは、わが国が初めてであった。……

（『栄養と料理』昭和十八年十一月号）

米ぬかからビタミンB_1を抽出するのは容易なことではないので、それに成功したというヤンセンとドナートの人物調査を外務省に依頼したこと、大嶽了博士らが米ぬか十一トンから、わずか一・六グラムのビタミンB_1を抽出したこと、各種ビタミンの結晶を宝物のように持参されたことなど、おもしろいエピソードが紹介されていますが、これが五十余年前のことなのです。何千年という人間の食生活に比べて、いかに栄養学の歴史が浅いかがわかると思います。

そうした中で、島薗先生は早くから栄養問題に着目し、脚気を追放するために白米をやめて、ビタミンB_1を濃厚に含む胚芽米食を提唱されていました。当時はまだまだ、医学と栄養学を結びつけて考える人は少ない時代でしたが、私が栄養学の道に入る運命も入局と同時に決まったといってもよいでしょう。私が黎明期の栄養学とともに歩むことができたのも、先生のおかげです。

先生は篤学というか、私たちが「これが医者の仕事だろうか」と驚くようなことまで着実にされました。

たとえば、胚芽米の搗精《とうせい》法の研究です。普通の精米機は、玄米と玄米をこすり合わせて外皮を取るため、米が縦回転するようになっています。外皮や米ぬかが残っていると、口当たりや消化が悪く、臭気がするからです。ところが、精白にするには強力に米を繰り返し繰り返し回転させるので、米の尖端についている胚芽の部分は落ちてしまいます。

そこで先生は、大学の中に精米所を作り、医局の人たちといっしょに研究して、胚芽を残すタイム式精米機を考案されたのです。

しかし、それだけでは白米を食べ慣れた人に、胚芽米を常食として勧めることはできません。たとえば、白米を食べていた人が胚芽米を食べるとき、口当たりが悪いとか嗜好《しこう》の問題がありますが、それを克服するためには、おいしい胚芽米の炊き方の研究や嗜好テストが必要です。また、栄養価や試食後の成果を調べるための、動物実験や治療実験もしなければなりません。

こうした問題が、島薗先生から私に与えられた研究テーマですが、先生は食と健康の問題を次々に提起して私の進路を示してくださったのです。私は在局した六年間に、島薗先生からどんなに多くのことを学んだか、はかりしれないものがあります。その中でも、「医者の本分は人間を健康にすること、病気にしないことだ。普通の臨床医は病気になるのを待って治すが、本当に病気にならないようにするのが医者の使命だ」と言われた先生の言葉が、今でもはっきりと心に焼きついています。

先生はその信念を、胚芽米食の普及や東大病院の給食改善によって示されましたが、「病気を予防するのが医者の使命だ」と教えられなかったら、私の人生は違ったものになっていたかもしれません。栄養学のたいせつさに気づくこともなく、食生活の改善に取り組むこともなかっただろうと思います。そしてまた、香川昇三にめぐり会うことも……。

夫、昇三のこと

初めて香川昇三に会ったのは、大正十五年五月、私が東大の島薗内科に入局した日のことです。

当時、東大内科では新人は先輩から臨床指導を受けることになっていました。その先輩をハウプト、後輩をネーベンといっていましたが、私のハウプトになったのが昇三です。昇三が三十歳、私が二十七歳でした。

入局したばかりの私は緊張していたのと、さあこれからと意気込んでいたからでしょう。昇三の第一印象は、金縁の眼鏡をかけたおとなしそうな人といった程度のものでした。将来結婚して、同じ道を歩くようになろうとは夢にも思わなかったのです。

香川昇三は、父源八、母ヨフの次男として、明治二十八年九月二十八日、金毘羅宮に近い香川県仲多度郡榎井《えない》村で生まれました。

昇三の死後、昭和二十六年に遺徳碑を建立するとき、榎井村役場で調べたところ、

「香川家ハ讃岐天霧城主香川之景（後信景ト改ム）ノ裔ナリ……信景ノ裔景樹丸亀東南二村《フタムラ》ニ移リ後　梅蔵ノ代トナリテ象麓榎井ニ移住ス　其子常太郎酒商ヲ営ミシガ孫源八ニ到リテ油商ヲ営ム　源八幼ヨリ和漢ノ学ヲ習ヒ公共ノ事業ニ尽カス　源八ニ男三女アリ　長男夭死シ次男ハ昇三ナリ　昇三英俊ノ誉高ク丸亀中学　東京第一高等学校ヲ経テ東大医科ニ入リ……」

という資料がありました。古い話ですが、天霧城主香川信景の子孫のようです。

そんなことを、昇三はまったく語らない人でした。誇らないというか、学問一筋で関心がなかったのでしょう。

昇三のきょうだいは、長男が一歳で死亡し、ほかに姉が一人、妹が二人いました。

父源八は、漢学の素養があり若くして、土地の学校の視学官になったといわれています。こ

れは現在の教育主事のような役職ですが、昇三が生まれたころには、大地主として悠々自適の生活をしていました。多額納税者として、大正十一年に時の摂政の宮が四国においでになったとき、ご陪食の栄誉を受けています。

一方、母ヨフは代々医者の家の長女で、典型的な良妻賢母でした。おとなしい人ですが、夫源八が女子には高等教育はいらないといえば、三人の女の子のために、家庭教師を招いて英語の勉強をさせています。

そうした家庭の一人息子だった昇三は、何不自由なくたいせつに育てられたようです。子どものころ、海で泳ぐとき、おぼれないようにと腰に長いひもを結びつけ、そのひもを家人が持って海岸で番をしていたといいます。

昇三は、旧榎井村の尋常小学校から香川県立丸亀中学へと進み、大正四年に第一高等学校へ入学しました。

その一高時代にも、父親に乗馬の練習を始めたと知らせたら、「乗馬は危険だから即刻やめるように、それでもやりたければ、大きい木馬を作って送るから」と手紙をよこしたばかりか、心配して四国から使いの者が飛んで来たんだよ、と私に話してくれたことがあります。丸亀中学をトップの成績で卒業していますが、肋膜《ろくまく》で一年間休学したことがあるだけに、家族は心配したのでしょう。

昇三が医学を専攻したのも、あるいは自分の健康と関係があったかもしれません。一高時代には肋膜を再発、盲腸は術後が悪くて二度も手術をしています。天は二物を与えずといいますが、昇三は健康には恵まれませんでした。今もふっと、私は第二次大戦が激しくなったころのことを思い出します。

当時は、昇三は女子栄養学園や香川研究所の仕事で忙しい毎日を送っていました。ずっと東大の講師もしていましたが、ビタミンB_1や脚気の研究をしていた医局の若い先生がたが出征されると、かわって論文をまとめてあげていました。たとえ、出征した人が不幸にして戦死されるようなことがあっても、医者としての最後を飾ることになるからと言って。

昇三は、自分が体が弱くて兵役を免除されていることで、申しわけないという気持ちがいっぱいだったのです。そんな純粋で正直で、まじめな人でした。

ところで、昇三が東京帝国大学医学部を卒業したのは、大正十三年のことです。引き続き、三浦内科、島薗内科で研究を続けていましたが、ビタミンと脚気に取り組むようになったのは、島薗先生との出会いによってです。例の「脚気がビタミンB_1の欠乏による」ことを証明した人体実験では、主要なスタッフでした。また、同じ研究室の人たちと共同で、白米にはビタミンB_1がほとんどなく、胚芽米には多いこと、脚気の予防に胚芽米が効果のあることなどを証明しています。

魂を、ビタミンと脚気、そして栄養学に奪われていたような生涯といえば大げさでしょうか。

昇三は勉強家でしたから、たえず新しい研究に取り組み論文を書いていました。昭和五十八年

香川研究所研究室で（昭和 10 年）

に『香川昇三伝』（香川栄養学園編）が編纂されるとき、論文を調べてみたところ、印刷されて私の手元に残っているものだけで三十編ありました。このほか、医学雑誌、科学雑誌、『栄養と料理』の原稿などを加えると、相当な数になるはずです。それはいま読んでみても、「ビタミンの綜説」などはずいぶん新しい意見ですが、大正十三年から死去する一年前の昭和十九年までの二十二年間のことなのです。

そんなわけで、夜遅くまで文献を読んだり論文を書いたりする姿ばかり思い出しますが、医師として、また研究者としての昇三を考えるとき、忘れがたい出来事があります。

それは私たちが結婚して三年ほどした昭和八年の春先、長男の靖雄が離乳期障害で東大病院に入院したときのことです。ちょうどそのとき、昇三はビタミンB_1欠乏症の人体実験をしていましたが、運悪くその患者も危篤状態に陥っていました。私たちは同じ病院の別々の病室で、お互いに徹夜の看病をすることになったのです。

靖雄は、牛乳は飲むものの離乳食は吐き出してしまうという状態でした。そんなことでと思われるかもしれませんが、医学が発達した現代とはなにもかも比べものにならない時代です。それに靖雄の場合、原因がわからず、まだ幼いだけに私は心配しました。

それに加えて、昇三の患者のことも気がかりでした。どんな実験でも深く究明しようとすれば危険が伴うものですが、もし万一のことがあれば、人命を犠牲にしかねません。

私は靖雄と昇三のことを思って、うす暗い病室の中で不安に駆り立てられていました。そのとき、突然、尊敬するシュバイツァー博士の言葉が浮かんできたのです。

「なにか大きな仕事をする人は、その人のいちばんたいせつなものを捨てよ」

仕事とは、研究とは、それほどに厳しいものなのだ、と闇の中をサッと一筋の稲妻が走ったような感じでした。

この言葉は、シュバイツァーが若いころ、音楽か信仰かで悩み、ついに音楽を断念し信仰に生きる決意をしたときのものです。彼は信仰に基づいて医学を生かし多くの人を救済しましたが、このとき私は選択すること、捨てることの難しさを知りました。仕事と家庭、家族と患者、信念と名誉など、その軽重を簡単に決めることはできませんが、岐路に立ったときどうするか、決断しておく必要があるのだ、と。昇三にしても、靖雄のことを心配していないはずはありません。けれども、受け持ちの患者の生命は絶対で、自分の子どもを優先することは許されないことなのです。

翌日、やっと昇三が病室に来て、

「ぼくの患者はもうだいじょうぶだ」

と言ったとき、私は不思議な感動さえ覚えましたが、医学に携わる者のあり方を、島薗先生とは別の形で教えられたような気がしました。

それより少し前の昭和五、六年ごろのことでしょうか。胚芽米派と七分搗《づ》き米派に分かれて、マスコミ紙面で盛んに論争が行なわれました。一方が胚芽米にはビタミンBが豊富にあり、脚気の予防に効果があることを主張すると、もう一方は七分搗き米は歩留まりがよいこと、胚芽米と言っても胚芽の残存率が問題だなどというやりとりでしたが、いずれにせよ、私たちが胚芽に執着したことが、現在のおいしい胚芽精米につながったことは確かです。

その胚芽米の効果について、『臨床医学』昭和十二年七月号に鈴木梅太郎先生の論文が載っています。それによると、日露戦争（明治三十七〜八年）のとき千人中百人の脚気患者が出ましたが、兵食を胚芽米に切り替えた満州事変（昭和六年）では、千人中わずかに六人であったと書かれています。

昇三は胚芽米の研究に力を注ぎ、胚芽米食の熱心な推進者の一人でした。あまり体が強くないのに、近所の精米所に胚芽米に切り替えるよう説得して歩いたり、島薗先生たちと国策としても胚芽米を主食にするように、各方面に働きかけていました。栄養といっても、一般にはまだまだ理解されない時代でしたが、一人でも多くの人の健康を願っていたのです。

昇三は、私にはないものをたくさん持っていました。榎井は天領（天皇、皇室の領地）のせいか、学問ばかりでなく芸事も盛んなところですが、昇三も医学部に入るまでは、三味線やバイオリンを習ったり歌舞伎や能舞台を楽しんだりしたようです。俳句は医局時代にも「桂舟」と号して、水原秋桜子主宰の句会によく出席していました。忙しい研究生活を離れて心を休めていたのでしょう。昭和十二年に亡くなられた島薗先生の年忌《ねんき》には、次のような句を残しています。

　　行く春や門弟つどひ香を焚く
　　春蘭のむなしく咲きて師は逝きし

こんな豊かな趣味を持つ反面、昇三には世間慣れしないところがありました。私と知り合う前に、こんなことがあったそうです。

ある日、医学部の友人が訪ねて行くと、縁側で新聞を読んでいた昇三が、きれいに包装されたカメノコタワシの広告写真を指して「これ、おいしいものなの」と聞いたとか。子どものころから買い物に行くことも台所をのぞくこともなかったので、たわしもお菓子ぐらいに思ったのかもしれません。

また、いつもばあやが「今日の食事はなににしましょうか」と尋ねるので、いやになり、自分で一週間分の献立表を作り、一年じゅう同じ献立を繰り返していたとか。それから、姉の子どもにロンパースを海水着とまちがえて、おみやげに買って帰ったとか。昇三は医局ではコンちゃんの愛称で呼ばれていましたが、これも強心剤の新薬コンパロンが出始めたころ、しきりに「コンパロン」を連発するので、いつの間にかニックネームになったようです。このように、どこか、周囲の者をほほえませるようなところがありました。

私がときどき、仕事が終わったあとで、ばあやと住んでいる昇三の家に立ち寄るようになったのは、入局して二年くらいたったころからです。当時の風潮からすれば誤解されがちな行動でしたが、昇三には少しのこだわりもありません。

話題はいつも、新しいビタミンの学説や私の研究へのアドバイス、そして昇三自身の研究のことばかり。昇三は口数の少ないほうでしたが、ひとたび栄養学の話になると、熱を帯びてきてとどまるところがありません。昇三も私も、新しい栄養学という学問に取り憑《つ》かれてしまっていたのです。

ビタミンと胚芽米

私が東大にいたのは、大正十五年五月から昭和六年までの五年半ばかりのことです。その間、ひたすら研究に打ち込んだものの、一部には厳しい男女差別があったことも事実です。

私の身分は、退局するまでずっと「介補」といって雑役係のようなものでした。それも無給で、といえば現代の若い人なら逃げ出してしまうかもしれませんが、それよりなにより、男女差別は厳然としていました。私とは分野が違うものの、いっしょに入局した女性が、二年もしないうちにみんなやめてしまったのも、女性蔑視の雰囲気に耐えられなかったからでしょう。

当時、男性には大学での医学教育の機会が与えられていました。けれども、女性には専門学校までしか門戸が開かれていなかったのです。にもかかわらず、大学卒と医専卒の差別ははっきりしていて、私たち女性は一人前ではないといわれる不合理さ。その不平等な教育のもとで、臨床知識が劣るとかドイツ語の原書がすらすら読めないとか評価される不公平さ。

働く女性が少ない時代でした。とくに病院や研究室などでは、女性は皆無に近いことなので、男性には目ざわりだったのかもしれません。けれども現実に目の前で、「この研究室から出て行けよ」とか「早くやめろよ」などと言われたら、どんな気持ちになることか。

男性医局員から露骨ないやがらせを言われた私は、「そうですか、それなら退局届の用紙をください」と言いました。そして、その用紙の提出を催促されると、「動物室のネズミが食べちゃったみたい」と受け流しましたが、自分がここで何を学ぶか、しっかりした自覚がなければ、とても耐えられなかったでしょう。それに私は、泣き言を言ったり右顧左眄《うこさべん》するのは性に合いません。夢中で仕事をやっているうちに楽しくなり、差別や偏見は忘れてしまいました。

入局後しばらくは、昇三のネーベンとして診察の仕方を習ったり、島薗先生の口述筆記を手伝ったりしました。口述筆記を家に持ち帰り、一晩じゅう辞書を引きながら原稿の清書をしたこともしばしばあります。頼まれたわけではありませんが、倉庫の中のカルテや掛け図の整理なども進んでやりました。

そんなことから、島薗先生は目をかけてくださったのでしょう。まず最初にいただいた研究テーマは、医専では習ったことも考えたこともなかった食の問題で、「ご飯の炊き方」というものでした。ご飯の炊き方なんて、そんなことは常識だと思われるかもしれませんが、学術的に研究したものはどこにもないのです。前例がなく、日常的なテーマであるだけに、どう取り組むか、私はずいぶん悩みました。

ともかく、研究室に調理台を作っての実験です。米の吸水量、米を洗うときの水の温度、浸水時間、炊くときの水の温度や水の量、蒸気の出方、火加減、ふたの重さと気密さの関係、炊き上がったときの増え方、米の種類や新米と古米との違いなど、考えられる限りの条件を計りうる限りのメジャーを用いて毎日毎日実験しました。ガスの火で炊きましたが、炊いたり、計ったり、みんなに試食をしてもらったりで、二か月ぐらいかかったように思います。

いろいろ試してみると、ご飯の炊けぐあい、つまりかたいとかやわらかいとか、ふっくら炊けるというのは、米の吸水率と浸水時間、それにとぎ水の温度に関係があることがわかりました。また、古米と新米では、古米のほうが吸水率が低く、浸水時間を長くしないと、ふっくらとは炊けないのです。

昭和三年に、私はこれらの結果を元にして、雑誌『糧友』に「胚芽米の炊き方」を書いています。それを今読んでみると、こんな個所が目につきます。

☆……水の吸い込む速度は、初めの五分間で米の目方の一割、次の三十分でさらに一割、それから一時間半ないし二時間でさらに一割を吸い込みますが、それ以上は吸水しません。
☆……一升か二升くらいの米では九分ないし十分で煮立ってきます。充分煮立って粘汁が勢いよく吹き溢《こぼ》れそうになった際に弱火にし、十五分ないし二十分煮て火を消し、そのまま十五分くらい蒸します。
☆……米をご飯にすると重さは約二・三倍になり、容積は二・五倍に増えます。
こうしたデータを現代の電気釜に当てはめるわけにはいきませんが、当時、私はこのテーマをいかに学術的な論文にするか悩んだものです。

次に島薗先生から示されたのは、「日本の食品のビタミンB含有量とそれに及ぼす調理の影響」というテーマです。

当時は、化学的にビタミンを計ることができなかったので、すべて動物実験によるものです。ハトや白ネズミ、ジュウシマツなどに、さまざまな食物を与え、ビタミンB欠乏症が現われるかどうかを観察しますが、作業はたいへんめんどうなものでした。

まず第一に、食物の種類が多いこと。しかも、その一つ一つについて、生の場合、加工した場合、熱を加えた場合というふうに調べていきますが、白米と野菜などの混合のものを与え、その混合の組み合わせや比率も変えてみなければなりません。また、正確なデータを得るために、パンひとつの項目にしても、大量に毎日コンスタントに作っている工場を数社選んで、そこへ行き、生産工程を勉強して、材料を持ち帰り、その一つ一つについて栄養量を調べたので

動物実験をする香川昇三

す。熱を加えた状態を知るために、パンの中に温度計を入れてもらったこともありました。

ハトはビタミンBが欠乏してくると、だいたい一週間で弱ってきますが、特定の餌を与え、体重や食欲を知るための食事量の測定、それに弱ってくると下痢をしてくるので糞《ふん》の観察と飼育箱の掃除など、それが毎日のことですから、盆も正月もないありさまでした。ハトだけでも百羽以上飼育しましたが、この動物実験に二年余りかかったように思います。けれども、自分で計画し自由に研究できる楽しさは格別でした。

☆……胚芽米ヲ以テ鳩ヲ飼養スルニ其「ヴィタミン」B含有量ハ胚芽数ト比例ス。而シテ65%以上胚芽ヲ残留スル胚芽米ニテハ「ヴィタミン」Bノ欠乏ヲ認メザレドモ、46%ニテハ「ヴィタミン」Bノ欠乏著明ナリ。50%或ハ55%ハ両者ノ境界ニアリ。

☆……白麺麭《パン》ニハ「ヴィタミン」B含有量甚ダ少シ。普通ノ小麦粉ニ全麦粉ヲ30%ノ割合ニ混合シテ製シタル黒麺麭ニハ「ヴィタミン」Bノ含有量豊富ナリ。麺麭ノ原料タル小麦粉ヲ以テ実験セルモノハ其粉ノ種類ニヨリテ「ヴィタミン」B含有量ニ差異アリ……

☆……沢庵ノ「ヴィタミン」Ｂ含有量ヲ検スルタメ其抽出液ヲ酸性白土ニ吸着セシメテ実験ヲ行ヒタルニ、沢庵ニハ相当ノ「ヴィタミン」ヲ含有スルコトヲ知リ得タリ。
☆……ほうれんそうハ生ニテ40％ノ割合ニ白米粉ニ混合シテ鳩ニ投与スルモ尚ホ「ヴィタミン」Ｂ欠乏症ヲ予防スルコト能ハズ。各種ノ調理法ヲ加ヘタルほうれんそうハ生ほうれんそうニ比シテ多少「ヴィタミン」Ｂノ損失ヲ認ム。茹デタル後長時間水ニ晒スコトハ最モ栄養分ヲ損失ス。「アルカリ」性トナシテ煮ルコト又ハ多量ノ水ニテ煮ルコトモ不可ナリ。加熱時間ノ長キハ又「ヴィタミン」Ｂノ溶出ヲ助ク。
（『東京医学会雑誌』第45巻第10号一九三一年十月）

これは、その研究論文の一部です。参考までに原文のまま抜粋しましたが、私が結果をまとめて『東京医学会雑誌』に「種々本邦食品ノヴィタミンＢ含有量並ニ之ニ及ボス調理ノ影響」を発表したのは、結婚後の昭和六年のことです。女性の医学論文が珍しかった時代に、たいして反駁《はんばく》も受けなかったのは、私の名前の綾を稜と読み違えて男性だと思った人がいたのと、栄養学がまだ新しい分野だったからでしょう。

三つ目のテーマは、「胚芽米の作り方とその栄養価」についてです。前にも述べたように、胚芽米の搗精法については島薗先生や医局の先生がたといっしょに研究し、先生が特殊な精米機を考案され、胚芽が米粒から取れないようにくふうしました。

また、精米機を考案してからは、精米商と精米機商にお願いして胚芽米を作ってもらいましたが、その胚芽米を使って私は栄養価の動物実験をしました。実験方法は「ビタミンＢ含有量」

の場合とほぼ同じです。けれども、百粒中に胚芽が何粒残っているかを調べ、胚芽を一つ一つ針で取り出して総計重量を計ってみる。あるいは、ハトに与える胚芽米の比率を変えて何%でビタミンB欠乏症を起こすかなど、胚芽米食を推進するために、これも長い時間をかけての実験でした。

次に取り組んだのは「病院給食の改善」です。このころは、ほかの病気で入院している患者も、病院食を食べていると脚気になるという状況でした。そこで、病院の患者の食事を動物に食べさせてみると、一か月もしないうちに病気になり、病院給食には諸成分の欠乏があることがわかりました。

さらに、実験動物を二つのグループに分け、副食は大学病院の給食と同じものを与え、主食は一方には白米を、他方には胚芽米を与えて飼育をしてみました。すると、白米のほうは脚気になりましたが、胚芽米のほうはいつまでも元気で、明らかに胚芽米の効果を示したのです。

この結果から、胚芽米を病院給食に取り入れてみると、薬も用いずに脚気患者が回復していきました。そこで昭和二年には胚芽米を一般公開し、陸軍の兵食にも採用されて兵隊の脚気もほとんどなくなったのです。

私は胚芽米のすばらしい効果を知ったとき、欣喜雀躍《きんきじゃくやく》したいほどの感激を味わいました。食事だけで、こんなにも健康になるものかという驚き。私がはっきりと栄養学に人生を賭《か》け、病気を予防する医者になろうと決意したのも、こうした栄養と健康の関係を目のあたりにしてからでした。

魚一、豆一、野菜が四

この見出しを書くたびに、私の脳裏には、料理に取り組み栄養改善の活動を始めたころのことが、昨日のことのように浮かんできます。すでに、六十年前にもなろうというのに。「衣服一代、家居二代、飲食三代」といいますが、一つの考えが食生活の中で生かされ、定着するようになるまでには、ゆうに半世紀はかかるように思います。

かつて私は、ＮＨＫの「お元気ですか」という番組で、アナウンサーの鈴木健二さんとお話しする機会がありました。そのとき「苦しいことがあったと思いますが」という質問に、私が「そんなときは、ああしよう、こうしようと考えていると楽しくなって」と答えたところ、番組を見た知り合いからも、どうして苦労するのが楽しいのか、不思議だ、と言われました。

私は自分がやりたいこと、やらねばならないことがあると、ちょうど松沢病院で毎日毎日顕微鏡をのぞき、スピロヘータパリダを発見したときと同じような気持ちになるのです。きっと、そこには私の未知なるものがあるはずだ、と。その中で、あれこれ考えているうちに楽しくなり、苦労とか困難とかは二の次になってしまうのです。あとは一日一日精いっぱいやるだけ。その結果の評価や報酬は他人さまが決めること。山や谷があっても立ち向かっているほうが、充実した毎日が送れるからです。

私が赤堀割烹塾へ通ったのは、昭和二年のことです。当時も継続中の実験がありましたが、忙しいとか苦しいと思う前に、気がついたら料理の研究に熱中していたというありさまでした。料理学校へ通ったのは、料理法や料理名がわからなければ、病院給食を研究しようと思っても記録することさえできないからです。

そのころの東京には、料理学校は二校しかなかったように思います。

私は朝のうちは研究室で仕事をし、午後になると白衣を脱ぎ捨てて、東大から小石川伝通院にある赤堀割烹塾まで、大急ぎで歩いて通いました。塾の生徒は高島田姿の良家の令嬢ばかりです。みんな「あそばせ」言葉を使っていて、私のように洋服を着て髪をうしろで丸めた〝女書生っぽ〟は、異分子のような雰囲気でした。

そのうえ、料理の教授法はまことに親切ていねいでしたが、記録を取ろうとすると、分量、加熱時間や温度、調味料の割合など、秘伝とコツに包まれて私にはよくわからないことばかりです。ものを煮るにも火加減がわからず、時間は〝やわらかくなるまで〟〝火が通ったら〟とか、調味料は〝ほどほどに加えて、味わってみておいしいお味に〟といった表現が使われていました。これでは素人がもう一度家で作ってみようとしても、うまくいくものではありません。

私より少し前に、遠縁の者が料理を習っていて、家で作るとき「タイで習ったから、ほかの魚ではできません」と言っていました。そんなことではだめだと家族がしかっていましたが、現代でも同じ理屈とはいえ、このころの教授法はなにかにつけてあいまいであっただけに、同じ材料でも再現は難しかったのではないかと思います。

そこで私は、この〝ほどほどに〟とか〝ちょうどよい加減〟などを記録し、だれもが再現できるようにできないものだろうかと考えました。もちろん料理の作り手のそばにいて、実際に味わってみてそれを舌に覚えさせ、何回も作ってみるのも一つの方法です。これが、母から子へ伝えられていく家庭の味です。

しかし、この方法には長い時間をかけなければなりません。しかもすぐそばに適任者がいて初めて可能なことで、そんな条件がそろっている人は少ないはずです。そこで、料理作りを人から人へと伝達する方法としてはもちろんのこと、自分で再現し記憶するためにも、できるだけあいまいな要素を排除して、客観的になにか一つ頼りになるものを見つけたいと思いました。

「だれもが目安にできるようなものといえば、数字で表わすことだ」

そんなことから、私は割烹塾で習った料理を弁当箱に入れて研究室に持ち帰り、その日のうちにもう一度、自分で作ってみることを考えました。塾で習ったものと同じような味になるように、今度は分量、時間、火加減、調味料の割合など、すべて計算し記録しながらやってみるのです。こうして一つの基準ができれば、どんな秘伝の味も、ほぼ同じようにだれもが作れるはずです。また、料理と栄養と健康の関係も発見でき、将来への展望が開けるのではないかと思ったのです。

私はまず、研究室になべや釜、時計、温度計、メスシリンダーなどをそろえました。そして材料や調味料なども買いそろえて、習ったばかりの料理を作りながら、科学の実験と同じ要領で一つ一つ記録を取ってみました。

この記録を作り始めてひと月、ふた月とたつうちに、私はいくつか気がついたことがあります。まず第一に、食品の種類と調理方法には一つの関係があることです。たとえば、野菜類ならば白菜やほうれん草をゆでる時間はほとんど同じだし、調理の方法もお浸しにするとかみそであえるとか、類似点が多いということ。つまり、一つの料理をじょうずに作ることは、多くの料理にも通じることができるわけです。

もう一つは、味のポイントは塩分にあるということです。味には甘、鹹、酸、辛、苦の五種類がありますが、このうち生命にとってもっとも重要なのは鹹味、つまり塩からさです。というのは、人間の体液は浸透圧の関係で老若男女を問わず、〇・九パーセントの塩分を含んでいます。そのため手術をするときには、体液と同じ濃度の生理的食塩水を利用しているのです。これらのことから考えても、人の好み、肉体的条件、材料の鮮度や加熱の温度などによって多少の違いはありますが、みんながおいしいと感じる塩味の程度は、体液中の塩分と一定の関係があるはずです。

それは一回の食事でとる塩分の総計が、〇・九パーセントの体液の塩分濃度に見合うように調理されているとき、食後感がよく、塩からすぎると水やお茶をたくさん飲むことからも理解できると思います。逆に、この塩分の総計が〇・九パーセントに見合うように調理されるということは、副食の数が多いとうす味になり、副食が少ないと自然に濃くなっていくということでもあります。

このように料理は食塩の量が決まれば、甘みとの比率、酢とのバランスなど、おのずから調味料の割合が決まってくることに私は気がついたのです。

この一つの結論を得たあとで、私は星ヶ岡茶寮の料理人で当時銀座に自分の店を持っておられた中島貞次郎さんのところへ、修業に行ったことがあります。昭和五年の東大をやめる前のことです。

朝、まず築地市場に長靴をはいていっしょに仕入れに行き、魚に合わせてその日の献立を決め、それから八百屋さんや乾物屋さんでそれにつけ合わせる副材料を求めます。店に帰ると、その日の料理の下ごしらえから仕上げまで見せてもらい、昼食にその料理をいただいて大学に戻るのです。

といっても、中島さんの店に通ったのは、三か月くらいのものでしょうか。けれども、私はまだ三十一になったばかりで、怖いもの知らずというか、意欲たっぷりで、短い間にも料理の知識が豊富になりました。料理技術の実際を自分の目で確かめ、舌で味わい、料理の心構えや楽しさも知ることができたのです。

こんなことから私は、料理を初めて習う人でも調味パーセントが計量化してあれば、名人芸といわれる人の料理でも八〇パーセントは再現できる、という確信を持ちました。あとは経験を積み重ね、自分なりの感覚を生かしながら味の深みを求め、そこに料理の芸術性を加えていけばよい、というふうに思いました。

あとで述べるように、私が昭和三年ごろから、婦人会の会合などで食生活についてしばしば話をしていたからでしょう。昭和五年の五月に、当時女子高等師範学校（現・お茶の水女子大）におられた近藤耕蔵先生が、

「料理を計量で作るおもしろい女医がいる」

と言われ、私を学校に呼んで講習会が開かれました。そこに集まったのは女子高等師範の家政科の卒業生、いわば料理に関しては専門家で、一方の私は素人の研究生にすぎません。

そのころはまだ、料理一人分は何グラム、調味料は何パーセント、何分煮て、というふうに言う人はいませんでした。調味パーセント、計量化、再現性などという言葉を、料理に使う人もいなかったと思います。

当然、この講習会での反響は賛否両論がありました。おもしろい発想だという人がいる反面、料理にははかりしれない多くの要素があって、「材料の分量に対して何パーセントの調味料を入れる」というだけでは、おいしい料理は作れないというのが大半の意見でした。

けれども私は、健康な体をつくるにはだれでも料理ができるようにしなければいけないので、調味パーセントを使い、料理を計量化していくほかはないと信じていました。たとえ一部の人

でも、調味パーセントで料理を作っていけば、それがなんらかの形で人に伝えられていき、健康な体をつくることにもなるのだからとも思いました。この考えを推し進めて「基本料理カード」を作り始めたのは、昭和八年に「家庭食養研究会」を開いてからのことです。

これまで述べてきたように、私は昭和二年ごろまでに、ビタミンBの含有量や胚芽米の研究、病院給食の改善などと取り組んでいましたが、これに島薗内科の脚気の研究も含めて、次のような結論を得ていました。

同じ副食を食べても、胚芽米を食べたハトのグループは元気がよいが、白米グループにはビタミンB_1欠乏症（脚気とは違う）が現われること。ビタミンB_1欠乏症は一種の栄養失調なので、抵抗力が低下し、病気になると回復が遅いこと。脚気はビタミンB_1の欠乏と同時に、その他の栄養も欠乏しているので、栄養全体のバランスをよくしなければならないこと。

すなわち、胚芽米を食べ、副食を多くとっていれば、ビタミンB_1欠乏症や脚気が防げるばかりか、病気に対しても抵抗力ができるわけです。それで、島薗先生は講演のたびに、タンパク質、脂質、糖質の三熱量素の名を書いた表を持参され、栄養学の初歩的な説明と、炭水化物の代謝に必要なビタミンB_1を胚芽米で日常とるように教えておられました。そして「ご飯の量を減らす、ご飯は胚芽米にする」ようにと話されていました。

あれは、確か昭和三年ではなかったでしょうか。全国連合婦人会の幹部の集会が、駿河台にある今の山の上ホテル（当時は佐藤生活館）で開かれ、私が島薗先生の代理として胚芽米の話をしたときのことです。そのころは、まだ栄養改善活動が私の生涯の仕事になるとは思ってもいませんでしたが、実質的にはこれが第一歩となりました。

私は話をしているうちに、日本の多くの食品について動物実験をしたときのことを思い出し、とっさに一つの食事法を思いつきました。それは、

「主食は胚芽米、副食は魚一、豆一、野菜が四」

というものです。主食は胚芽米というのは、繰り返して述べているのでわかると思いますが、当時はひどい不況のためにお米がいちばん安くつき、少ないおかずでご飯をいっぱい食べさせるのがまかないじょうずといわれていました。食費のほとんどが米で占められ、糖質が七九パーセント、タンパク質一三パーセント、脂質八パーセントという時代です。つまり、副食が少なく栄養のバランスがとれていないこと、しかもご飯は白米という食生活が脚気のおもな原因となっていたのです。

そこで私は、ビタミンB_1が含まれている胚芽米を勧めると同時に、副食が少しでも多くなるように「魚一、豆一、野菜が四」としたわけです。副食が多くなれば、自然にご飯は少なくなります。また、「野菜が四」としたのは、酸性食品の米や魚に対して、アルカリ性の野菜は、それよりもずっと多くとる必要があるからです。

ただ、このときは栄養学的な細かい計算をしていたわけではありません。それに、魚も一家に一尾というような時代ですから、厳しい現実がありましたが、もっと副食を多くとってほし

いというのが私のねらいでした。

けれども、具体的な表現と口調がよかったせいでしょう。この言葉は、婦人団体の下部組織まで広く伝わっていきました。とくに羽仁もと子先生の『婦人之友』の読者グループでは、毎日のおかずを買う一つの目安とされていました。

「魚一、豆一、野菜が四」

昇三も、この表現は気に入っていたようです。結婚してからも私に講演の依頼があると、ちょっと照れながら、

「この人は話がうまいんですよ」

などと言っていました。

確かにとっさの表現にしても、これは栄養の基本的条件を満たしていました。魚と豆類で動植物のタンパク質と脂肪、野菜で各種ビタミンとミネラル、そして穀物で熱量を、というふうに栄養のバランスがとれています。また、一日の必要カロリーという点からいっても、胚芽米のご飯を食べ、魚一、豆一、野菜が四の分量で、それでもなお空腹感があるなら、人間の習性としてご飯の量を少し増やしたり、おやつかなにかを食べるはずなので、カロリー不足の心配はありません。

ともかく、こうして脚気を予防するための食事法として、「主食は胚芽米、副食は魚一、豆一、野菜が四」の合言葉が生まれましたが、これが発展して現在の「四群点数法」になっているわ

けです。

　私が、栄養改善活動を自分の仕事として考え始めたのは、この全国連合婦人会で講演をしてからです。それまでの私は、病気を予防する医者になる決心はしたものの、具体的なことはまだ考えていませんでした。というよりは、病気を予防する医者の仕事がどういうものか、見当がつかなかったといってよいでしょう。

　ところが、婦人会や学校で胚芽米や料理の講演をしているうちに、かすかに一筋の道が見えてきました。

　いつの時代でも、富める人も、貧しい人も、老若男女を問わず健康を願わない人はいないはずです。その生命の根本は栄養で、生きている限り人間はエネルギーを消耗し、消耗したものは補充しなければなりません。しかし、その摂取の仕方をまちがえれば、病気になるのです。とくに当時は食事が貧しく栄養が悪いために、脚気、結核、乳児の死亡と、すべてに影響を与えていましたから、正しい栄養知識を広める必要がありました。それを日常生活と結びつけ、病気を予防するのが料理です。

　こんなことから、私は自分がやらなければならないことが、少しずつわかってきました。そして健康はすべての人のテーマであり、栄養改善に取り組むのは、病気を予防する医者の使命だと考えるようになったのです。私は先に、東大にいた五年間は「忍」の生活もあったと書きましたが、人生行路を決めるうえでそれより数倍の収穫があったことは確かです。

第五章　結婚はチャンス、仕事は一生

結婚と家庭食養研究会の設立

昭和五年三月、ある日突然、島薗先生から香川昇三との結婚を勧められました。そのころ、私はもっと研究を続けて論文をまとめたい、できればそれを学位論文にしたいと思っていたので、少しばかり迷いました。

けれども、先生に、

「結婚はチャンス、仕事は一生だよ」

と言われて決心がつき、話はとんとん拍子に進みました。

私たちが島薗先生夫妻を仲人として、学士会館で結婚式をあげたのは、昭和五年の五月のことです。昇三が三十四歳、私は三十一歳でした。

その日、卒業生の結婚式にはあまり出席されない私の恩師、吉岡彌生先生が来てくださったことも印象深いことですが、もう一つ、新婚旅行に出かけたときのユーモラスな出来事も忘れることができません。

私たちは式のあと鎌倉に一泊し、それから岩手県の花巻温泉へ行くことにしていました。そこで東京駅から鎌倉行きの電車に乗りましたが、鎌倉へ着いて、私は昇三の姿が見当たらないのでびっくりしてしまいました。確かに大船あたりまでは乗っていたのに。

昇三は、ある家へ診察に行って、つき添い人の手をとって脈をみたとか、旅立つ人を見送りに発車まぎわに駆けつけたのはよいが、その人が見送りの人と挨拶《あいさつ》している車窓の間を走り抜けた、などというエピソードの持ち主です。結婚してからも、「これで八杯目ですよ」と私が言うまでご飯のおかわりをしたことがあります。物事を理論的にきちんと考える反面、実生活ではどこかそそっかしいところのある人でした。それに対して私は、待つこと、耐えることでは人に負けないくらいですが、思いつくと次から次へと行動を起こしていくほうです。

このときも私が鎌倉駅で待っていると、昇三は一電車遅れてやって来て、

「考えごとをしていたら、前の駅で降りてしまった」

と苦笑いしていました。

ちょうどそのころ、昇三は「軸性視神経炎」の研究に没頭していたので、そのことで頭がいっぱいになっていたようです。

だいたい、軸性視神経炎というのは、視神経が冒され、昼間は瞳が縮んで見えなくなるのに、夕方になると瞳孔が開き視力が回復するというやっかいな病気でした。内職仕事をしている人や妊産婦にわずかな症例が見られましたが、患者が少ないうえに、眼科との連携が必要で、ビタミンB_1の欠乏が原因かどうかを究明するのに時間がかかるなど、複雑でなにかと心にかかることがあったのでしょう。

結婚生活のスタート時点で、私たちははからずもお互いの性格を暴露してしまいましたが、お互いの短を補い合うまったくよいコンビでした。同じ予防医学を志し、昇三が栄養学の研究を、私がその実践を受け持つことになりました。私の実践栄養学は、昇三の研究があって初めて実現できたといってもよいのです。

私たちの新居は、当時「大和郷《やまとむら》」と呼ばれた、小石川駕籠町一〇二番地の小さなしもた屋でした。

私は結婚後もしばらくの間、東大の研究室に通いながら「種々本邦食品ノヴィタミンB_1含有量並ニ之ニ及ボス調理ノ影響」をまとめていました。正式に退局したのは昭和六年に長女が生まれることになってからで、それから昭和八年に家庭食養研究会を開くまでの二年間が、私の生涯でいちばん落ち着いた幸せなときでした。

私は家にいて昇三の論文を清書したり、夜は昇三から栄養学の新しい研究について話を聞いたりしていました。また日曜日になると、私たちはよくピクニックに出かけました。うららかな春の井之頭公園や深大寺、秋には武蔵野の奥まで足を延ばして、つつじやもみじを楽しんだものです。

私が貸家業を思いついたのも、こんなときの帰り道ではなかったかと思います。昇三は身のまわりのことも生活のことも、ほとんど私にまかせっきりにしていました。東大の講師の給料は、当時五十円でしたが、全部昇三の本代に消えていたので、家賃の上がりを生活費にあてようと考えたのです。

「ここは静かだから、買っておきましょうよ」

と私が言い、昇三が持っていた亡父の遺産の中から二万円を出して、杉並に十三軒の家を建てました。その家賃が全部で約二百円。少々のぜいたくをしても生活には困らないようになりました。

長女芳子が生まれたのは、家庭生活も落ち着いた昭和六年四月のことです。昇三は、初めての子どもで、そのうえ女の子であったことが、よほどうれしかったのでしょう。大学からの帰りに病院へ毎日やって来て、

「かわいいねえ、かわいいねえ」

と、まるでその言葉しか思い浮かばないかのように繰り返し、顔をのぞき込んだり小さな手を握ったりしていました。

そして昭和八年三月、私たちは家庭食養研究会を設立しました。

それまで私は、栄養学の研究や料理の計量化のことを気にしながらも、まだ時期尚早と思っていました。一つには、医学界の中でさえ栄養学への認識は浅く、予防と治療、栄養学と医学が車の両輪のようになるまでには、長い年月がかかるだろうと思っていたからです。それに芳子が二歳、長男の靖雄が一歳、そして恒雄がおなかにいるというときでした。

そんな私に対して、島薗先生は「子どもはいくつになっても、親にはそれ相応の責任があり、一生子どもから解放されるものではない。要は、仕事をするかしないかの決心だけだ」と言われました。また、「栄養学は象牙の塔に閉じ込めておくべきものではないし、病気を治す医者は大勢いるが、それより未然に予防して病人をつくらないことがたいせつだ。それなのに、栄養改善を手がけて病気を防ぐ医者がいないのは嘆かわしい」とも言われました。

このとき、私は初めて先生の話から、外国の事情はわからないけれども、日本では医学と栄養学と料理を結ぶシルクロードを歩いた人は、まだいないのだということを知りました。しかし、この三本の道を合流させるには、なにから始めたらよいのか、どんな方法で、それはどんな道のりになるのか、見当もつきません。ただ、合流点と終点が「人間の健康な生命」ということがわかっているだけで、その前途は厳しく、なんの保障もないのです。

家庭食養研究会の人たちと家族（昭和11年）

それだけに、周囲には「なにも帝大まで出た先生が料理学校をつくらなくても」とか「立派な病院の医者になれるのに」と言って、反対する人もいました。けれども、私たちは前から病気を予防する医者になる決意はしていましたかち、先生の勧めに従い、栄養学の研究とともに、これを社会活動として実践運動をすることに踏み切ったのです。

こうして発足した家庭食養研究会は、まず東大の医局員の夫人や娘さん、私たちが住んでいた大和郷の人たちに呼びかけて開きました。

教室は自宅の十畳間を改造して、床の間を教壇に、回り縁に流しを設置しました。講義は週に二、三回。そのうち一回は島薗先生の特別講演。ほかの日の午前中は、東大に在籍している昇三と私が交代で栄養学や料理について話をし、午後からは私もいっしょになって日本料理や西洋料理、中華料理を習っていました。理論と実践を並行して教えていたわけです。

最初に集まったのは約二十名。ところが回を重ねるごとに多くなり、狭い教室は三十名が限度なので、三か月を一期として、和気あいあいの授業が続きました。

けれども当時は、栄養料理という名は一般に好まれない時代でした。それは主として工場の寄宿舎や学生寮、そして軍隊などで、食費を安く上げるために栄養料理が行なわれていたからです。また、寄宿舎や軍隊などでビタミンAが足りなくなって鳥目になると、

「それならみそ汁に肝油を一滴たらせばいいだろう」

というふうに、栄養学が病気にならない最低の条件として応用されていたことも原因です。世間では「栄養料理はまずいもの、栄養学は自分たちには関係がない」という風潮がありました。料理を栄養よりも〝まずい〟か〝おいしい〟かではかっていたわけです。

ですから、家庭食養研究会に出席していた人たちは中流家庭以上でしたが、栄養の研究をしている学者の家庭の食事にビタミンB_1の欠乏があったり、豊かな家庭の子どもが偏食に陥ったりしていました。

私はこうした現状を考えて、栄養学を実践に移すとき、その成否を決めるものは、栄養料理に対する偏見を打ち破って、おいしい食事、栄養バランスのとれた献立が作れるかどうかにかかっていると思いました。

しかし、おいしい料理、よい献立といっても、だれにも簡単にできるものではありません。そこで、私が東大にいたときの経験から、その料理の決め手になるものが計量化してあれば、名人といわれる人の料理でも八〇パーセントは同じように作れると思ったので、まず手本にな

る料理を、だれにでも作れるように記録を取ることから始めることにしました。

ただし、手本として一般に普及するからには、日本人の食習慣によって広く好ましいと定評のある料理から型をとること、また、だれもが最上と認める人の基本的な技術を学ぶ必要があります。それで、できるだけ既存の、しかも一流の料理技術者に協力してもらいながら、それに栄養学の原理を加えて料理カードを作成することにしました。

参考までに家庭食養研究会の発足当時の講師の先生がたの名前をあげてみると、フランス料理には西澤今朝藏《にしざわけさぞう》、深沢侑史《ふかざわひろふみ》、柴田昌彦《しばたまさひこ》、「鉢の木」の店主井上廣治《いのうえひろじ》、日本料理は渋谷利喜太郎《しぶやりきたろう》をはじめ、懐石料理の四条流直系石井泰次郎《いしいたいじろう》、同夫人サキ、家庭料理の田中米（私の叔母）、関西料理の中島貞次郎《なかじまていじろう》、中華料理は横浜「博雅」の主人や山田政平《やまだまさへい》などです。この顔ぶれは、当時の最高の水準だと思います。

料理カード作り

この先生がたに、私はカード作りの趣旨を説明して、ものさしを当てさせてもらうことにしました。

まず、私たちは先生がたのその日の献立に合わせて、材料や調味料を多めに用意し、それぞれの総重量を正確に計っておきます。そして先生がたが自分のペースで料理を作っていかれるそばから、私たちが材料や調味料の残りを計り、使用された分量を記録していくのです。また、火加減は弱火・中火・強火の三段階とし、その加熱時間についても、ストップウォッチや時計で計ります。調理の手順、方法、盛り合わせ方、食べ方なども、なるべくくわしく書くようにしました。

この場合、料理カードは初心者でも作れるようにすることがたいせつなので、計量器は全国一律のものを使用し、あいまいな表現を避けるなど、たいへん神経の疲れる作業でしたが、日本料理、中華料理、西洋料理など、先生がたが講習してくださるものはすべて、重量、容量、時間などを科学的に割り出していきました。こうして味のものさし――調味パーセントを記録しながら、料理カードを作成したのです。

しかし、まだだれも料理にものさしを当てたり、記録を取ったりする人がいなかった時代のことです。初めは、長い間修業した秘伝への愛着もあり、わずらわしさもあって、先生がたの中には抵抗を感じた人もいたようです。〝隠し味〟を使う人もいましたが、そんなときは、基本を正しく伝えたいという私の方針に反するので、即座にやめてもらいました。私の望みはだれにも作れる料理であり、健康のための料理であって、特殊な営業用のものではないからです。

基本が身についていなければ、本当の意味の応用は不可能なことです。それに、ただ料理のレパートリーを広げるというだけでは、偏食や栄養障害はなくなりません。かえって、誤った調味料の使用などで、健康をそこねることもあります。

この基本を正しくということは、調理技術についても同じことがいえます。戦争で食糧が不足していたころ、調理の先生から、

「里芋の皮を、ちゃんとくし形に取りなさい」

と言われて、もったいなくて涙がこぼれそうになったと、あとで告白した学生がいました。しかし、もったいなくても戦争中であっても、料理法としては、里芋の皮はきちんとむかなくてはいけません。皮がついたままでは火も通りにくいし、味も悪いものです。応用は自由ですが、基本を知らなくては、おいしい料理は作れません。ほうれん草のゆで方ひとつとってみても、ゆですぎたり、それを水につけすぎたりすると、ビタミンは破壊されたり流されたりして、健康のために活用できなくなるのです。そんなわけで私は、

「栄養学と料理技術の基本さえ身につけていれば、ロビンソン・クルーソーのように孤島に流されても、食糧危機がきても、生きていけますよ」

とよく話していたものです。

料理カードの作成に気持ちよく協力してくださったのは、日本料理の渋谷利喜太郎先生です。先生は、全国を歩かれ、当時日本じゅうの料理屋さんが師範として仰いだかたでした。そのころ、もう七十歳を過ぎていましたが、羽織袴《はかま》で、実習当日には和紙に献立を書き流して持参されました。

それまでに、渋谷先生の料理にものさしを当てた人はいないのではないでしょうか。私が、

やはり名人といわれるだけの人は違うと感心したのもそのときで、先生は、

「私は長い間多くの人に、舌加減で料理を教えてきたが、なかなかうまくいかなかった。しかしこの方法なら、だれにでも作れるし、繰り返して作ることもでき、のちのちに伝えることもできる」

とおっしゃって、多くの料理を伝授してくださいました。

その点、フランス料理は分量がほとんどグラムで示されていました。とくに深沢侑史先生の場合、一つの料理がいつもピッタリ決まった数字になっていて、料理カードのとおりにすれば、同じものが作れるという証拠を証明されたような気がしました。もちろん先生の技術の正確さにもよりますが、合理的なフランス人の感覚が料理の手法にも生かされているように思います。

たとえば同じポタージュでも、鶏がらや肉をたくさん使ったスープを作るとき、深沢先生は〇・五パーセントの塩分を使われました。普通は〇・八パーセントぐらいになりますが、肉類はそれ自体が塩分を含んでいるので、材料によって塩の濃さが違うことを長年の経験で知り、その分だけ塩を控えておられたのです。

このように豊かな経験とすばらしい感覚を備えた先生がたの味を、私は私なりのものさしで計って記録していきました。それが現在の女子栄養大学の通信教育を可能にし、雑誌やテレビなどを通じて料理を広く一般に伝達できるようにしたのです。この料理カードさえあれば料理を再現することができ、また、このものさしで味を覚えていくと、逆にどこかで料理を味わっ

たとき、その味つけの割合も見当がつき、それを自分で作って楽しむこともできるというわけです。

私がこの料理カードの作成に直接携わったのは、ほぼ昭和二十年の終戦までで、十年以上にもわたっています。昭和八年の家庭食養研究会の時代に始まり、十二年に栄養と料理学園になってからは組織的にやりましたが、戦前の私の仕事の大きな柱になっています。

この料理カード作りにも、医専時代に生まれて初めて脳組織の中のスピロヘータを見たときと同じような興奮を覚えました。というのは、料理の記録を取り、実際にそれを作ってカードを点検していくと、料理の分量と味つけの割合、献立の組み合わせと栄養量など、理論的にはっきりと把握されてくるからです。また、一種伝統芸術的な、秘伝とされてきた料理の世界が解きほぐされて、一枚の生体図を描くように料理と栄養と医学の関係を知ることができるからです。

たとえば、前にも述べたように、副食の味つけは全体の食べる分量や主食との組み合わせによって違ってくることがわかります。副食が多ければ、当然、ご飯の量は少なくなってきます。ところが、ご飯と漬物、味つけご飯とみそ汁のような場合は、ほかに食べるものがないので、ご飯やみそ汁が多くなり、たとえうす味であっても塩分の摂取量は多くなります。つまり、少ない副食が塩分のとりすぎを招き、高血圧や動脈硬化の一つの原因になっているのです。

また一方、糖質の代謝にはナトリウムが必要ですが、糖質を多くとることは、同時に塩分を多くする原因にもなります。そこで、ご飯を減らして副食を多くとることは、副食が自然にうす味になるという道理です。これでわかるように、私は昭和二十年ごろまで「魚一、豆一、野菜が四」を提唱していましたが、このことは主食偏重を正すと同時にうす味の強調ともなっていたわけです。

昭和六十年現在、日本人の食塩摂取量は健康人で一日一五～二五グラム（東北地方では三五～四〇グラム）といわれています。これは、欧米諸国の平均一日一〇グラム前後に比べると、二倍以上にもなります。私たちの学校では料理の味つけがうす味になっていて、塩分はだいたい一パーセントから一・五パーセントくらい。煮物にしてもちょっとした味つけで二パーセントが限度、三パーセントのものはほとんどありません。もしあるとしても、それはごく少量しか食べないものに限られています。よく、二パーセント程度の塩分では味がピリッとしないといわれますが、酸味や香辛料を利用したり、材料の持ち味を生かすくふうをすれば、うす味のほうがおいしいものです。

ところで、この調味パーセントは、料理カードを作成し、材料の分量に対する調味料の割合をはじき出したものですが、こんな話があります。

私は戦争中、学園疎開をした群馬県の大胡《おおご》で、調味パーセントの味つけを指導しました。その後、昭和二十五年ごろのことでしょうか。大胡の人たちが皇居奉仕団として上京し、自炊をしたときに、汁や煮物の味加減はきっちりしているし、量にも過不足がなく、ほかの地方のグループに比べて、ひじょうに合理的な食事作りが評判になったといいます。大量炊事の経験がまったくない人でも、調味の割合を覚えておけば、同じ味の料理が必要な分量だけできるという見本です。

また最近でも、学校を卒業したばかりの若い栄養士の場合、給食施設に就職しても、なかなか味つけをまかせてもらえないのが実状です。ところが、ある施設でベテランの調理師さんが休んだとき、若い栄養士が何百人もの味つけをパーセントではじき出し、いつもと変わらぬおいしい料理を作って認められたという話があります。

それから、ある有名な料亭の調理場に、調味パーセントによる味つけの割合が張り出されたということも聞いています。調理人の異動が激しい現在では、料亭や店の伝統を守ろうとすれば、味つけの基準も数字で受け継がざるをえなくなったのでしょう。

そんな話を聞くたびに、私は深い感慨を覚えます。「あなたたちはいちいち調味料を計るんでしょ?」とか「あれは料理がへただから計りながらやっている」と言われたこともありましたが、調味パーセントの考えがまちがいではなかったと、意を強くするのです。

これも、長い間コツコツとカード作りをやってくれた学生や助手の人たちのおかげです。学園の実習の終わるのが夕方の五時、六時。おなかがすくので、私が「さつま芋を食べて」とか「お汁粉をいただいて」とか言って、腹ごしらえができたところで、その日の実習をもう一度繰り返して作ったり、検討をしながらノートを作成していきました。ですから、助手の人たちはいつも月をいただいて帰るのが普通でした。戦前の新宿や池袋あたりはまだ草っ原で夜道が恐ろしく、そこで料理の作り方を大声で復唱したり、歌を歌ったりしながら帰ったのよ、という助手もいました。

昭和十三年ごろのことではなかったでしょうか。すでに女子栄養学園になっていたので、助手が十名くらいいましたが、それまで無給だったので給料制にしようとしました。すると、「私たちは、お金がほしくてやっているんじゃない。自分が勉強したいから来ているんです」と言って、全員がやめそうになったことがあります。今では信じてもらえないかもしれませんが、本当にあったことなのです。こうした人たちのまっすぐな気持ちがなければ、現在の料理カードの原型はできなかったでしょう。彼女たちは、すべての人の健康を願いながら、一枚一枚の料理カードを作成したのです。

けれども、この仕事は私にとって、はるかな道のりへの第一歩にすぎません。

生活を実験台にして

私がこの仕事を始めてまもなく、吉岡彌生先生にお会いしたとき、「料理学校をやっているんだってね」と言われました。先生は私が医専の研究所に残る話も断わり、医者にならなかったので、そのときはがっかりされたのでしょう。しばらくすると私の目的を理解して激励されましたが、これは、先生の精神は受け継いだが実践の道が違ったということです。栄養をよくして病気を防ぐ立場と、病気になった人を治療する立場と、そのいずれもが人間の生命にかかわる仕事で、どちらがどうという比較はできません。

ただ、はっきり言って、私は、私たちの学校は単なる料理学校、花嫁学校とは違うという誇りを持っていました。従来どおりの料理の作り方を教えるのではなく、栄養学の研究と応用を基に日本人の栄養改善と健康づくりを目指しているのだ、と。

とはいっても、それはまだ、だれも手がけたことがない仕事で、やり甲斐もありましたが、同時に、初めての世界を手探りで歩む難しさがつねにつきまとっていました。先輩もいない、仲間もいない、調理科学とか食品衛生学などの教科書もありません。なにもかも手探りで、医学と栄養学の糸を結びつけたり解きほぐしたりしながら、自分の生活を実験台にしてやるほかはなかったのです。

私は、昭和十三年に「貯蔵玄米胚芽のビタミンB_1含有量に就て」(『医事公論』)を発表しています。これは東大内科での実験で、米は古くなってもビタミン含有量には変化がないことがわかりましたが、それまでの文献では、米は古くなるにつれてビタミンB_1の含有量が減るといわれていたので、改めて二年にわたる実験を繰り返し、その成果を発表したものです。

そして昭和十五年には「外米の調査と実験」(『栄養と料理』)、それから戦後の昭和二十四年には、東大に「本邦食品のビタミンB_1と脚気」を提出し、医学博士の学位を取りました。

このほかにも、私自身の生活体験に基づいた研究を発表していますが、現在、私たちの学校で発行している『栄養家計簿』もその一つです。これは私が結婚するときに、叔母の田中米から、

「古い家柄の嫁となるには、新婚家庭でも収支をはっきりさせておいたほうがよい」

と言われたことがヒントになっています。昭和五年の結婚当初から、私はノートに線を引きながら書き始めました。最初は大福帳のように簡単なものでしたが、くわしく書いてみると、同じ食費の中でも調味料とか菓子・嗜好品というふうに、いくつかの項目に分けたほうがわかりやすいことに気がつきました。

そのようにくふうしながらつけていたわが家の家計簿を、さらに改良して、私たちの学校から初めて出版したのが昭和二十八年のことです。それから現在まで毎年発行していますが、現在のものは、一般家計費の明細と同時に、たとえば食費については、野菜も緑黄色野菜、淡色野菜、芋類、くだもの、というふうに区別し、四群点数法の点数も記入して、栄養のバランスが一目でわかるようになっています。また、参考になる献立表や暮らしのメモなどもあり、健康帳の役割も果たすようにしています。（注・平成十五年まで年度版で発行してきたが、それ以後は日付を記入式にした『好きな日から始められる栄養家計簿』として発行）

今では、この『栄養家計簿』に掲載されるその年の食費予算が、労働組合のベースアップの

栄養家計簿

参考資料に使われるほどですが、私がノートに家計簿をつけ始めて五十五年。子どもたちの誕生から、食糧不足になった戦争中のこと、昇三の死、空襲で家を焼かれた戦争末期から混乱期のこと、子どもたちの大学進学や結婚など、家計簿に書き込まれたさまざまな数字が、わが家の歴史を物語っているように思います。

あとで述べる「四群点数法」も私の生活を実験台にしていますが、「乳児五回食、幼児四回食」も私の子育ての経験によるものです。

子育ては、人間が子孫を存続させていくために、私たち女性に課された一つの運命といってもよいでしょう。ということは、妊娠から出産、そして次の世代を育て終わるところまでは、女性の体は神の摂理によって守られていると考えられます。

それで私は、女の一生にちゃんと組み込まれた子育ての時期を〝記録された時代〟といい、子どもが成人してからの時期を〝記録なき時代〟といっています。女性が子どもを育て終わるまでは運命によって守られ、子どもを中心に生活が展開し、生き甲斐も生まれますが、子どもが成長してからは、自分で一日一日を確かなものとしなければ、記録できないという意味です。

私の子育ては、長女の芳子が生まれた昭和六年から始まりました。昭和七年には靖雄、昭和八年には、家庭食養研究会を設立した直後に、次男の恒雄が生まれました。そして昭和九年には三男の達雄が生まれ、年子で四人というわけです。

そのころは、ちょうど乳児の死亡率がひじょうに高いときで、女医さんの中にも、疫痢や肺炎で一瞬にして子どもを失う人がたくさんいました。そこで、私はまず「子どもを殺さない」という基本方針を立て、家庭と職場を両立させるための環境づくりを考えたのです。

四人の子どもがまだ小さかったころは、哺乳《ほにゅう》の時間やおしめの取り替えがひっきりなしのうえに、一人の子どもが泣き出すとほかの子どもまで目を覚ますというぐあいで、私の睡眠時間は四時間ぐらいのものでした。それでも職業と家庭が両立できたのは、四人の子どもを背負ったかたつむりのように、いつも職場のそばに住むことができたからです。子どもたちが成長するまでに七回住まいを変えていますが、この〝職住近接〟だけは、確保するように心がけてきました。

現代では働く女性が多くなっていますが、もし別の方法を考えるなら、近くに託児所や幼稚園があり留守番のいらない完備したアパートがほしいところです。そうでなければ職業を離れて、〝巣作り〟の時期を持つことが必要ではないかと思います。女性の本質的な要求としては、出産後しばらく家にいて育児に専念し、家庭を整理し、夫を安堵させ、母として妻として幸福をしみじみと味わいたいものです。ですから、女性の職業は夫婦一生の問題として、結婚や出産を境に、もう一度設計を立て直すのがよいかもしれません。

けれども、家庭を選ぶことも、また職業と両立させることも、ある程度、女性の場合は自由です。そして両立させることを選んだ場合は、必然的に日常生活は変化のあるものとなり、体も頭脳も働かせることになるので、長く活力を保つことができるのではないかと思います。

ところで、「子どもを殺さない」という命題を立てたとき、注意しなければならないのは、なんといっても食生活です。私は、なま物や贈与された食物は全部消毒して食べさせていました。神経質すぎるかもしれませんが、仕事をしていると四六時中子どものそばにいるわけにはいきません。伝染病がはやったり衛生状態も悪い時代ですから、これもやむをえないことでした。また、間食も三時のおやつ以外は勝手に食べないようにしつけていました。

というのは、当時は、幼児の食事はほしがるときに与えるか、時間を決めている家でも朝、昼、晩、それに午前と午後のおやつを含めて五回食が普通でした。しかし、これは実際にやってみると、私のように仕事を持っている者の場合、時間が不規則になったり、いちいち作るのがめんどうで、つい既製のものを与えがちになってしまいます。そんなことから、いろいろやっているうちに、幼児についてはおやつも一回の食事と考えて、四回食にするのが最も合理的だと思いついたのです。

つまり、おやつも一回の食事として献立のバランスをとれば、栄養的にも量的にも満足できます。また、食事として計画的に用意ができますから、仕事を持った人でも実行しやすいはずです。それに、親の目が行き届くので、おやつを食べすぎて食事のときに食欲をなくしたり、おなかをこわしたりする心配もありません。

ただ、この場合、考えなければならないのは、子どもの消化器のリズムです。子どもの日常生活に合わせる必要がありますが、わが家では食事の時間を、子どもが幼稚園に行くまでは、午前七時、十一時、午後三時、七時というふうに決めていました。これはしつけにも効果的で、朝は六時半過ぎに目覚め、夜は食後二時間くらいで眠る習慣がつきました。

また、子どもには牛乳を大人の倍の量は飲ませたいので、かならず三時のおやつに添えるようにしました。そして平素あまり食べたがらないものは、どんなに忙しくても私が手作りのお菓子を作り、おやつにして気楽に食べさせるとか、栄養のバランスを考えながら量的にも不足のないように心がけました。

もう一つくふうしたのは、おやつを盛りつけるお皿です。長女は赤、長男はブルー、次男はグリーン、三男は黄色と決めて盛りつけましたが、こうしておくと私がいないときでも子どもは時間を守ってくれますし、他人のものまで侵略して食べすぎることもありません。

この幼児の四回食について、私が『栄養と料理』に書き始めたのは昭和十年ごろのことです。実行しやすいので『婦人之友』でもとり上げられ、広く普及していきました。

私はよく、「家庭と職業を両立させるためにはどうしたらいいですか」と聞かれますが、そんなに特別のことをしたわけではありません。「子どもを殺さない」という命題に従って、職住を接近させ、食生活に気をつけて、あとは両立させるくふうをしただけといってよいでしょう。

ただ、私も育児に手数がかかる時期、しばらく子守りを置いたことがあります。長女が生まれたあと、末っ子が二歳になる昭和十年ごろまでのことです。けれども、子守りの気分によって、かわいがられたり意地悪をされたりするので、よしてしまいました。

そのため、なにもかも私がやらなければならなくなりましたが、気分転換にもなるので、授業の合間を見ては家の雑用を片づけ、時間があいているときは編み棒を動かしていました。教室から講義の声が聞こえる園長室で、あるいは講演に行く汽車の中で、男の子でも女の子でも着られるように、いつも白い毛糸でセーターや靴下を編んでいました。学園のことも栄養学のことも忘れて、子どもが成長していく様子だけが目に浮かんで、私の幸せなひとときでした。

けれども、子どもたちにヒヤリとさせられたり胸をしめつけられたりすることがなかったわけではありません。

長女が五つくらいのときでしょうか。ある日、私が学校の休憩時間に家へ帰ってみると、上の三人の子どもが末っ子をふとんに巻いて、階段からころがして遊んでいるのです。それを見たとき、私は息が止まるかと思ったほどです。私は、三人の子どもと、まだ言葉もろくにしゃべれない末っ子を並べて、

「お父さんもお母さんも仕事があるので、かまってはやれないけれど……」

と注意しながら、吐息をついてしまいました。子どもたちが私に不平を言わないだけに、苦しい心持ちで、どうすれば仕事を持つ母親の生き方を理解してくれるだろうか、と考えさせられました。

子どもたちにはよく言い聞かせてはいましたが、夢中で遊んでいるうちに危険なことも、いけないことも忘れてしまうのでしょう。障子やふすまを破って、四人がしょんぼりこたつに入っていることもありました。また、三、四歳の末っ子が駒込の学校と駕籠町の研究所の間を行ったり来たりしながら、下校時の栄養学園の学生に「ぼくのお母さんが、どこにもいないんだよ」と言って、探していたこともあるようです。

そんなことを知って、私はますます子どもたちといっしょに過ごすように心がけました。就学前の子どもを四人、教室のいすに一列に座らせて学生に講義をしたこともあります。また、子どもたちが幼稚園や小学校へ通い始めると、私の時間があいている限り、帰ってきた子どもを順番に抱っこしてやり、童話を読んだり宿題を見てやったりしてから、住まいに帰らせるようにしました。

それでも、昇三と私は書斎にいるときも食事のときも、栄養学の話ばかりしていましたから、世間一般の家庭とは少し違っていたかもしれません。そのことを長女の芳子はよく覚えていて、「私たちが小さかったころ、お父さんとお母さんは食事のときも、ビタミンや胚芽米がどうの、あの人の論文がどうのと、そんな話ばかりしていたわね」

と言っています。

そんなことから、子どもたちも私たちの仕事に興味を持ったようです。いつの間にか四人で「ビタミンごっこ」をして遊んでいました。今はだれも、その遊びの内容について覚えていないのが不思議だけれども、いろいろな野菜の名前をあげては、それに含まれているビタミンをあてっこしていたのではないかと思います。調理の実習室へ行って、キャベツなどを指し、学生に「これはビタミンC？」とよく尋ねていたと言います。

上の三人が小学校へ行き始めると、末っ子は幼稚園なので、ひとりだけ留守番をしていることがありました。たまたまそんな時間に助手の人が家へ行ってみると、日の当たる縁側に色紙がずらりと並んでいて、少し離れた場所で末っ子の達雄が神妙な顔をしていたそうです。それで助手の人が、

「達ちゃん、なにをしているの？」

と尋ねたら、

「シッ、ハエがどの色紙にいちばんよく止まるか、今、研究しているんだよ」

と、その幼稚園坊主が答えたとか。

私たちは過保護に育てられる環境ではなかったので、昇三も私も、子どもたちは神様の決められたように花を咲かせてくれればそれでよい、と考えていました。ですから、子どもが興味を持てば、その芽を摘み取らないように注意しましたが、それ以上の指図はしたことがありま

せん。とくに昇三は、子どもたちが「なに？」「どうして？」と聞かない限り、一度にたくさんのことを教えようとはしませんでした。その代わり質問を受けると、やさしい言葉で熱心に話していたものです。

子どもの教育と健康づくり

子どもたちは大きくなるにつれて、私たちの仕事を理解してくれたのでしょうか。自分でできることは手伝ってくれるようになりました。

長女は「動物園に行っても、だれかが迷子になると、探すのはお母さんではなくて私の役目だったわね」と、今でも話していますが、私は子どもだからといって特別扱いするより、子どもなりに責任を持たせるほうがよいと思っていたのです。食事のしたくなども適当にまかせるようにしましたが、長女は高学年になるにつれて、自分からはかりを使い、カップ・スプーンを利用して、自然に調味パーセントの料理をマスターしました。そして現在では、孫もそのとおりに実行しています。

三人の息子についても同じです。昭和十八年、浦和に疎開したときは小学生でしたが、山羊の世話、乳搾り、買い物の手伝いはもちろん、食事のしたくや畑仕事まで、自分たちで分担を決めてやっていました。

こうして、子どもたちはともかく順調に成長しましたが、いま考えてみて、まったく失敗がなかったわけではありません。

その一つは、私たちが学園のことや研究に気を奪われて、普通の家庭でかわされるような親子の会話が少なく、子どもたちもきょうだいばかりで遊んでいたことです。そのため、社会的な知識に乏しいところがありました。

私たちは子どもの教育は特別には考えず、小学校もすべて区立に入学させていました。長女の芳子は入学するとまもなく、はしかやおたふく風邪などを次々にもらってくるので、やむなく小石川竹早町の女子師範付属小学校へ転校させたのです。ところが六年生のとき「大家さんとか郵便局を知らないし、作文にも幼児っぽいことを書く」と、担任の先生から注意を受けてしまいました。それも、知能が低いのではないか、というような先生の口ぶりです。

私が長女に、

「学校はおもしろくないの？」

と聞くと、

「おもしろくない」

と答えます。

当時、長女は貧血ぎみで、よく学校でも倒れていたので、そのせいだろうと私は思いましたが、また校風が長女の気質に合わないのかもしれないと考えました。普通、女子師範付属小学校を卒業すると、都立第二高等女学校へ進学させるのですが、進学のさい、自宅近くにある女子聖学院へ相談に行ってみました。

「それなら、うちの学校で預かりましょう。のんびりやらせてみたらどうですか」

と校長先生は気持ちよく引き受けてくださいました。そんなことで、長女を私立の女子聖学院へ入学させてみると、校風が合ったのか、勉強にも意欲的になっていきました。

親が子どもになにを教え、なにを与えるかはひじょうに難しい問題です。子どもの自主性にまかせていい場合もあれば、アドバイスや手助けが必要なこともあります。けれども、最終的に親のしてやれることは、家庭環境をよくすること、その子に合った教育の場を与えること、そして健康づくりを助けること、この三つくらいのものだと思います。

余談めいたことになりますが、さつま芋やいり豆などがおやつだった昔に比べて、最近は健康づくりより病気づくりを手伝っているお母さんも多いのではないでしょうか。たとえば、清涼飲料水や酸乳飲料の氾濫です。親は、ビタミンCが含まれている、消化を助ける、滋養になる、などの宣伝文句を信じて、子どもに与え、お客さまに出しているのかもしれませんが、これは砂糖水に色や香りをつけたようなもの。

このような砂糖水を一日に何杯も飲ませていれば、血糖が増えて肥満児や食欲のない子、虫歯人間が増えるのは当然です。わざわざ、わが子を病人に育てて、満足な治療が受けられないような状況を作っているのです。そういえば、戦後食生活の向上とともに撲滅されたと思っていた脚気が、再び若い人の間に見られるようになったのも、清涼飲料水とインスタント食品が原因の一つといわれています。

雑誌『栄養と料理』には、薬品の広告はまったく掲載していません。それは、ビタミンEやCをはじめ最近はビタミンブームのようですが、正しい食生活をしていれば、しょっちゅう薬を飲む必要はないからです。そのいい例が東大での動物実験です。

かつて鈴木梅太郎先生は、アミノ酸、ミネラル、ビタミン、脂肪、糖質など、完全と思えるように配合した餌でもネズミ一匹完全に飼育することは難しいといわれました。ところが、小《こ》米《ごめ》（胚芽のついた精米くず）とほうれん草（緑黄色野菜）とコンデンスミルク（乳と砂糖）の三種類だけの餌を与えてみると、発育もよく繁殖もして生き続けたということがあります。つまり、簡単な食品の組み合わせでも、立派に栄養のバランスがとれていたというわけです。

私が大和郷《やまとむら》幼稚園の園医をしたのは、昭和十一年から十五年ごろまでのことです。大和郷は生活程度が高く、お手伝いさんが弁当を作る家が多かったので卵を三つも持ってくるような子どもがいました。高価なもの、ぜいたくなものには、栄養があると考えていたのでしょう。それに、当時は好きなものばかり食べる傾向もありましたから、偏食の子どもがたくさんいました。

そこで私が園児の偏食を直すために始めたのが、みそ汁給食です。学生たちに手伝ってもらって、鶏肉がないときなのでうさぎの肉やかぼちゃ、あずきなどを入れたいとこ汁を作りましたが、子どもたちは家に帰って「幼稚園のみそ汁はおいしいんだよ」と話すくらい喜んだものでした。

ところが、お母さんたちからは「うさぎの肉を食べると三つ口になります」とか、煮干し粉でだしをとっていると聞いて「うちではそんなものは食べたことがありません」などと、いろいろいわれました。けれども私は、「三つ口になるというのは迷信で、そのうちわかりますから」と説明したり、「子どもたちは大喜びで食べています」と言って、五年間、みそ汁給食を続けたのです。これはまだ学校給食が始まる前のことです。

『栄養と料理』の創刊

ところで、家庭食養研究会は、正しい栄養知識とおいしい料理を普及するという目的から出発したものです。そして、その第一歩が料理カード作りです。これは、栄養があっておいしい料理がだれにも作れるようにと考えて始めたものですから、私はこれを広く公開する必要があると思っていました。

ちょうどそんなとき、それまで作っていた謄写《とうしゃ》刷りの料理の実習テキストを、毎回作るのは手数がかかるので、思いきって活版の雑誌にしようという話が持ち上がりました。昭和十年の三月ごろのことです。そのとき私は、雑誌になれば受講生がいつでも参考にできるし、受講生

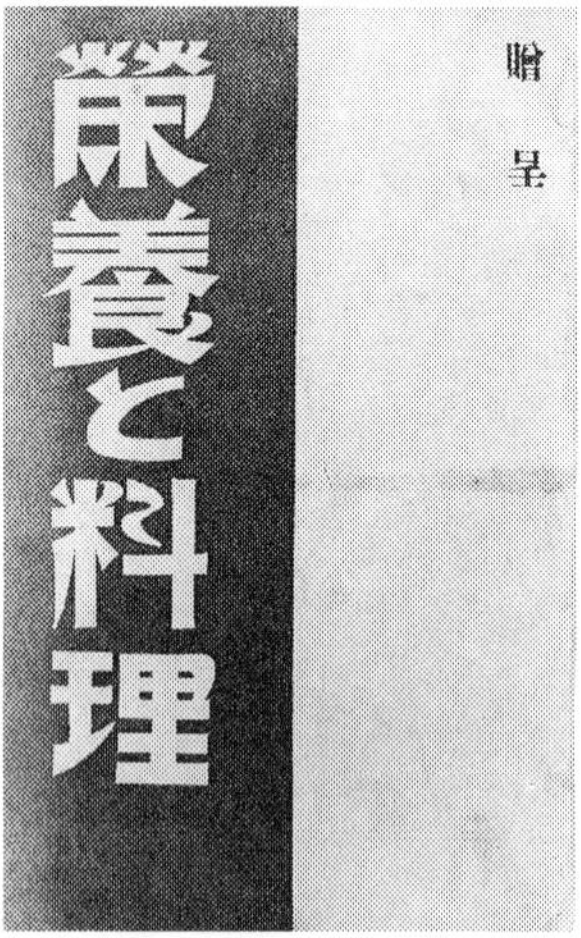

『栄養と料理』創刊号

以外の人にも、栄養学の話や料理カード、調味パーセントの考えを理解してもらうのにつごうがよいと思ったので、これに賛成しました。

その話を島薗先生にしたところ、大賛成で、みずから誌名を『栄養と料理』と名づけてくださいました。当時の〝栄養料理はまずいもの〟という観念からすれば、ずいぶん大胆な名前です。けれども、先生の栄養学に対する期待と雑誌の目的がはっきりしていると私は思いました。

創刊したのは昭和十年の五月のことです。瀬戸印刷という本郷の小さな印刷屋で、創刊号二百部を印刷し、定価はつけず、表紙に「贈呈」の二文字を刷り込んで、受講生や知人に配りました。二百部にしたのは、それ以下の部数は刷れないと印刷屋に断わられたからです。本の体裁はA5判の、教科書より少し小さめのもので、全部で三十六ページ。その表紙は藍と白に縦半分を染めた素朴なものでしたが、のびのびとゆとりのある雑誌でした。「創刊にあたって」私は次のように書いています。

家庭食養研究会を開いて満二年になります。短期講習会を開いてからは漸く半年になったばかりです。此間料理講習会が続き、卒業生が研究会を始めて此小さな報告雑誌が出る様になりました。此講習会は、殊に短期になってからは全く自治的に会員の努力で学習し且つ経営して来ました。即或はプリントを作り、或は買出しに行き、或人は会計に、他は整理整頓に力をつくし、手分けをして食品を秤量《ひょうりょう》しカロリーを算定する、漸うして実習に掛り、終ればお当番が盛り分けて講師と共に楽しい試食をして後片付けまで凡て会員の手ですまして和気藹々《あいあい》の中に一日を終ります。在来のお稽古風のものは次第に改って真剣なものになりました。お講義の時間に遅れたりする人も殆どなくなりました。講習会の内容は一回毎によいものになりつつあります。

斯うして会員の紹介だけで第一回の会は第二回の会を第二回の会は第三回の会を作って全く自治的に会が継続して参りました。会員が一回毎に講習を終了してここにささやかながら活気に満ちた親しい卒業生の一団が出来ました。此一団が散り散りに離れて終ふには余りに親しくて熱心です。何かの形式で食物の研究を継続して行きたいといふ希望が皆の心に起りました。それが研究会の形になって講習会の上に現れて来たのです。ですが研究会についても講習会を始めた時と同様にはっきりした計画を持って居るわけではありません。会員の真剣な態度が自ら其方向を示して行くことと思ひます。栄養学の知識を実行に移すことに於てそこに尊い使命を見出すでせう。

（中略）

お料理は家事の一端に過ぎない様に見えますが、材料となる食物を大切に扱ふ習慣を得ます外に料理する時の親切な思ひやり、手を下して働くことの快さ、科学と技術の調和を計るたのしい課題、協力して研究を進めてゆく間の人間としての交り、凡てに於て単なる料理と云ひ切れないものが数多く含まれて居ます。

本会では今までも熱心な会員のために講習会の内容をプリントにしてお送りしてゐましたが回を重ねるに従ひ印刷にしないと間に合はなくなりました。研究会の方も卒業生が皆いつも出席されると云ふことが不可能でありますから、其報告をして、出られない方にも御分けしたい、又講習会の状況や研究会の催し等を通信致しますにも質問の応答を致しますにしても一々お手紙をお出しすることが繁雑で、非常に不便を感じます。以上の様な必要に迫られ此処に本誌を発刊することになりました。

本誌の編輯は全く研究会員の手で行はれます。講習会から研究会へ、研究会から世の中へと漸く一歩を進めてまゐりました。

これで、当時の家庭食養研究会の様子や『栄養と料理』の発行趣旨がよくわかると思います。創刊号の内容は左の表のようなものでした。

こうして、初めて世に出た『栄養と料理』は、ひじょうに珍しいため、なかなかの好評で、ぜひ続けてほしいという声が上がりました。それで、私はしばらく贈呈にしてもいいからといいましたが、編集を手伝ってくれた人たちが「定価をつけましょうよ」と言うので、二号からは定価二十銭で発行することになりました。当時は、鉛筆一本三銭から五銭、米十キロ二円五

『栄養と料理』創刊号

ことば
花の下（写真）
季節の味覚（写真）
薦詩……島薗順次郎（東京帝国大学教授・医学博士）／1
創刊にあたって……香川綾（家庭食養研究会長）／2
◯栄養学講座【一】
　栄養の知識と其の実際応用……香川昇三（東京帝国大学講師・医学博士）／5
◯季節の和洋料理
　日本料理の欄……田中米（家庭食養研究会講師）／10
　西洋料理の欄……西澤今朝藏（家庭食養研究会講師）／13
◯趣味の御料理
　すっきりした夏のふらんす料理……井上廣治（家庭食養研究会講師·鉢の木主人）
　　／17
詞藻……香川桂舟・大河内由芙子／17
　鯛一尾の客向即席料理……中島貞次郎（中島割烹店主）／19
　支那小卓料理…… 山田政平（家庭食養研究会講師）／21
◯病人の御料理
　初夏に多い脚気の食餌―『ヴイタミン』Ｂ食……香川綾／26
◯青葉頃のお八つ三種―みつまめ・冷汁粉・フルーツポンチ／30
帝国ホテルを見学して／32　研究会より／33　広告／34
編集後記／36
季節の献立表（附）調理法（色・折込）

十銭、総合雑誌六十銭から八十銭という時代です。

二号からは受講生五十名で一人が十人の知人に勧めるようにして五百冊、そして知人あての五百冊と計千部にしたと思います。

なにしろ、編集や校正をしたことのない研究生や助手が、企画を立てたり見学記を書いたりするのですから、家庭食養研究会のころ、編集室になっていたわが家の二階は、いつも若い声でいっぱいでした。みんな生き生きと編集に取り組んでいましたが、いま読み返してみても、その息づかいが聞こえてきそうな気がします。

ただ、当時発行されていた婦人雑

誌に比べると、内容はややかた苦しいものになっています。それはテキスト用として発行されたせいですが、雑誌の目的と方針は、創刊号からはっきりと打ち出されています。一つは栄養学の講座、そして料理は日常の食事作りと専門家から学ぶ趣味の料理、もう一つは病人のための食事作り、この三つが軸になっていて、おいしい料理と健康づくりを目指した雑誌になっています。

とくに料理については、私たちが意欲的に取り組んだ基本料理カードを載せて、栄養があっておいしい料理を、だれにも手軽に作れるようにと心がけました。そしてこの方針は、戦争末期に雑誌を休刊するまでずっと変わらず、「魚一、豆一、野菜が四」と「調味パーセント」の考え方を中心に、実生活に取り入れられるようにくふうをしていたのです。

このほか、繰り返して胚芽米の記事が書かれているのは、脚気の予防のために胚芽米の普及に生命を賭けていた昇三の熱意の表われです。今でも、これが私のライフワークの一つになっています。

ふり返ってみると、私の胚芽米運動も東大入局以来、六十年になります。その間にも、さまざまなことがありました。

大きな転機は、戦争中の配給制度です。米が不足し、配給制度が施行されるようになると、歩留まりの悪い米はむだが多いということで、七分搗き米となり、のちには玄米へとかわっていきました。そのため胚芽米は戦後も忘れられた存在になっていましたが、私は胚芽米の復活を願い『栄養と料理』にその有効性を書き続けていました。しかし、戦前のようにあまり外皮が残っていると、おいしくないと敬遠されてしまいます。そこで、精粉会社の協力を得て精米機の研究も続けていました。

完成したのは、昭和四十六年のこと。胚芽残存率八〇パーセント、白米と同じような精白度で消化もよく、洗米の必要がないという、すばらしい胚芽米ができるようになったのです。それ以来、私たちの学校では食糧庁の許可を得て、胚芽米食の講習会を開いていました。白米のように配給米として認可されていなかったからです。その間、私たちは一般の人たちに試食してもらい、アンケートをとったり、私自身、何度も食糧庁に足を運び食糧庁長官にも会い、胚芽米をお米屋さんで扱えるようにしてほしいと訴えていました。このときは戦前の胚芽米の効果をよく知っている人たちから多くの協力を得ました。

そして、五十二年七月になって、胚芽米を配給米にすることが急に決まったのです。今では、沖縄も含めて全国で販売されていますが、現代の食生活を考えると、もっと胚芽米を普及する必要があります。

私が、胚芽米の講習会には今でも遠方まで出かけていくので、学園の職員や知人から、

「胚芽米のことになると目の色が変わりますね」

と言われますけれども、胚芽米のすばらしさを知っていれば、当然ではないでしょうか。

胚芽米と白米の成分比較表でわかるように、胚芽米にはビタミンB_1、B_2、B_6などが豊富に含

まれています。その中でもビタミンB_1は、糖質の代謝には絶対に欠くことができません。一日の所要量一〇〇〇キロカロリーについて〇・四ミリグラム、二〇〇〇キロカロリーの人なら〇・八ミリグラムは必要なものです。ですから、ビタミンB_1が少ない白米や、B_1がまったく含まれていないインスタント食品、清涼飲料水などをたくさんとっていれば、脚気になるのは目に見えています。さらに、心臓の肥大を起こすこともあります。アメリカでビタミンB_1不足の実験をしてみると、二～三か月もすると全員ノイローゼで、仕事や勉強もしなくなり、イライラしたり凶暴なヒステリー状態になったという報告もあります。そのため、ビタミンB_1を、〝道徳ビタミン〟と名づけたほどですが、白米に比べて胚芽米には、これが二・五倍も含まれています。

次に、ビタミンB_2は、不足すると発育が阻害されるばかりでなく、口角炎や舌炎を起こしやすくなり、ひどい場合は白内障になることもあります。また、ビタミンB_6は、タンパク質の代謝に必要で、欠乏すると皮膚炎になりやすく、数週間も不足すれば、成長がストップしたり貧血を起こしたりすることで知られています。

けれどもとくにありがたいのは、胚芽米にビタミンE、カルシウム、リン、脂質、タンパク質などが、たっぷり含まれていることです。

ビタミンEは、抗不妊因子として知られていますが、外科的な手術を行なったとき与えると傷口の治りが早いとか、動脈硬化の防止にも効果があるなど、さまざまな効用があげられてい

第五章　結婚はチャンス、仕事は一生

ます。また最近では、若さを保つ〝秘薬〟としてもてはやされているようですが、ビタミンEの所要量はまだわかっていない状況ですから、薬より自然の食物でとるほうが賢明です。

それからもう一つ目につくのは、脂質です。これはほとんどリノール酸といわれる植物性油ですが、白米に比べて約二・六倍。リノール酸はコレステロールを低下させる効果があり、胚芽米は脳卒中や心臓病の予防のためにもよいことがわかります。

なお、米といえば、デンプンのかたまりのように考えられていますが、じつはたいへん優れたタンパク源であることを忘れてはなりません。タンパク質の栄養価を質的に計るプロテインスコアを見ても、理想的な卵のタンパクを一〇〇とすれば、牛肉八二、牛乳七九、大豆七二、米は七〇で、魚類六九、小麦粉四八よりも優れています。米を食べると頭が悪くなるとか高血圧になるとかいわれますが、それは米のせいよりも副食が少ないことや塩分の多い食生活が原因なのです。

なぜ、こんなに豊かな栄養素を捨てて、わざわざ精白したパンや白米を食べ、薬に頼るのでしょうか。そのために栄養のバランスを

胚芽精米と精白米の成分比較
（精白米の成分を100とした比較）

項目	値
エネルギー	99
水分	100
タンパク質	103
脂質	154
糖質（炭水化物）	99
繊維（炭水化物）	133
灰分	117
カルシウム（無機質）	117
リン（無機質）	114
鉄（無機質）	100
ナトリウム（無機質）	50
A効力（ビタミン）	なし
B$_1$（ビタミン）	250
B$_2$（ビタミン）	167
ナイアシン（ビタミン）	157
C（ビタミン）	なし
E（ビタミン）	10倍以上

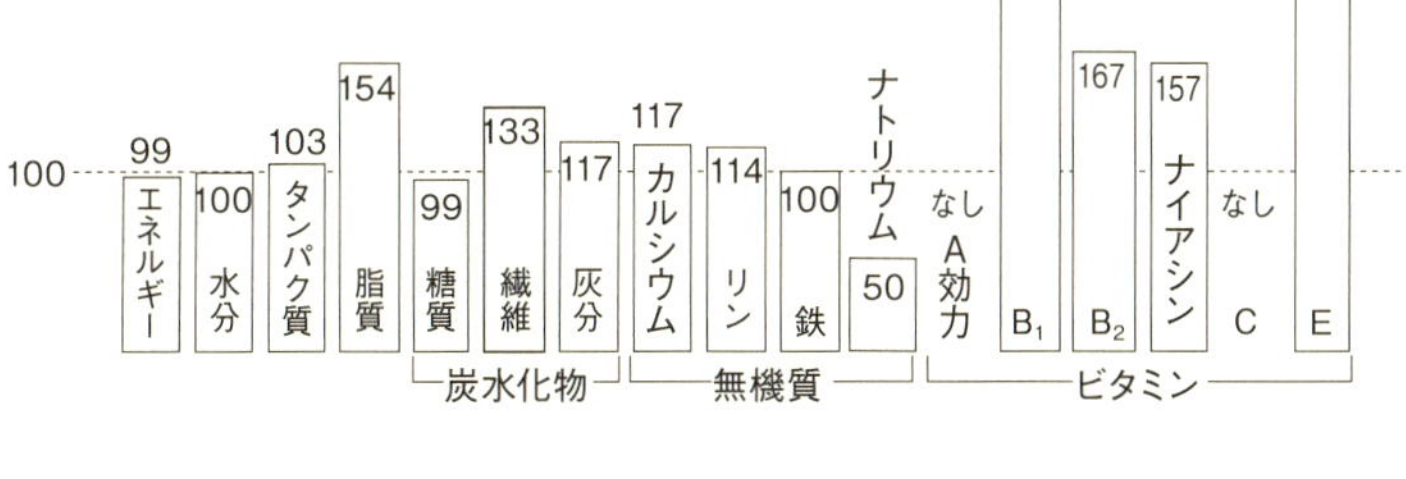

気にしたり薬で補給するよりも、栄養が総合的に含まれている胚芽米を毎日食べるほうが、もっと効果的で安全というものです。

ところで、『栄養と料理』の古い号をめくっていると、それなりに時代の反映がうかがわれます。たとえば戦争中の〝代用食〟です。今日では脚気を知らない人が多いのと同じように、代用食も遠い昔のことになってしまいましたが、当時の『栄養と料理』には、「代用食について」「戦時下の食生活」といった目次が並び、かぼちゃの茎や葉の食べ方、いなごのつくだ煮の作り方などが書かれています。こうした記事は、今の若い人たちには想像もできないのではないでしょうか。

女子栄養学園の発足

前に述べたように、家庭食養研究会は、初めのうちこそ週に二、三回開いていましたが、しだいに人が増えてきたので、三か月を一区切りとして授業をするようになりました。

㈪　献立作成　応用実習
㈫　栄養学　お菓子　西洋料理
㈬　食品学　日本料理　支那料理
㈭　調理理論　支那料理　日本料理

㈮　茶ノ湯　茶ノ湯　茶ノ湯
㈯　家庭医学　西洋料理　研究会

こんな時間割になっていましたが、調味の分量や手順がはっきりしていてわかりやすいのと、健康を目的にした料理というユニークさもあって、どんどん入会希望者が多くなってきました。

そこで、昭和十二年から名称を「女子栄養学園」と改め、学習年限を一年として、全国から学生を募集することにしました。島薗先生が亡くなったのは、新しい学園の場所を下見してくださってまもなくのことです。駕籠町一九〇番地に場所を移しましたが、校舎は蔦《つた》のからまった、ちょっとしゃれた洋館風の家を改造したものです。

学生募集の記事は『栄養と料理』に載せたくらいで、宣伝はまったくしませんでしたが、それでも昭和十二年には七人の学生が集まりました。

昇三と私が、初めて健康診断と面接試験を行なったのは、三月下旬ではなかったでしょうか。春先のうららかな晴れた日でした。私たちは部屋の右と左に分かれ、学生の胸に聴診器を当てながら、

「どうして、この学園に入学したいの？」

と尋ねたりしました。戦前は、書類選考と面接試験で選抜していたのです。

学生は医者の娘さんや、上級学校へ行きたいけれど両親が許してくれないから、という良家の娘さん。そうした人たちに混じって、家族に結核やカリエスの人がいて栄養のある料理を作

ってあげたいという人もいました。学歴はさまざまで、女学校や専門学校を卒業した人、それまで就職していた人もいましたが、みんな優秀な学生ばかりでした。

その翌年の二期生は十二人、三期生は二十五人というふうに、毎年学生が二倍ずつに増えて、ついに私たちの家を増改築するだけでは追いつかなくなりました。それで昭和十六年に、昇三の父親が残した財産で駒込の土地を購入しました。駕籠町の私たちの家に香川栄養研究所を設立し、女子栄養学園の校舎を駒込に新築することにしたのです。

この用地が、現在、駒込校舎のあるところですが、ここはもともと仙台藩主伊達政宗の下屋敷で、元禄年間に徳川光圀がこの屋敷を訪れたさい、「松柏軒」と名づけたといわれ、当時も黄門椎《こうもんしい》と呼ばれるみごとな樹木や灯籠、飛び石やつくばいなどが、まだ残っていました。また大正時代には、中国の孫文がこの屋敷に寄寓し、革命の志士らと中国革命を謀議したと伝えられる由緒ある建物です。庭の前には次のような立て札が立てられていました。

此邸は内大臣藤原鎌足の裔中納言伊達政宗（旧奥州仙台藩主）の下屋敷たりしものにして後十数世を経て元禄年間徳川光圀卿御来駕の砌「松柏軒」と命名せられ今尚昔を偲ぶものには邸内に伊達家の光圀卿より拝領の「黄門椎」太田道灌遺愛の布袋並に八角灯籠伊達慶邦食禄六十二万石を二十八万石に削減の因たる松平容保等と主師に抗し謀議を擬したる座敷を原型のまま保存す。尚大正年間田中家先代故昂氏の莫逆の友たりし支那広東政府大総統故孫文氏（孫逸仙）は時に利あらず亡命中は姓を「中山」と称し此邸に寄寓に際して劉沖凱氏戴天仇氏等の支那豪傑雲の如く集り相謀り帰

国後捲土重来善く天下を平定したり

昭和二年　北豊島郡史跡保存会建設

駒込に校舎が完成したのは、昭和十七年の三月末のことです。このときも世間からは、「医者が病院を建てないで、なにを無理して栄養学園をつくるのか」と、笑われたものでした。それというのも医学や理化学の研究と違って、栄養学はあまりにも日常的で平凡なことに思われるからでしょう。世間一般の理解は、私たちの希《ねが》いにはまだまだほど遠いものがあったのです。けれども、昭和十七年四月の入学式に全校生徒二百四十名を迎えたとき、私は「ああ、やっとここまでこぎつけた」という思いに駆られました。昇三も同じ気持ちだったのでしょう。

「早く専門学校にしたいね」

と、木の香りのする新校舎をながめながら、昇三は私をいたわるように言ってくれました。

校舎は、一階に狭い受付、細長い教務と学生課の部屋、応接室兼講師室、小教室、準備室、実習室、編集室、代理部と会計、お手洗い、二階に大教室、実習室、園主兼園長室、そして実習室の外には、メタンガスを作るための廃棄物を捨てる地下槽がありました。この地下槽は、そこで発生したメタンガスを都市ガスの補いとして、実習のときに使うようにくふうしたものです。

この校舎は、現在のものに比べるとささやかなものですが、駕籠町のものよりずっと広く、学校らしい雰囲気がありました。

学生が全国から集まるようになったのもこのころからで、北海道や九州、台湾や韓国などからも来ていました。それで、駒込校舎のそばに東寮と西寮を、旧家屋を利用して作りました。そこに二十名ぐらいが入り、駕籠町と与野にも少しずつ寮生が住むようにしました。

私たちの住まいもこの屋敷の母家をあてました。昇三が学園の講義を受け持ち、駕籠町の自分の研究所と東大と女子学習院の講師として、仕事に忙殺されるようになったのも、同じころからです。ほかにも、診察を頼まれて、研究所のほうでやっていましたが、診察費には関係なく治療をするので、一、二回で治ってしまう人がたくさんいました。そんなお人好しなので、女子栄養学園はほとんど私に任せきりにしていましたが、島薗先生から昇三は研究所を、私は学園を主にするようにいわれていましたので昇三が園主、私が園長ということになっていました。

第六章　試練の中で

家庭献立材料配給所のこと

家庭食養研究会が女子栄養学園に発展したのが昭和十二年のこと。その年の七月七日に盧溝橋に銃声一発、日中戦争が始まりました。最初のうちは〝非常時〟が叫ばれていても、まだ生活にゆとりがありましたが、戦争が拡大するにつれて、生活のあらゆる面に戦時色が濃くなってきました。とくに食糧が統制されたことの影響は大きく、たちまち国民の体位低下が問題になってきたのです。それに、統制下ではほうっておくと栄養不足になることは必至で、それを食い止めるために国民の栄養基準を作ろうということになりました。

大臣を含む役所や軍部の関係者、学者や消費者などが集まって、第一回の会議が開かれたのは、確か昭和十五年の秋ではなかったかと思います。昇三も私もこれに参画して、国民の必要栄養量を決め、少ない食糧を効果的に使うために「国民食」を構成しました。

私たちの学校が選ばれて国民食展覧会を開いたのは、昭和十六年三月一日のことです。三日間にわたって開催されましたが、とくに三日目の試食会は大臣や有識者で大盛況でした。

そのときの献立も「魚一、豆一、野菜が四」になっています。たとえば、成年女子軽労働者の場合は、次のようなものを作りました。

朝	みそ汁	みそ	30g
		玉ねぎ	50g
		わかめ	1g
	煮　物	甘藷	100g
	漬　物	たくあん	40g
昼	豆芽炒肉妙	豚肉	20g
		もやし	100g
		ねぎ	10g
		しょうが	少々
	漬　物	たくあん	30g
夕	タラちり	豆腐	80g
		タラ	80g
		白菜	50g
		ねぎ	30g
	漬　物	たくあん	30g

この総計は、穀物四二〇グラム、魚類一〇〇グラム、豆類一一〇グラム、野菜四四一グラム、芋一〇〇グラムで、熱量一八九三キロカロリー、タンパク質六九・三グラム、価格四〇・七銭、そのうち副食費は二一・七銭です。

これで当時の一般家庭の献立がわかると思いますが、国民食は栄養基準を満たしているという意味で栄養食ともいわれていました。そして、栄養食は一人一日五十銭を超えてはいけないともいわれていました。それで私は、

「安くても高くても栄養が足りていれば栄養食です。お金で決めるのはおかしいじゃありませんか」

と話したことがあります。

けれども、学者の中にさえ、科学を無視し軍部に迎合する人もいました。たとえば、配給米はわずかな量で「やっていけます」と発言しながら、その食べ方はということになると「香川さんに聞けばいい」とか言われたので、宮様から電話がかかってきたことがあります。私は「今の配給では餓死しますよ」と答えましたが、国民の健康は数字や値段を決めれば、達成できると考える人もいたのです。

同じような例に、玄米食運動があります。米の配給が少なくなったころ、玄米は歩留まりがいいので、東条首相が玄米主張者と知るや、世の中は玄米主義者ばかりになりました。それで、私たちのところへも東条夫人から「玄米の炊き方」講習会へ出席を促されましたが、消化に問題があり、その程度の対策では国民の健康は守れないと考えて、参加しませんでした。大政翼賛会が発足したのも、そのころです。

ところで、国民食展覧会は経済的で栄養的にもおいしいと賞賛されましたが、私たちが「家庭献立材料配給所」を設立したのは、それより前の昭和十五年十月のことです。当時は、すでにいろいろなものが配給制度になり、日常の食事も不自由になっていました。そこで、私たちは学園をあげて少ない食糧を共同の献立にして少しでもむだをなくし、栄養的でおいしい料理の普及のために、一般家庭へ献立材料の配達を始めたのです。最近、献立材料を家庭に配達する会社がありますが、私たちの場合には実費で、これに学園の栄養士の実演がついたもの、と思えばわかりやすいでしょう。

一人あたり一日二十五銭の予算とし、朝三銭、昼七銭、夜十五銭で、「魚一、豆一、野菜が四」になるように献立を考えました。そしてこれを広く世間に呼びかけてみると、材料の配給希望家庭は、巣鴨の地蔵通り商店街をはじめとして目黒原町、大森雪ケ谷、世田谷用賀、豊島区上がり屋敷、それから目黒高等女学校の寮など、約千五百人分くらいになりました。

まず、私たちの学園の職員と学生が栄養指導員となって、一日三食の献立表を作り、それに従って予約を取ります。そしてそれを集計し、各市場に㊮の印で材料の配給を依頼します。㊮は香川献立材料配給所の意味で、配給制限されている物資の購入許可証のようなものでした。

一日のスケジュールは、学生と職員が朝市場へ買い出しに行き、各地区の配給所で材料を切り分け、各家庭の人数に合わせてかごに入れておきます。そして午後、材料を取りにきたとき、その日の夕食と翌日の朝食、昼食の料理の作り方を講習するというものでした。

そのころの朝日新聞に、チームワークのよい優秀な配給所として賞賛されましたが、食糧の乏しい時代ですから、学生も職員もたいへんでした。とくに、昭和十六年十二月に太平洋戦争が始まるころから、日に日に食糧事情は悪くなってきました。配給されるものは、スケソウダラやコマイサメばかりで、献立の種もつきてきます。

それでも、こんなときこそ栄養士の腕の見せどころと、みんな一生懸命でした。栄養士の中には、私物の石けんを魚屋にあげて材料を確保したり、お手伝いさんを集めて栄養学のＡＢＣを話した人もいました。また、「カリフラワーの軸のきんぴら風」、「芋の茎の煮つけ」、「煎茶の出がらしとさんしょうの実のつくだ煮」、それから柿の皮を乾燥させて糖分を補うという保存食を指導した人もいました。しかし、中にはモンペの中にしいたけやはるさめを入れて、持ち帰ったとかいうトラブルもあって、いやなご時世でした。

この配給所の活動は、一年余り続いたように思います。太平洋戦争突入以後は、いよいよ物資がなくなって、どうすることもできなくなったのです。しかし、炭鉱の配給所は長く続いて、私が行けないときは、ほかの先生に代行してもらって全国をまわりましたし、満州（中国の東北部）にもこの配給所が広がり、私たちのところから栄養士が出向いて、女子栄養学園の灯をともしてくれました。

けれども、昭和十六、七年ごろまでは、食糧事情は別として、世の中にはまだ余裕がありました。私は、もうその当時、手製のズボン風の衣服を着て走りまわっていましたが、まだ学園の授業は正常で、寮生の親睦会や盆踊りを楽しむこともできたのです。

盆踊りには、東京音頭の替え歌で「学園音頭」が歌われていました。

昇三先生
　栄養栄養と　昇三先生
鼻を鳴らして　鼻を鳴らして　胚芽米
　ヤットナ　ソレヨイヨイヨイ（以下同じ）

綾先生
モンペ姿の　学園の園長さん
地蔵通りを　地蔵通りを　闊歩する

こんな歌を歌いながら、私たちの家族も浴衣姿で踊っていました。昇三が「鼻を鳴らして」とあるのは、ときどきフンフンとかクンクンと鼻をいわせる癖があったからです。

私たちが戦争の影響を受けるようになったのは、昭和十八年も半ばごろからでしょうか。体の弱い昇三も研究一筋とはいかなくなり、カーキ色の国民服を着て、ゲートルを巻き、地下足袋をはいて、軍の要請で全国の軍隊基地へ栄養指導に出かけるようになりました。そのかたわら、女子学習院と東大の講義があり、女子栄養学園の授業、それに学校の責任者として防空壕掘りや消火訓練の指揮もとるというふうでした。私も、学園の授業、炭鉱の配給所や農村の共同炊事の指導、婦人会の座談会や講演会で、座る暇もないほどになってきたのです。そんなことから、私たちはどちらかが出かけるとき、

「また会いましょうね」

と言い、顔を合わせると、

「元気でよかったわね」

と挨拶《あいさつ》するのが習わしになりました。そして、たまに書斎で栄養学の話をすることがあって

も、黒い布でおおった電灯の下で
「こんな世の中、どちらかが一人になっても目的は一致しているのだから、生き残った者が二人の意志として仕事を続けよう」

と、昇三はしみじみと話していました。

昇三も私も、戦争に賛成とか反対とかいうのではなく、明治の人間ですから、自分の学問を人のために生かすことしか考えていなかったのです。非常時であろうとなかろうと、健康がおろそかにされていいはずはなく、食糧難を理由に一部の人たちが犠牲になったり差別されてはならない、とも思っていました。〝すべての人の健康〟これは栄養学者として、時代や社会状況を超えた主張です。

当時、配給は少しでも量が多ければよいというので、玄米のまま、あるいは皮つきのままひき割りにした麦、皮つきのこうりゃんや古い大豆などでした。これに対して『栄養と料理』で、その栄養価や健康に与える影響を述べて、批判をしていますし、昇三も私も、採算とか苦労はいつも問題外で、国民の健康を守らなければならないという、やむにやまれぬ気持ちでした。

日本じゅうの栄養学者を集めてみせる

家庭食養研究会のころから、私が強調していたことが二つあります。栄養のバランスがとれた食事をすることと、栄養知識を実生活に生かすことです。

この主張は現在も変わらないし、繰り返し繰り返し話していますが、栄養学の重要なことは、それを実践するかどうかにかかっています。私が「栄養学は人間学」だというのは、その人が健康についてどう考え、栄養学の知識や技術を生活の中でどのように実行し応用するか、それはすべてその人の人間性にかかっていると思うからです。

ですから、社会や学生の希望がどうであろうと、私たちの学校では戦前でさえ、いわゆる花嫁教育はしたことがありません。この伝統は現在でも続いていますが、花嫁とか主婦というのは、人間教育さえできていれば、その務めは充分果たせるはずというのが私の考えです。

つい最近も、タイプ印刷にした昭和十四年の「学園の要覧」が出てきましたが、それには次のように書かれています。

「本学園の教育方針は確固たる精神教育の基礎の上に、栄養及料理の理論と実際を中心とする専門教育を施し、以て女子の品性、才能を向上せしめ、真に堅実忠良なる国民の母体たるべき婦人を養成するにあります」

当時の女子教育が、昔ながらの良妻賢母の育成であったのに、女子栄養学園は人間教育を鮮明に打ち出しています。

私は家庭食養研究会のころから、この人間教育を目指していましたから「いまに栄養大学をつくる」とか「日本じゅうの栄養学者を集めてみせる」とか、口癖のように言っていました。

ところが学生たちは、私が思いついたことをすぐに口にしたりやってみたりするので、また思いつき夫人がとんでもないことを言っていると、内心あっけにとられ、夢物語のように思っていたようです。けれども、明治生まれの私は、女性が教育面で差別を受けてきたこと、そのために力が及ばなかったことを知っていましたから、ただ学者を集めて大学をつくればよいと考えていたわけではありません。女性の能力を最高に引き出す人間教育をしたい、そんな願いをこめていたのです。

ですから、昭和十二年に女子栄養学園になったころも、講義は東大の医学部と農学部の若手俊英学者が中心で、栄養生理学の福田邦三先生、有機化学の二国二郎先生、食品学の中村延《のぶ》生藏《ぞう》先生、芦田淳先生、特別講義にはビタミンB_1の発見者である鈴木梅太郎先生や、そのご子息の文助先生などにお願いしました。

先生がたは一様に、「この講義は東大と同じだよ」と言われていたので、学生たちも誇りに思っていたようです。授業は規則ある形で行なわれ、私語をかわしたり、むやみに休む者はいませんでした。女子教育の場が限られていただけに、学生たちも遊び半分やら結婚へのパスポートなどと考える者はいなかったのです。

実践といえば、家庭献立材料配給所もそうですが、学園のトイレの掃除からゴミの焼却まで、学生がみんな自分たちでやっていました。もちろん、料理材料の買い出しや『栄養と料理』の発送の手伝いなども。私自身、学生といっしょに床をわら縄のたわしでみがいたりしました。

昭和十五年には、そろそろ調理材料にも困るようになったので、浦和に農場を買い求めました。この農作業も貴重な体験になっていると思います。昇三も私も時間が許す限り学生と協力して、じゃが芋やなすなどを作っていました。

また授業も、戦争が激しくなったころには、窓に黒い防空用のカーテンを張って、昼間できない分の夜間授業をしていましたし、夏休みには食事記録を取らせたり、栄養士は人前で話ができなければいけないと考えて、生活報告会を開いたこともあります。実践さながらというか、栄養指導をする場合を想定して、「ビタミンB_1についてわかりやすく説明せよ」というような演習授業もありました。そして、今では懐かしい思い出ですが、昭和十七年に駒込校舎ができてからは、寮生と私たち家族が一列に並んで、朝起きると、体操の代わりに「みずほ踊り」をやっていました。これも私のアイデアで、栄養学を学ぶ者は心身ともに健康でなければ、と思ったからです。この発想が、現在、私たちの大学にある保健栄養学科へのきっかけとなっていますが、当時の私は次から次へと思いつくことをやっていたので、学生たちが〝思いつき夫人〟と呼んでいたのでしょう。私とすれば、その思いつきのすべてが栄養学に集約され、その機が熟すのを待っていただけのことですが。

空襲と学園焼失

私たちの学園に戦争の影が濃くなったのは、昭和十八年の後半からでしょうか。すでに米軍は南の島々の進攻を始め、戦局の悪化は市民にも感じられるようになりました。昭和十六年ごろまでは長い袖の着物姿で通う学生もいましたが、もうその時分にはみんなモンペで、通学時にはかならず防空ずきんを携帯していました。また、軍の要請で教練のようなものがあり、担架運びや消化訓練もありました。校庭農園が奨励され、私たちの学園でも校舎と寮の間に、わずかな野菜を作り始めたのも、そのころからです。

そして昭和十九年には、傷病兵を招いて演芸会を開いたこともありますが、ついには中島飛行機や牛込陸軍病院へ栄養士として動員されるようになりました。

調理の材料も、ほとんど手に入らなくなっていました。深沢先生のフランス料理も、ちくわのグラタン、つみ入れのシチュー、さつま芋のデコレーションケーキという寂しさ。刺し身の作り方はこんにゃくで習い、卵も乾燥卵を水でといて使い、芋の団子をみそ汁に浮かして〝たぬき汁〟といったりしていました。

けれども、食べ物に困るうちは、まだよかったといえるかもしれません。空襲で学園の校舎が焼けたのは、昭和二十年四月十三日のことです。

それより少し前に、大都市の学童集団疎開が決定していましたので、わが家でも子どもたちを浦和の農場に疎開させていました。そのため、昇三は防火責任者として学園に残り、私が浦和から電車に乗って学園に通うという毎日でした。けれども、戦争とはかかわりなく桜が咲き始めて、うれしく思っていた矢先のことです。

その夜、ラジオで空襲のニュースを聞いた私は、まんじりともせず朝まで過ごしました。そして早朝、電車が不通なので、浦和から中山道へ出て戸田橋を渡り、駒込へと向かいました。

この道は、空襲で交通機関が使えなくなることを考えて、一度子どもたちと歩いたコースです。その二十キロに近い道のりを、私はただひたすら昇三や学生の無事を祈りながら歩きました。

途中で心配になり飛鳥山に登って駒込のあたりを見ますと、まだ煙の立ちのぼる焼け野原の中に、あの背の高い黄門椎が焼けて、ポツンとほうきを逆さにしたように立っているのです。

それは、無残というより、なんとも不思議な光景でした。

「ああ、やっぱり……」

悪い予感が的中して、私のひざはガクガクしてきました。

震える足を踏みしめながら、やっと黄門椎のところまでたどり着き、そこに「全員無事、香川昇三」と書いた板切れを見つけたときは、本当に、自分が九死に一生を得たような気持ちでした。けれども、建ててまだ三年にしかならない校舎も、寮生や職員の身のまわりのものも、そして桃の節句からそのまま飾っていた長女のおひなさまも、みんな灰になってしまいました。

『栄養と料理』の二月号の原稿も、そうです。当時は印刷用紙も配給制で、多くの雑誌は廃刊され、栄養や料理に関する本は、『栄養と料理』だけになっていましたが、印刷所で焼失してしまったのです。そのため、戦前の最終号は、昭和二十年一月号となっています。

第七章　夫昇三との別離

群馬県大胡《おおご》町へ学園疎開

空襲が激しくなった昭和十九年の終わりごろには、学園も疎開を考えなくてはならなくなっていました。当時は、すでに学生数も二百名余りにもなっていたのと、学校や重要施設の疎開が促進されていたからです。

ところが、私立の学校では疎開先を見つけるのは容易なことではありません。何度も何度も私たち二人で足を運び、昭和二十年の初めになって決まったのが、群馬県勢多郡宮城《みやぎ》村の国民学校です。

そんなとき、たまたま群馬県出身の卒業生、宮川千賀子さんのお父さんが、大胡町青年学校の瀬下校長を紹介してくださいました。そこで、瀬下校長を通じて、赤城山のふもとあたりに宿舎を探し始めたのが、昭和二十年の三月上旬のこと。当時、私は浦和の農場に住んでいたので、浦和から前橋へ行き、さらに上毛電車に乗って大胡まで行き、あちこちの農家を訪ねて歩きました。けれども、どこの農家も戦争の影響で大勢の疎開者を受け入れる余裕はなく、やっと三月も末になって、河原浜の小澤元三郎氏の蚕室《さんしつ》が宿舎に決まりました。

こうして、いよいよ疎開しようとしていた矢先の四月十三日、空襲によって、駒込の校舎も駕籠町の研究所も全部焼失してしまったのです。

私たちは戦災後、学園をひとまず浦和の農場に移しました。なにしろ急なことなので、宿舎は農作小屋、生活は自給自足、授業は青空教室みたいなものですが、それでも退学する学生はほとんどいませんでした。

しかし、浦和も爆撃の目標になり始めたので、私は空襲警報の鳴り響く中を何回となく、小澤さんのところへ行っては宿舎の整備をしていました。そして疎開する学生は全部で百五十名と決まり、若葉の美しい五月の五日に、第一陣の五十名が疎開先の群馬県勢多郡大胡町字河原浜へ出発しました。

大胡駅から徒歩で約四十分。赤城山のふもとには、なだらかな傾斜地に桑畑が続いていました。明るい日射しを受けた農家が、あちらに一軒、こちらに一軒と点在して、戦争を忘れさせそうなのどかな田園風景です。

あのとき、学生たちは、なにを考え、どんな思いであの青空の下を歩いたのでしょうか。私は、これでやっと落ち着いて勉強ができると、ほっとしながら、一方では、これから先、どうなるのか見当もつかず、はぐれ雲にでもなったような寂しさも感じました。

けれども、「戦争がどうなろうと、健康のたいせつさには変わりはないのだから」と、私は自分の胸に言い聞かせていました。これは、そのときいっしょに歩いていた昇三の気持ちでもあります。体が弱く兵役を免除された昇三は、当時も、学園のほかに東大と女子学習院で講義をし、軍隊の食事指導をするかたわら、若い研究者の論文をかわってまとめていました。そして、ふだんは学園の経営に口をはさむことがないのに、今度の疎開には熱心で、私の相談にもよく乗ってくれました。

私たちは宿舎に着いた翌日、大胡町青年学校を借りて、疎開学園の開校式を行ないました。

そのとき、昇三は学生たちに向かって、

「お世話になる町のかたがたに、どんなささいなことでも迷惑をかけてはならない」

と、懇々とさとしました。そして学生たちがハガキを買い集めたという話を聞いて、昇三は「物資が不足しているときに、町の人たちの通信に不自由があってはならない」と、ただちに返しに行かせました。家族と離れて暮らす学生たちの気持ちはわかりますが、地元の人たちの不評を買い、学園の存続に万一のことがあってはと考えたのです。

開校式がすむと、浦和にはまだ学生と子どもたちが残っていたので、昇三はすぐに帰っていきました。私たち二人が長い間離れて暮らしたのは、このときが初めてのことです。

それはわずか二か月半にすぎないけれど、子どもたちに聞くと、浦和での昇三は、

「お母さんがいない、お母さんがいない」

と、まるで幼児のように言っていたといいます。そしてお酒を飲んだこともないのに、実験用のエタノールをうすめて飲んだり、台所に立ったこともないのに、子どもたちにお焼きを作ってやったりしたようです。校舎や研究所が焼失し、疎開先の農場では研究生活もままならず、将来の見通しが立たないこともあって、やりきれない毎日を過ごしていたのでしょう。

昇三の死

七月十五日、第二陣が宮城村弥源寺の宿舎に到着しました。宮城村は河原浜の隣村ですが、そこの金子一正さん方の蚕室を借りて、第二寮としたものです。

翌十六日には、昼近く、二か月半ぶりに昇三がやって来ました。一週間前まで広島の大竹基地へ潜水艦乗組員の食事指導に行き、帰京して学習院の講義をすませてから駆けつけたのです。私は河原浜の第一寮の蚕室の一部屋に、しばらく前から子どもたちを呼び寄せて住んでいたので、午後のひととき、いっしょにお茶を飲みながら久しぶりに親子水入らずの時間を過ごしました。

昇三は疲れていたのでしょう。顔にはやつれが見え、心なしか顔色も冴《さ》えない感じでした。それでも芳子のついだお茶をおいしそうに飲み干し、広島へ行ったついでに四国へ寄って父親の墓参りをしてきたとか、雑用も片づいたのでこれで当分学園の授業に専念できるとか、いかにもほっとした表情で話していました。

それから三時をまわったころ、私が、第二寮の監督をする昇三を送っていこうとすると、長男の靖雄が、

「ぼく、お父さんのかばんを持ってあげよう」

と言うので、三人で第二寮に向かいました。小さなころには体が弱くて、肺炎や麻疹に苦しんだ靖雄が、急な坂道を元気に登っていきます。そんな姿を見ながら、

「親が疲れるころには子がこれにかわって継いでいく」

と、昇三は感嘆したように言いました。

第二寮は、第一寮から歩いて約四十分。赤城山のふもとというより中腹に近いところにあって、狭い坂道の両側は桑畑になっていました。その茂みが途切れて、芋畑やあずき畑に変わると、眼下に河原浜の村落が開け、前方には赤城山の全貌が見えてきます。そんな風景をながめながら、昇三は立ち止まって、汗をふきふき、

「静かだねえ。ここなら、安心して勉強ができる」

と、幾度も幾度も繰り返しました。

それから、私と靖雄が第一寮に引き揚げ、夜になると急に篠突くような雨が降り始めました。

第二寮の助手がびしょぬれになってやって来たのは、十二時ごろでしょうか。

「先生！　昇三先生のぐあいが悪いんです。先生を呼んできてほしいと言われました」

と言います。私は助手の話から、すぐに脳溢血だと判断して、布や紙、便器やら脱脂綿を用意しました。

疲れていたはずなのに、昇三の胸には、空襲と学園の焼失で勉強が遅れているという焦りがあったのでしょう。また、戦時下の食糧難のときだからこそ、栄養学を国民の健康に役立てたいという願いも強かったのでしょう。助手に聞くと、昇三は寮に着くとすぐに講義をし、夕食後また学生を集めて、

「疎開をしてまで、なぜ栄養学を勉強しなければならないか」

ランプの明かりのもとで、三時間も話をしたとか。ぐあいが悪くなったのは、寝床に就いてまもなくのようです。

私は、気の遠くなるような開懇地の深い闇と雨の中を、第二寮へと急ぎました。当時は、もう前橋市も空襲を受けるようになり、灯火管制をされていたのと土砂降りの雨では、提灯も使えなかったのです。狭い坂道には雨水が流れ、ちょうど川のようになっていました。そんなところを私は足を滑らせ、手をつきながら、昼間昇三と「ここなら静かに勉強ができるわね」と喜び合った道を、まるではうようにして歩きました。

第二寮に着いたとき、もう二時をまわっていたのではないでしょうか。昇三の意識はまだはっきりしていて、私の顔を見るなり、

「脳溢血だね」

とつぶやきました。それは私の判断と同じで、このときほど私たちが医者であることを悲しく思ったことはありません。昇三は気分が悪くなったときから、自分でも覚悟を決めていたらしく、東大の同級生で、そのころちょうど前橋の廐橋《うまやばし》病院の院長をしておられた前田忠重先生に、診察を頼んでほしいとも言いました。

けれども、激しい雨が降り、それも電話もないところでは手の打ちようがありません。私は、眼頭が熱くなるのを感じながら、

「砂糖水でもあげましょうか」

と尋ねました。すると、昇三がかすかにうなずいたので、さっそく、学生からくず粉をもらってくず湯を作り、祈るような気持ちでゆっくりと飲ませました。

「おいしい」と昇三が一言。

しばらくすると、昇三はうとうと眠り始めました。ほの暗い明かりの中で見る顔は、少しやせてはいますが安らかな表情をしています。私は、その枕元に額をつけるようにして、「これから落ち着いて勉強ができるんですよ」「結婚したころから、外国の研究所へ行ってみたいと言っていたわね。元気だったら、いまにその夢がかなえられますよ」などと、胸のうちで語り

かけていました。すると、それが聞こえるかのように、昇三はふっと力のない眼を開いて、私を見つめ返しました。

けれども十七日の明け方から、昇三の眠りは深くなっていきました。聞こえてくるのは、激しい雨の音ばかり。手当てをしようにも医療器具はどこにもなく、医者を呼ぶにも大胡町には知り合いもいない、電話もないという状態です。「ごめんなさい、なにもしてあげられなくて」と、私は昇三の手のひらに自分の手を重ねて、いつまでもわび続けていました。

第二寮の助手が廐橋病院へ出かけたのは、早朝の六時過ぎでしょうか。前田先生にあとから話を聞くと、

「出勤してみると、病院の玄関に裸足の女の人が待っていたので驚いた」

ということでした。昨夜の大雨で電車は不通、そのうえ川のように流れる雨水にげたを流されて、線路伝いに裸足で病院まで歩いて行ったようです。

前田先生が悪路の中を駆けつけてくださったのは、正午近くで、そのとき血圧は二〇〇―一四〇でした。せめて、ブドウ糖でもと、先生は使いを出されましたが、それもついには間に合わず、昇三は息を引き取りました。

昭和二十年七月十七日午後二時四十七分。自分で脳溢血と診断した十余時間後に、昇三は享年五十一歳（注・頌徳碑による。二〇二頁参照）の生涯を閉じました。私たち二人が出会って二十年、結婚して十五年、私の夫であり、指導者で協力者でもあった昇三の、あまりにも突然の死……。

私は、悲しみに沈んでいるわけにはいきません。助手や学生に手伝ってもらって親戚や昇三の友人に電報を打ったり、村の人に葬式の手配をお願いしたり、まだ疎開して日も浅く村の事情もわからないので、緊張することばかりです。どうかして涙が落ちそうになると、「百五十人の学生と四人の子どもがいるのだから」と、私は自分をしかりつけていました。「郷に入れば郷に従え」という諺もあるので、葬式はすべて地元の人のお世話になることにしましたが、終戦まぎわの物資もなく人の心もすさんでいたころなのに、村の人たちの心づかいはありがたいことばかりでした。宿舎の金子さんをはじめ弥源寺の村の人が総出で、葬式用の竹の花細工を手作りで準備したり、供物を作ったりしてくださいました。また、墓地についても、金子さんと小澤さんの両方から、自分の菩提寺を使うようにと言われました。私は、墓参のことを考えて、少しでも駅に近い小澤さんの菩提寺、応昌寺に決めさせていただいたほどです。

こうして温かい人たちに見守られて、十九日に学園葬を行ないました。時期が時期なので、昇三の友人はほとんど参列できませんでしたが、すでに講師として来てくださっていた群馬大学の先生がたや、卒業生が遠くから駆けつけてくれたことは、昇三にとってどんなにうれしかったことか。

埋葬は、火葬にすると煙が出て攻撃目標になるので禁じられていましたから、土葬と決まりました。宮城村から大胡までの一里（約四キロ）の道のりを、学園生百五十名と卒業生、それに宮城、大胡の町村役場のかたがたの葬列が続き、文字どおり野辺の送りとなりました。

けれども、私をいたわる気持ちからか、四人の子どもたちは、みんな涙も見せず耐えていました。とくに、十四歳になっていた長女の芳子は、昇三にかわいがられ、悲しみも深かったはずなのに。

激しい通り雨が降ったのは、応昌寺に着いたばかりのときでしょうか。赤城山のほうからふもとの宮城村にかけて、不意打ちに白い雨足が駆け抜けて行ったのです。

私はその雨を見ながら、昇三が、残していく子どもと学生たちに、そして私に、栄養学の重要性や自分の胸のうちの願いを、最後の力をふり絞って語りかけているのではないか、と思いました。そして、栄養学がまだ日の当たらない時代に生き、しかも戦争のために思うように研究もできなかった昇三の、これが〝さよなら〟だろうかと思うと、二重に心がいたみました。

ずっとのちに、昇三の葬式当時のことを知っている人から、

「さすがに医専を出た人だ、落ち着いていらっしゃると思いました」

と言われて、ちょっぴりびっくりしたことがあります。

あのとき、なによりも私の心を支えたのは、空襲が始まったころ、昇三が繰り返して言った「こんな戦争の世の中、どちらかが一人になっても目的は一致している。生き残った者が二人の意志として栄養学の仕事を続けよう」という言葉です。それが現実になろうとは夢にも思いませんでしたが、昇三が逝ってみると、それは遺言のような重みを持っていました。

悲しみが深ければ涙も出ない、といってもよいでしょう。葬式が終わって、宿舎に子どもた

ちと落ち着いた夜、張り詰めた気持ちが一度にゆるんで、

「そんなに急いで逝かなくてもいいじゃないの」

と、私は泣きじゃくりながら駄々をこね続けました。子どもたちがじっとがまんしていることも忘れて。

あれから四十年。戦争体験が風化する中で、「昇三は、栄養学という武器で、戦って戦って戦死したのだ」

という私の思いは強くなるばかりです。ただ単に戦時下での死というのではなく、戦争と戦い、そして病気を予防する医者として戦い、燃えつきた、という気がするのです。

疎開学園の思い出

昇三を見送ったあと、私がいちばん気にしたのは、学生たちの動揺です。けれども、助手の人たちのおかげで、みんな平静さを取り戻していきました。授業はそれぞれの寮で、またあるときは宮城村国民学校で行なわれるようになって、私はほっとしていました。

こうして迎えた八月十五日、正午に天皇陛下の放送があるというので、私たちは全員、宿舎のあった小澤さんの庭に整列しました。

草いきれとせみしぐれで、一瞬、時が止まったような白い昼下がり。放送を聞き終わった学

疎開学園での授業

生たちが「日本は負けたんだわ」と、あちこちで泣き始めました。

「本当に戦争は終わったんだろうか」

なにもかもうそのようで、私にもすぐには納得ができません。翌日になって、やっと自分を取り戻したような状態でした。そして、

「昇三が生きていたら、これから好きなだけ研究もできるのに」

と思うと、とりわけそのことが悲しくて、とめどなく涙が流れてきました。しかし、くやしがって泣いてみても生き返るわけではありません。昇三との約束どおり、この学園を続け、栄養学に生きるだけだと私は思いました。

けれども、学生には私の説得は通じません。ホームシックにかかったり、家が罹災《りさい》した者、米軍が来るといううわさにおびえる者もいれば、新しい生き方を求めたいという学生もいました。一人帰り、二人帰りしているうちに、二学期が始まる九月には三十名になってしまいました。

昇三の死、敗戦、そして疎開学園から去って行った学生たち。昭和二十年は、思い出すのも

つらい、悲しいことばかりでした。

学生が少なくなったので、私たちは第一寮の小澤さんの宿舎に集まりました。授業は宮城村国民学校の理科の実験室を使わせてもらうこともありましたが、たいていは机のない宿舎で、各自が座ぶとんに座って講義を受けました。しかし、講義の内容は、駒込にいたころと比較しても遜色《そんしょく》のないものだったと思います。

終戦後も群馬大学の石原 忍《いしはらしのぶ》学長が協力してくださったので、教授陣は充実していました。県の食糧研究所、勢多農林学校、県の衛生課の先生がたにも講師をお願いし、数人の卒業生の助けもあって、疎開学園といっても授業内容はけっこう高度なものとなっています。

参考までに教科課目を書き出してみると、生理学、解剖学、食品学、有機化学、食品加工、集団給食管理、文学、それに私が受け持った一般栄養、小児栄養、妊産婦栄養、病人食、献立作成、基本調理など。変わったところでは、講師の中の紅一点、野口綾子先生の英語と音楽は、学生たちが楽しみにしていた教科です。音楽は宮城村国民学校のオルガンのある教室で教えていただきましたが、賛美歌を歌ったりして、殺伐とした疎開生活に潤いをもたらしていたようです。

栄養士は人の前で話ができなければというので、ときには三分間スピーチも、駒込時代と同じように行ないました。

ところで、当時私がいちばん気をつかったのは、食糧の確保です。私は村に病人があると聞けば、前橋や東京で薬を買って届けたりしましたが、そんなことが食糧確保や村の人たちと親密感を保つうえで、少しは役に立ったかもしれません。

主食は配給でまかないましたが、副食のほうは、道端に大豆をまいたり、農業会の好意で借りた土地に、自分たちで大根やさつま芋などを作りました。けれども、下肥《しもごえ》運びや堆肥《たいひ》作りも初めての経験で、もともと荒地だったことと私たちの不慣れと手入れの悪さの三拍子がそろっていたので、出来がよいはずはありません。それでも大豆の出来はまだいいほうで、大根やさつま芋はまったく貧弱で、新鮮なだけが取り柄でした。川で大根やさつま芋を洗っていると、通りがかりのお百姓さんに、

「それ、なんだべ？」

と聞かれたそうです。

私は、当時のことを『栄養と料理』昭和二十一年一・二月の合併号に、「疎開学寮栄養報告」として書いていますが、それによると昭和二十年五月の米の配給量は、一人一日二五七グラムとなっています。これが毎日のように減って十月には一〇六グラムとなり、米にかわって、さつま芋や麦が配給されるという状態でした。そんなわけで、学寮の献立は表のようなもので、

朝	ご飯	米	110g
	みそ汁	みそ	20g
		わかめ	3g
昼	ご飯	米	110g
	小松菜みそ煮	小松菜	200g
		みそ	13g
	漬物	たくあん	15g
夕	ご飯	米	100g
	小松菜	小松菜	300g
	身欠きニシン煮つけ	身欠きニシン	15g
		しょうゆ	22g

タンパク質43グラム、熱量一三三六キロカロリーでした。

このほかに、学生の家庭からの仕送りや農家からの買い出しによって一五〇キロカロリーくらいの間食が加わるくらいで、こうりゃんのご飯に切り干しのみそ汁とか、ふかし芋に牛乳一本というようなこともたびたびありました。

牛乳は石井牧場の好意で、草刈りをして飼料運びをする代わりに、一人一日一八〇ccほど分けてもらったものです。これがほとんど唯一の動物性タンパク質であり脂肪源でした。

このように極度に悪い栄養状態では、しだいに農作業も草刈りも耐えられないようになっていました。けれども私たちは、農家の人たちの役に立ちたいと考えて、農業会や婦人会に呼びかけて、農繁期の共同炊事講習会を開いたことがあります。それには協力的なグループがある一方、配給のニシンと菜っぱしか出さないグループもありましたが、学園が疎開したことによって、村の食生活が自然に改善されたことは、うれしいことです。

たとえば、当時この地方の農家では、じゃが芋は牛の餌だと思われていました。ところが私たちがいろいろ教えてあげているうちに、近くの村でカレーやサラダ、煮物や揚げ物にと、じゃが芋料理が大流行したことがあります。また、私たちが屠殺《とさつ》場で牛のレバーや心臓や舌を安く買って、中華料理を作っているうちに、これも食べられるものだとわかり、買いに行くたびに値上がりしていたという、うれしいような悲しいような反響もありました。

このときの経験からヒントを得て、昭和二十三年に地方の食生活を改善しようとして作った

赤城山のふもとで，疎開学園の学生たち

のが、栄養生活普及会です。この会は、料理教室を中心に全国的に支部ができていますが、活動は料理教室だけではなく、地区の青年学級、婦人会、職場の厚生施設にと、普及会のメンバーや学内の先生がたが出向いて活躍しています。

それにしても、疎開学園では、私が口癖にしている「栄養学の実践と応用」が、みごとに発揮された例がたくさんあります。食事当番が特権を利用して、おき火でさつま芋を焼いていたのも、その一つ。私は「奈良の茶がゆに紀州の芋がゆ」という諺どおりに育ったくらい、芋が大好きなので、これには大賛成でした。

芋類はビタミンCが豊富で、いってみれば美容食。しかも長期間貯蔵ができ、調理をしてもビタミンCの損失が少ないという長所があるので、野菜やくだものでとりそこなった分を補うのにつごうがよいものです。そんなことで、私は今でも、じゃが芋でもさつま芋でも一日に一個は食べるようにしてほしい、といっているほどです。

栄養状態が悪いわりには、焼き芋のせいか、疎開学園では年ごろの学生はみんなコロコロ太っていましたが、学生にもつらいことがいっぱいあったのではないかと思います。授業や料理講習会の暇を見ては、農作業や炊事当番、それに学生たちは当番を決めて毎朝、昇三の墓地の掃除をしてくれましたが、ときには薪《まき》を取りに行くこともありました。

この薪取りで赤城山に行き、雨に降られて近くの温泉に寄ったときのことです。私は行かなかったので、あとから聞いた話ですが、ある学生が、

「ああ、こんなお風呂はいいわねえ。家に帰ったらお父さんに頼んで買ってもらおうかしら」

と、言ったとか。それでいっしょに行った村の人は、「やっぱり、東京のお金持ちのお嬢さんは違うわい」と思われたようですが、お風呂にも不自由をしていたので、学生はついそう言ったのでしょう。

広い部屋に三十人が共同生活をしていれば、身ひとつ隠すところもなく、雨が降れば薪がぬれるので、古いノートまでたきつけにしなければなりません。それに宿舎はもともと蚕室だったので、ノミがたくさんいました。そんな精神的にも肉体的にも不安定な生活のためでしょう。このころ学生の生理調査をしてみると、ほとんどが順調でなかったことを覚えています。

ところで、「国民栄養調査」が初めて行なわれたのは、昭和二十一年の春ではなかったかと思います。これは世界的にも誇れるものだといわれていますが、進駐軍の要請で全国の家庭を対象に実施され、私たちの学園でも第一回の調査を担当しました。

調査は三日間。学生全員が赤城山麓の農村に泊まって、食事の分量を調べましたが、どこの

農家でも「このくらいだんべ」といわれるありさまで、学生が熱心にやったわりには正確にはいかなかったかもしれません。けれども調査にはだいたい協力的で、中には先生とまちがえられて、床の間のある部屋に泊めてもらって待遇がよかったという学生もいました。

このように、つらいこと楽しいこと、いろいろなことがありましたが、やがて疎開学園も幕を閉じるときがきました。授業不足を補うために、一年の修業年数を三か月延長しましたが、当時の事情を考えると、これも珍しいことではなかったかと思います。卒業式は昭和二十一年の六月末に行ないました。さまざまな試練をともに耐えた、わずか三十名の、通信簿もない、ささやかな卒業式です。

そのあとで、講師の先生がたやお世話になった村の人たちを招いて、パーティーを開きました。料理は調理の先生の指導で、タラをつぶしてかまぼこ状に蒸したもの、生野菜のマヨネーズあえ、それからこの地方の特色を生かして、上新粉を紅白のまゆの形に蒸して桑の葉に盛ったお菓子です。なにしろ、なにもないころで、私たちの心づくしを食べていただくほかはありません。けれども、みごとなお菓子のでき映えに、野口綾子先生がうっとりとされていたのを今もよく覚えています。

その夜のことです。私は静かになった宿舎の中で、机代わりに使ったみかん箱の前に、そっと座りました。そして一年余りのことを夢のように思い浮かべながら、昇三に、

「これで疎開学園も終わりましたよ」

と報告しました。昇三は最後まで「栄養学は日本の興亡に関することだから、疎開してでも勉強しなければならない」と、講義をしたほどです。それだけに、私の胸には、卒業生を送り出したという安堵感がありました。一つの約束を、曲がりなりにも果たすことができたのです。私は、疎開学園を去っていく学生たちにも、

「どんなことがあっても、あなたたちの母校を失わせるようなことはしませんからね。学園をかならず続けていきますからね」

と心に誓いました。

学生たちは、翌日から荷造りを始めました。縄ない機で荷造り用の縄を、楽しそうにみんなで歌を歌いながら編んでいましたが、私にとってはなにもかもこれからでした。人の健康に携わる仕事には、卒業も休日もないのです。

第八章　新たな出発に向かって

学園の再建

高崎市から私たちの学園に、この地方の教育振興のために残ったらどうかという話があったのは、昭和二十一年の春先のことです。それは、まだ東京の復興が見当もつかない時期で、私は昇三が眠っている土地を離れたくない気持ちもあって、そうしてもよいと思いました。

学生たちが大胡を引き揚げると、私はさっそく高崎の市役所内に事務所を移して、再開の準備に取りかかりました。そして連隊の跡地を、学校の用地に払い下げてもらうよう交渉を始めたのです。私はこのころ、市や県の教育関係者のところへ何度も足を運びました。雨の日も日照りの日も、足を棒にして歩きまわったのも、学園を続けたい一心からでした。それで、とうとう疲労と栄養失調が重なって、ある日、大胡駅から宿舎までの山道を歩いていたとき、気分が悪くなり道端に吐いたこともありました。

けれども、アメリカ軍の高崎進駐と同時に、この話はいつの間にか立ち消えになってしまったのです。それが七月末か八月の初めごろではなかったかと思います。私の髪には白いものが混じり始めていました。

「たとえ病気でも体が不自由でも、こんなときお父さんが生きていたら、相談に乗ってもらえたのにねえ」

食事のとき、子どもたちの前で思わずため息をつきました。私は四十七歳で働き盛りとはいえ、十五歳を頭に、十四歳、十三歳、十二歳の子どもたちを相談相手にすることはできません。かえって不安を与えるだけで、私も気の重い日が続きました。

運が悪いのは、高崎市へ残る話がだめになったことばかりではありません。ちょうど同じころに預金封鎖があって、手伝ってもらっていた先生がたにも給料が払えなくなりました。そんなことから、私はやむなく、ひとまず学園を解散せざるをえなくなりました。

ある日、女学校に通っていた長女の芳子が、深刻な顔をして、

「お母さん、戦争でお父さんを亡くしたり空襲で家を焼かれた友達は、学校をやめていくけど、私はやめなくてもいいの？」

と尋ねたのも、そのころのことです。

「心配しなくてもいいわよ」

と私は答えましたが、このとき芳子は「うちはお母さんが仕事を持っているから、こんなときでもあわてずにすむのかしら」と思ったようです。やがて芳子は東京女子医大を卒業し、結婚後しばらくアメリカへ留学しましたが、帰国後はずっと私たちの学校で仕事をし、私と同じように家庭と仕事を両立させました。そして子育てが終わった現在では、私のよい相談相手になっています。

昭和二十一年の八月半ば過ぎ、私は大胡から浦和の農場の仮住居に引き揚げてきました。けれども、それからも重苦しい毎日の連続でした。

当時、学園は個人名義になっていたので、昇三の残した財産に対して相続税やら所得税が、一度に私個人にかかってきたのです。その通知を見たとき、私は青くなってしまいました。なにしろ学園は解散してしまっているし、駒込の校舎は焼けたままで、ペンペン草が生えています。そのうえ預金は封鎖されているので、どこにも現金はありません。

途方に暮れて、私は税務署へ通い詰めました。しかし戦争が終わって国じゅうが混乱しているさなかで、どこに行っても個人の苦情を聞いて親切にアドバイスをしてくれるような人はいません。そのうちにどんどん税金の納期が迫ってきて、差し押さえ寸前までに追い詰められてきました。

ある日、とうとう税務署の窓口で、

「これまで、私は日本の教育に少しは尽くしてきたつもりです。これからも学園を再建して続けていくつもりです。だから、学校の土地を差し押さえられたら困るんです。払おうにも払えないのだから、どうしたらいいか教えてください」

と叫びました。みんながふり返るほど大きな声でしたが、私は差し押さえられたらたいへんだと思うから必死です。もう半分泣き声になっていたのではないでしょうか。それでも、税務署側には話は通じません。ついに、これは私の手に負える問題ではないとわかりましたが、相談する人もなく、ほとほと力も尽きた感じでした。

このピンチを切り抜けることができたのは、じつは自分でもまったく予想しなかったことからです。

当時、極東国際軍事裁判が昭和二十一年五月から行なわれており、その日本側弁護団の団長として、鵜澤總明《うざわふさあき》先生の名前が連日のように新聞に出ていました。ところが、あるとき、私の頭にパッとひらめくものがありました。

「そうだ、この先生なら、きっと私の信念をわかってくださるに違いない。なんとかしていただけるかもしれない」

もちろん先生には面識もなく、高名な法学者で弁護士という以外に、どんなかたかも知らなかったけれど、戦争裁判の記事を読みながら、偉い人、大人物という直感から、ふっと、そんな思いにとらわれたのです。それは、わらをもつかみたいおぼれる者の心理といってもよいでしょう。

とにかく、私は思いつくとすぐ行動するほうなので、紹介状も持たないで、鶴澤先生が総長をしておられた明治大学へ行きました。そのとき先生は、見も知らぬ女性がいきなりじかに飛び込んできたので、よほどのことだと思われたのでしょう。受付に名刺を出して、しばらく待つうちに、ともかく先生にお目にかかることができました。

明治五年生まれの先生は、当時すでに七十の半ばです。私は父に対するような親近感を抱きましたが、その反面、法律学者らしい一徹さも感じられました。

私はさっそく学園の事情をくわしく説明し、「この税金はなんとかならないでしょうか。もし学校の土地を差し押さえられたら再建の見通しも立たなくなりますので」と単刀直入に訴えました。もちろん私利私欲ではなく、学園を再建してみんなの健康づくりに役立ちたい一心であることを、そのとき、小一時間も話したでしょうか。しかし、先生もそう簡単に安請け合いされるかたではありません。

「事情はよくわかりますが、ほかにもそういう学校はたくさんあるでしょうし、難しい問題ですね」

と言われました。けれども、私も簡単に引き下がるわけにはいきません。先生は私にとって最後の砦なので、しまいには悲痛な思いで、

「そこを先生のお力でなんとかしていただけませんでしょうか。日本でただ一つの栄養学園な

んです。みんなが健康でなければ、新しい国づくりはできません。この学園がつぶれたら、日本の大きな損失です」

などと口走りました。

こんな話を、その後も先生の暇そうな時間を見計らっては大学へ訪ねて行き、私はしつこいほど何度も何度も繰り返しました。それでも先生は、はっきり「引き受けました」とは言われません。ところが十月の上旬、税務署から、戦災による税の「免除」の通知があったのです。そのときは、本当に夢ではないかと思いました。さっそく先生のところへ報告に行くと、先生はすでにそのことを知っておられた様子で、

「私も忙しいので、今度なにかあったら、弁護士をしている私の息子に相談してください」

と笑いながら言われました。

私があまり熱心に通い詰めたので、もしかしたら戦争裁判で忙しかった先生は、持て余していらっしゃったのかもしれません。具体的にどんな手立てを講じられたかは、なにも話されませんでしたが、とにかく先生の志はたいへんありがたいことでした。

大胡を引き揚げて税金のことで走りまわっているうちに、いつの間にか秋になっていました。私は、今度は安心して学園再建の青写真を作り始めました。最初はまず、駒込校舎が全焼しているのと、それを新しく建てるだけの資金もないことから、昇三と二人で最初に家庭食養研究会を開いた、駕籠町の焼け残った建物を修理することを考えました。

それで、まず杉並の家作十三軒を全部処分して、資金を作ることにしました。しかし、まだ戦後のどさくさで、人は食べることに追われ、家までは手のまわらない時期なので、処分するといっても右から左へというわけにはいきません。やむなく私は、そのまま住む人に市価の半値で、立ちのく人には家屋を壊して木材などは持って行ってもよいから、ということで話をつけました。損得よりも、一日も早く学園を復興させたいという気持ちからです。

こうして、十一月に家作の処分が終わると、さっそく私はそのお金を持って、疎開していた大胡の材木屋へ飛んで行きました。そして買い付けが終わると、私も材木を積んだ荷馬車に上乗りをして、東京まで運んで帰りました。今も私の手元には、昭和二十二年一月二十五日付の材木運搬許可書が残っています。

しかし、建物の修理もたいへんでした。一つには大工さんが少ないのと、遠方の人を頼めば宿泊場所を確保する必要があったからです。私は浦和の農場から駕籠町の工事現場まで、毎日電車で監督に通いました。ちょうど私の栄養失調がいちばんひどい時期で、髪は白くなり、目もかすんで、まっすぐには歩けなかったほどですが、そんなことを乗り越えられたのも、昇三の死後、気を張り詰めていたからでしょう。

ともかく二部屋ばかりの教室の格好がつき、昭和二十二年四月には、駕籠町に女子栄養学園を、二年課程の栄養士養成施設として復興させました。けれども、戦前の女子栄養学園の第一期生が十三名なのに対し、このときの入学者はわずかに七名でした。

そしてその七月には、お金がなくて窓ガラスも入らないままの教室で、昇三の三回忌の法要を営みました。このときには、東大の児玉桂三先生をはじめ多くの先生がたが出席してくださいましたが、学園の再出発とも重なって、私には印象的な年でした。

『栄養と料理』の復刊

一から出直したのは、学園ばかりではありません。雑誌『栄養と料理』も同じです。当時はなにもかも統制が厳しく、多くの雑誌が敗戦直前から用紙不足のために廃刊になったままでしたが、『栄養と料理』は必要な出版物として、出版業界から復刊をしきりに促されました。そして業界の応援もあって、用紙の配給も毎月受けられることになったのです。

それで、一日も早くと思って出したのが、昭和二十一年の一・二月の合併号です。休刊して十一か月ぶりのことでした。そのころ、私たちはまだ疎開地で授業をしていたので、編集は浦和の農場にいた田中米叔母や私の姉の安藤歌に手伝ってもらいました。封筒のあて名書きや大八車で郵便局へ運ぶ仕事も、全部私の家族ぐるみでやったものです。

本文四十六ページ、定価二十円、ザラ紙に活版刷りの粗末な雑誌でした。もちろん、巻頭言には昇三の名もなく、昇三がいつも執筆していた栄養関係の記事も消えて、代わりに昇三の追悼記や哀悼の歌があるばかりです。

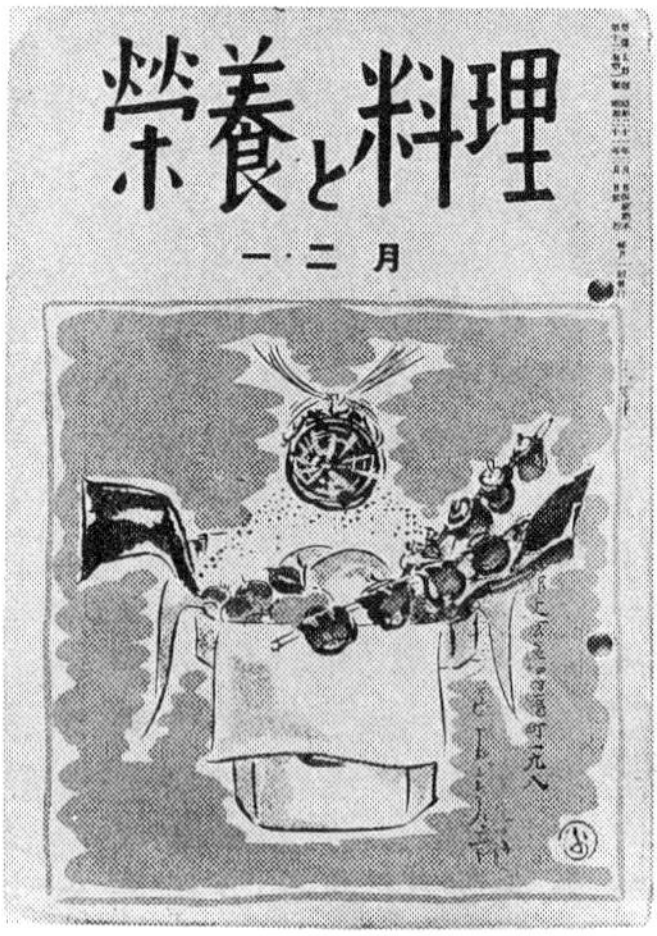

復刊第１号

表紙はなんとか二色刷りにしましたが、発行部数は一千部あったかどうか。それも焼け出された人が多くて、住所不明で返送されるものがあり、印刷代も持ち出しという状態でした。

この復刊第一号の巻頭に、私は「希望の春」という次のような文章を書いています。

寒々とした立春を迎えました。やがて希望の芽がふき花咲くことも自然の約束でありますが、敗戦後の冷厳さはなんにたとえようもない有史以来の惨事です。町には闇市が並び、多くの人々は廃虚の中からここに集まって右往左往しています。底知れぬインフレに生活は脅かされ、職業は手につかず、いまだに混乱と自失の中に茫然としています。

（中略）

町に出て外国人と並んで歩く日本人の体格の貧弱さと元気のなさを目のあたりに見るたびに、精神は身体に影響し、また身体は精神を作るということをつくづくと考えさせられます。食糧買い出しの重荷にあえぐ人々や食糧をめぐって起こる種々の悪徳を見聞きするとき、食糧自給が国家再建の根本問題であることを痛切に感じます。日本再建のため、食物を扱う人は家庭にあっても公務についても、今こそ真剣に栄養改善と食糧自給の方法を工夫しなければなりません。
私どもは今悲しみの底に沈んでいますが、永遠の生命をもってこの世の中を見守ってくださる大いなる力のあることを信じ、すべての苦しみと悲しみを越えて懸命に各自の有する使命を、その場所で、そのあるがままの姿でただ一筋に貫き通すことがたいせつな仕事であります。昨年の四月十三日、香川研究所、女子栄養学園、栄養と料理社は一瞬にして灰塵に帰しました。遠く山の学寮に疎開し、七月には園主香川昇三を失い、多勢の生徒の食糧は欠乏して山野草をあさり、空腹をもって農耕に励み、世の動揺につれて人々の心も定まらず、苦難の中に年を送りました。
ようやく立春の今、思いがけず校舎は与えられ本誌は再刊の運びとなり、学生とも読者のみなさまとも再び斯道を通してあいまみえることができるようになりました。この一年をふりかえりますとき、あまりの重荷と苦難に打ちひしがれなかったのが不思議です。

（注・現代仮名遣いとしたうえ、一部改変）

廃墟と混乱の世の中にあって、こうした意欲が私に湧《わ》いてきたのも、昇三との約束があったからでしょう。

私は、学校再建の準備や授業の合間に、『栄養と料理』の原稿の依頼にも歩きました。ところが、執筆の先生がたも疎開されたり、勤め先が変わっていたりで、この仕事もたいへんでした。今では「あのときのデートはおもしろかったですね」と笑い話になっていますが、フランス料理の深沢侑史先生の勤め先をやっと探し当てて、日比谷公園ならわかりやすいからということで、荒れ果てた公園の中をぶらぶら歩きながら、原稿をお願いしたこともあります。

けれども、原稿はどの先生も喜んで引き受けてくださり、内容も立派なものばかりでした。昭和二十一、二年の目次を見ると、「飢餓感と過食」「空腹感の防止」「栄養失調症」、とうもろこしなどの雑穀を使った「家庭で作るパン」など、当時の食糧事情を反映していますが、そのどれもが新しい時代への希望に満ちていました。

というのは、ほかの学問も同じですが、とくに栄養学の場合は、食糧戦ともいわれた第二次大戦中、基礎的な研究がほとんどできない状況に置かれていました。そのため、空白期間が少なくとも五年くらいできてしまったのです。

戦後、私たちは新しく入った海外の文献を手にして、まったく驚いてしまいました。人間のエネルギーは体内でどういうふうに作られ、どういうふうに使用されたり調節されたりするか、そんなことが解明されているばかりか、あらゆるものの研究方法や検査方法が、日本とは格段の差があったのです。そこで、栄養学を勉強していた人たちは、だれもがその進歩にびっくりすると同時に、胸を躍らせて新しい知識を吸収しました。

あれは、昭和二十三年からのことです。昭和二十二年に六・三制が、そして新制高校が昭和二十三年に発足して、中学、高校の家庭科の先生たちを集めて、食物栄養夏期講習会が開かれていた時期があります。私もその指導を受け持ちましたが、先生がたもみんな一生懸命勉強しながら教えるという状態で、先生も生徒も、本当に一度に視界が開けてきたようなうれしさを感じながら、熱心に学んだ記憶があります。

とくに私が感激したのは、戦後の医学がドイツ式の治療医学から、アメリカ式の予防医学に変わったことです。学校給食やさまざまな予防接種もその一つであり、アメリカの医学は公衆の健康を保ち、さらにこれを増進して病気のない社会をつくる、ということに重点を置いていました。

この病気のない社会をつくるというのは、島薗先生の理想――病人をつくらないのが医者の使命――とされた医学とまったく一致しています。また、それは私たちの目指す栄養学の目的でもありました。そんなことから、私は「これから栄養学の時代がかならずくる」と勇躍して、この仕事に全力を傾けようと思ったのです。

しかし一方、現実の学園経営の苦しさは想像以上のものがありました。学生数が二十名にもならないので、修理したばかりの教室が雨漏りをしてもどうすることもできませんし、設備らしい設備もなくて、学生たちは東大の医学部や農学部へ出かけて実験させてもらうという始末でした。

そこで、なんとかして『栄養と料理』の部数を増やして、学園の経済状態をよくしたいと考えました。ところが、昭和二十三、四年になっても、三千五百部の発行部数がそれ以上はどうしても伸びません。

これには三つの理由が考えられます。一つには、戦争中の反動で一般にはもっと肩のこらない雑誌が求められていたこと。同じころに復刊した女性向きの服飾雑誌は、発行部数が増える一方で、新しい雑誌も雨後の竹の子のように創刊されるありさまでした。時期的には、女性もようやくモンペから解放されたというだけで、服装を整える余裕はありませんでしたが、それだけに華やかな服飾雑誌は、若い女性の夢を満たしていたのでしょう。

次に、問題はやはり食糧難です。たとえば、当時流行した言葉に〝タケノコ生活〟がありま す。これは、竹の子の皮をはぐように衣類や持ち物を売って食いつなぐという意味ですが、配給は遅配続きで、それだけで生活していた裁判所の判事が栄養失調で死亡するという事件もあったほどです。ともかく空腹を満たせばいいという考えで、栄養とか料理に関心を向ける余裕がなかったといってよいでしょう。

また『栄養と料理』にはエッセーや社会的な話題が少ないために、やや専門的すぎて、一般にはかた苦しい印象を与えるかもしれないということです。けれども、この編集方針は現在までまったく変わっていません。『栄養と料理』でとり上げなくてもいいようなもの、ほかの雑誌で安易にとり上げているようなことは、そんなに記事にする必要はないというかたくなな態度を取っています。たとえば、食品公害が話題になり始めた昭和四十八年ごろにも、私は『栄養と料理』の編集者にこんな話をしています。

「この雑誌では栄養学の根本的なことは、いつも繰り返して書いているし、問題があればほかの雑誌に先駆けて究明しているのだから、時流に乗って大騒ぎすることはありません。読者がこの雑誌に書いてあることをよく読んで、ふだんから守ってもらえばまちがいはないんですから」と。

こういう編集方針なので、公害運動や婦人問題などに関心がある人にはもの足りない感じで、それが読者層を狭めているかもしれません。しかし、問題を無視しているのではなく、栄養と料理の専門誌としてつねに根本的なことは繰り返して書いているのだから、読んでもらえばわかるという気持ちです。

ともかく、私は内容が充実していれば売れると思っていましたが、部数が伸びないのではどうしようもありません。そこで、昭和二十四年に香川県出身の猪熊弦一郎《いのくまげんいちろう》画伯を訪ねて、表紙のことを相談しました。

画伯は、フランスやアメリカのカラフルな料理の本を見せて、

「料理の本は、できるだけ食欲をそそるように、見た目に美しくて、食卓に飾っておきたくなるような楽しいものがいいですね」

と言われました。

『栄養と料理』は、もともと教室用のテキストとして出発したために、内容さえよければいいという信念に基づいて編集していたのです。けれども、画伯の言葉に開眼して、それ以後、カラー写真を使い、おおいに市場性にも心を配るようになりました。

こうして、復刊以来、あるときは印刷屋への支払いも滞るほど苦闘が続きましたが、しだい

に世の中が敗戦から立ち直るにつれて、食生活の質の面にも一般の関心が高まりました。それにつれて『栄養と料理』も驚異的な発展を遂げ、学園の復興、発展の支えとなりました。現在では、この種の専門雑誌としては最高の部数を誇るまでになっています。

『栄養と料理』の発行所が、与野の農場から駕籠町の女子栄養学園に移ったのは、昭和二十二年の十二月号からです。このときから卒園生などを編集者として置くようになり、昭和二十六年に駒込校舎へ移るまで、駕籠町が発行所となっていました。ちょうど、学校経営が苦しいころです。それで、私はせっぱ詰まった気持ちから、食品会社へ行って、

「新製品や健康によい食品を多くの人に知らせることは国民のためにもなるし、あなたのところもプラスになることでしょ？」

と言って広告をもらってきたことがあります。また、心理学の先生に広告取りをお願いしたこともありました。そんなわけで、広告そのものの意義は充分認めていますし、現在もすすんでのせていますが、ただ『栄養と料理』は栄養学の精神によって貫かれた雑誌で、一般雑誌のように、どんな業種でもよいというわけにはいきません。

確か、広告係を置くようになったのは昭和二十五年のことです。そのとき、ある卒業生に広告係を頼んだら、栄養士がどうして広告の仕事をするのかと、割り切れない様子でした。それで私は、

「正しい食生活は実行されて初めて生きてくるので、その実行のために便利で優秀な調理食品

や器具があるなら、できるだけ広く読者に知らせたい。これは栄養学の普及活動には重要な仕事であり、学園の経営にもプラスになるのだから、あなたは広告主のところへ行って栄養学の話をしてくれるだけでいいの」

と言って納得してもらいました。この言葉はそっくり、今でも『栄養と料理』の広告の基本的な条件になっています。当然、この条件にはずれるものは掲載しないわけです。このようにいつまでも栄養学を盾にしているのは、時代遅れかもしれません。しかし、健康によくないもの、食生活をゆがめるもので広告収入を増やしたり、病人づくりに加担するよりは、これは誇れることではないでしょうか。私たちは、読者から『栄養と料理』の広告なら信用できる、といわれるようにしたいと考えているのです。

駒込校舎を再建するまで

駕籠町に女子栄養学園を再建した翌年の、昭和二十三年春のことです。同郷で、当時銚子醤油の社長であり第一生命の役員でもあった浜口吉兵衛氏から、四条流家元の石井泰次郎先生と「新旧料理論」というテーマで、対談を依頼されました。お目にかかったのは、田村平治氏の料亭「つきぢ田村」でした。

浜口さんにお会いしたのは、そのときが初めてでしたが、私が子どものころに住んでいた和歌山県の湯浅の隣に広村というところがあり、そこに浜口さんのレンガ建ての大きな家があって、私はその近くで遊んだことを思い出しました。

そんなことが懐かしかったのでしょう。つい同郷人の気安さから、私の話はいつしか、栄養料理のことから学園復興の苦心談になっていました。そして、

「食品会社にしろ生命保険会社にしろ、みんな健康にかかわる仕事をしているのに、私の学園づくりにはなかなか協力してもらえませんね」

と、そんな意味のことを言いました。すると浜口さんは、いやな顔もせず、

「そんな大事なことはほうってはおけない、すぐ焼け跡を見ることにしましょう」

と言われ、次の日には、第一生命社長矢野一郎氏を紹介してくださったのです。このとき矢野さんは一時間ほど私の話を聞かれ、「どうして資本家に援助を求めなかったのか。一人で心配しないで、分業で学園の復興に取りかかることが必要だ」と言われました。そして、さっそく財団法人香川栄養学園の設立のための趣意書と役員のかたがたの名前を書き連ねてくださったのです。さすがに事業家のすることは違うと感心しましたが、こうして昭和二十三年に財団法人香川栄養学園が設立され、私が理事長となりました。

矢野さんは誠実なかたで、校舎の建築についても親身に考えてくださり、その資金は第一生命から借り受けることになりました。全額とはいきませんでしたが、不足分は香川家の地所、三鷹台にあった四百坪の土地を売ってあてることにしました。

私が借金をして仕事をすることを知ったのは、このときのことです。それまでの私は、自分が学生時代に寄付寄付といわれるたびにいやな思いをしたので、学生や卒業生にそんな思いを味わわせたくないという気持ちがありました。それに駒込校舎を再建することについて相談する人もなく、銀行から融資を受けるにはどうすればよいかも知りませんでした。よく、寄付を集めるのも学長の仕事のうちという人もいますが、私は寄付集めのために学校の仕事をおろそかにしたくはないし、ほかの方法があればなるべく寄付集めはしたくないと、現在でも考えています。

第一生命から、八百万円を融資されることになったのは、昭和二十四年の秋のことです。お金の借り方を知らなかった私には、それはまさに奇跡としか思われませんでした。

その知らせを受けた日の午後、私はうれしさのあまり、一人で駒込校舎の焼け跡に行き、背の高いアカザの枯れ草をかき分けて、大きな庭石の上に正座しました。そして「どちらか一人が生き残っても、二人の意志として栄養学の仕事を続けよう」と言い残した昇三のこと、満足に授業ができなかった疎開学園の学生たちのこと、学園創立以来ともに苦労をしてくれた人たちのことを思い浮かべているうちに、私は知らず知らずのうちに神に感謝の祈りをささげていました。

それから、どのくらい時間がたっていたのでしょうか。いつの間にか日は落ちて、私は通りがかりのおまわりさんに声をかけられ、ふっとわれに返りました。

「おばあさん、おばあさん、暗くなるから、もう家に帰ったほうがいいよ」

おまわりさんは、私の挙動を不審に思ったようです。周囲の空き地には、近所の人たちがまだ大根やかぼちゃを植えているころで、雑草が生い茂り荒れ果てたところに、栄養失調で髪が白くなっているモンペ姿のおばあさんがつくねんと座っていれば、無理もないことでした。

「ここに学校が建つことになったんですよ」

私はおまわりさんに答えました。

「だれが建てるの？」

「私が建てるんです」

と言うと、おまわりさんは「おばあさんがね」と、まるで気でも違っているのではないかという様子で、首をかしげながら帰っていきました。

それからまもなく、私は駒込校舎の青写真を作り始めました。ここは教室にして、ここは調理実習室にしてと、暇さえあれば駒込校舎の焼け跡に立って考えていました。近いうちに新しい学制が敷かれるとも聞いていたので、私の夢は短大、大学と大きくふくらむばかりでした。

短大の神話時代

暦の上で立春が過ぎると、もうすぐ春という気持ちになります。けれども、二月はまだ寒く、三月になっても寒い日が続きます。そんなとき暖かい日があると、梅の花を飾ったりするものの、寒波がまた押し寄せて、雪が降ったり北風が吹いたりします。なかなか冬は終わらないし、春はすぐにはやってきません。

昭和二十四年、二十五年は、そうしたまだ春の浅いころのような、希望と苦難とが入れ替わり立ち替わり顔をのぞかせていました。

昭和二十四年、秋になって駒込校舎の建築資金の見通しはつきましたが、学生数は二十名ばかりで、経営の最も苦しい時期でした。『栄養と料理』の印刷屋への支払いに困って、渡したばかりの給料を職員からすぐに借りたこともありますし、料理の先生がたがクリスマスケーキを作って卒業生に売り、お正月のもち代を捻出してくださったのもこの年の暮れのことです。

また卒業生の有志から、大工さんの支払いにといって寄付金をいただいたこともあります。

人は、戦後の私を〝孤軍奮闘〟といわれるけれども、けっしてそうではありません。敗戦直後、税金のことで鵜澤先生にお会いしたころから、駒込校舎が完成するまでに、多くの人と出会い、大きな恩恵をさまざまな形で受けています。ある人からは学問の厳しさを教えられ、ある人には経営のイロハを指導していただきました。そして先生がたや卒業生の声援にも、どんなに心を温められたことか、その折々に励まされ慰められてきたことは、今も忘れることはありません。

そうした忘れえない人たちの中にあって、とくに触れておきたいのは、昇三亡きあと学園の再建と短期大学創立にあたって、大きな援助と指導を与えてくださった児玉桂三先生のことです。先生とは昭和十二年に島薗先生が亡くなったとき、「相談ごとがあれば、これからはいつでも私に言ってください」と言われてからのつき合いですが、東大の医学部長から、のちに徳島大学の学長を歴任されたかたです。

あるとき児玉先生は、専門学校出身の私に学位を取ることを勧めてくださいました。学園を大学として育てていくためには、学長であり教授でなければならないのだから、学位を取ることが必要だとおっしゃるのです。そして、

「学位論文といっても、あなたの場合は、今までのものをまとめるだけで充分立派なものになりますから」

と言って励ましてくださいました。

そこで先生の指示により、私は化学的な検査方法を用いて、新米と旧米のビタミンB_1を測定することにしました。しかし、私には授業があり、『栄養と料理』の原稿の執筆、それに経営問題にも悩まされていました。そんなことから、学内の先生と助手の協力を得ましたが、東大の島薗内科時代の論文「種々本邦食品ノヴィタミンB_1含有量並ニ之ニ及ボス調理ノ影響」に、新しい実験結果を追加して、東京大学に提出しました。

この「本邦ビタミンB_1と脚気」の論文で、医学博士の学位を受けたのは、昭和二十四年八月のことです。学問は年齢に関係ないけれども、私がちょうど五十歳のときでした。まだ原稿用

紙も手に入らないころのことで、その論文も粗末なザラ紙に書いたのを、今でもよく覚えています。明け方近くまで起きていると、うす暗い電灯と黄色っぽいザラ紙で、目のかすむことがしばしばでした。

こうして、いつでも大学に昇格できるように、その準備がある程度整った昭和二十五年に、新しく短期大学の制度が施行されました。やっと、春が近づいてきたのです。私は、矢野さんの援助で建物の準備ができていたので、文部省（注・現文部科学省）に女子栄養短期大学の認可を申請しました。

このとき審査に見えた文部省の職員が「ああ、大根畑でなくてよかった」と言ったことを、私は今でも覚えています。この言葉からわかるように、物資が不足している時代で、新校舎の建設はたいへん難しいことだったのです。

そして昭和二十五年四月に、女子栄養短期大学の創立が文部省に認可されました。このとき、昭和八年に家庭食養研究会を始めて以来、私が口癖のように「いまに大学にしてみせる」と言い続けて、すでに十七年が過ぎていました。それまで各種学校であったものが、短期大学として認可されたのです。私は「これで栄養学が教育の大通りへ、やっと日の当たる場所へ出た」と思うと、まったく感慨無量でした。

新しい駒込校舎が落成して、短期大学の第一回入学式を行なったのは、昭和二十五年五月八日のことです。入学式の当日、木の香も新しい校舎のまだ紙が貼られたままの廊下を、私も学生たちといっしょになって、その紙をはがし、わらで作ったたわしで力いっぱいみがきました。敗戦から立ち直った喜びと援助をしてくださった人たちへの感謝と、そして将来への希望に燃えて。

けれども、短大ができたからといって、経営的な悩みが解消されたわけではありません。その辺のことを私は、自分の研究と足跡をまとめた『栄養学の実践』に、次のように書いています。

しかしながら、この年（昭和二十五年）の学園経営の苦しさは言語に絶した。今もなお脳裡に深く刻み込まれて忘れることはない。

学生数はまだ一年生だけで少ないのに、教員は文部省の要求通り人数を揃えなければならない。焼け残った私財もことごとく使い果たして、売る物とてない。給料の支払いに困って、ある銀行に借りにいった。僅か五十万円のお金が借りられなかった。その時理事の浜口さんに相談に行ったら、よい話をして下さった。

「お金は素人から借りるものではない。やはり銀行から借りるのがよい。借りるには担保が必要である。ここに五十万円の定期預金証書があるから、これを銀行に持って行って借りなさい。その定期預金の期間内に返せば、だれにも迷惑はかけないのだから」

といって担保を一時貸して下さった。私はそのようにしてピンチを切り抜けると同時に、経済の初歩から教えられた。校舎の借金も、定期預金の担保もその後順調に返済した。が、その年はときどき月給の遅配をした。先生の中には、給料の代りにせっかく学生のために準備した教具を持ち帰ろうとした人がいた。私の心は凍る思いであった。次の四月には充分経営できる目算がついているのに、どうしてわかって貰えないのかと思った。苦楽を共にするという言葉があるが、苦境に立った時、人の心はあからさまに見せつけられるものである……。

この年、私は発足したばかりの短大を軌道に乗せるために、がむしゃらに働きました。この学校は、国民の健康教育と女子教育の両面に大きな意義を持つものと信じていましたし、食糧がなくて食うや食わずのようなときこそ、立派な栄養士を送り出して正しい栄養知識を広めることがたいせつだと考えていたからですが、現実は厳しいものでした。四月募集の学生に、さらに九月募集の学生を加えても、定員八十名に対してわずか三十七名の入学者しかいなかったのです。

そのために、短大認可のとき、独立した鉄筋の図書館を建てることが条件づけられていましたが、それも不可能な状態でした。

こうした苦境を知られた浜口さんは、女子栄養短期大学の開設が、国民の食生活向上を目的としていることに深い理解と関心を寄せられ、第一生命の矢野さんといっしょになって、経営を援助するために、女子栄養短期大学後援会を創立してくださいました。昭和二十六年一月のことです。

それは、会長に豊年製油社長・杉山金太郎氏、副会長に味の素社長・道面豊信氏、理事に第一生命保険社長・矢野一郎氏、銚子醤油社長・浜口吉兵衛氏、森村商事社長・森村義行氏、日清製粉社長・正田英三郎氏らが就任され、入会する食品会社は三十一社、個人会員二十四名でした。

その後、学校経営の好転によって、昭和二十九年には文部省との約束どおり図書館を建てることができたので、昭和三十一年に後援会は解散しました。けれども、この会の会長や理事のかたがたは、引き続き、理事として学校の発展のために力を与えてくださいました。

ところで、短大が創立された翌年の昭和二十六年から、入学者が百名を超えるようになりました。これは、まず第一に日本経済が立ち直り始めて、国民の生活がだんだん安定してきたことがあげられます。さらに、女子栄養学園が復興した直後の昭和二十二年から、「趣味の料理教室」や「栄養と料理」の料理教室、それから前に述べたように夏休みを利用して、文部省主催で家政科の先生がたの認定講習会を開いたことなどで、学校の名前と教育方針が広い範囲にわたって知られるようになったことも見逃せません。

それと同時に、厳しい社会情勢の中で、栄養士になれば少なくとも食と住が保証されるということも、現実には無視できない魅力でした。病院などでは、三食つきで寮住まいというのが一般的な条件であり、これで当時の食事と住まいの悩みが解消され、経済的にも精神的にも独立できるというわけで、そのころの女性には最先端の職業として脚光を浴びたのです。

そうしたこともあって、当初は、学生も旧制の女学校出身者、新制高校の卒業生、それに主婦や戦争未亡人、また中には国立大学を落ちて私たちの学校へ入学した人もいたりして、学生の質は玉石混交といった感じでした。

けれども、私はそれはそれでよいと思いました。女子教育は一個の人間形成のために行なわれるものであり、独立して考え、自立して生活し、社会に寄与する存在となるように準備するのが目的だから。そして私たちの学校では、このような人間教育の基礎の上に、専攻学科として栄養学を教えるということです。ですから、職業人として栄養士を養成するとともに、その裾野《すその》を広げて、国民の食生活の改善と女性の地位向上に役立つなら、それも社会にとって有益なことだというふうに私は考えていました。

このように短大が創立されてしばらくは、教育体制そのものが混沌としていました。しかし授業のほうは、学生にも先生がたにも、戦争で失ったものを取り返したい、なにかしなければいけないという意欲があり、教室の内外には活気があふれていました。

しかし、病院でも食堂でも栄養士を置かなければならないという規定がないころのことです。そのため就職率はかならずしもよくありませんでしたが、学生たちには栄養士のパイオニアとしての自覚や情熱があったように思います。

当時は、狭い木造校舎で授業をしていました。鐘もベルもないので、授業の始めと終わりに

栄養展（学園祭）での発表風景

職員が「時間ですよ」と一部屋ずつドアをたたいて知らせに歩いたり、出席簿にも学生が自分で判を押したりしていましたが、学習への意気込みは相当なものでした。教室は自分たちで掃除をし、一人でもクラブを作って先生に相談したり、ある者はセツルメント活動を、ある者は他校の寮の食事指導に、またある者は化学の実験をしたいといって東大の研究室へ押しかけたり、というふうに、どの学生も真剣に自分のやりたいことと取り組んでいました。

その結晶が、昭和二十六年十一月に初めて催された「栄養展」です。これは、広く一般の人たちに栄養への関心を高めてもらうことがねらいですが、同時に、学生の卒業論文にかかわるものとして、これ以後毎年行なうようになり、現在では学園祭として続いています。

今とは違って「栄養展」を始めたころにおもし

ろかったのは、実演販売です。まだ食糧も乏しく、お菓子など夢のような時代ですから、饅頭《まんとう》や特製カレーライス、シュークリーム、ババロアなどが飛ぶように売れていました。それに、まだどこの大学にも学園祭がないころで、夜遅くまで実験準備や資料の展示、あるいは実演販売の料理の練習などをしたことが、学生たちにも楽しい思い出になっているのでしょう。今でも昭和三十二、三年ごろまでの卒業生が集まると、「栄養展」の話に花が咲くようです。

第一回の「栄養展」から数えて、すでに三十数年が過ぎました。短大創立期の卒業生たちは、当時のことを〝神話時代〟といって懐かしんでいますが、短大の存在意義も栄養士に対する認識も、すっかり変質してしまった現代から見れば、それはピッタリの表現といってよいでしょう。少人数の家族的な雰囲気や、居眠りする者もいない熱心な授業など、今の学生には想像できないのではないでしょうか。

現代では、短大は義務教育の延長のように考えられていますし、そこでの栄養学も、専門教育というより一般教養のように、学生も社会も受け止めるようになってきました。また栄養士が人間の生命をあずかるたいせつな職業だという意識も薄れがちになっています。それだけ教育の底辺が広がり、一般の人たちの栄養学への関心も高まってきたわけです。

しかし、私の仕事には終わりというものはありません。人が生きている限り、広く一般的な学問の上に専門的な技術を習得させ、社会の発展に貢献できる人間を育成するという栄養教育の目的は、どんなことがあっても変わることはないと私は思っています。

それはともかく、先に述べた学園祭は、現在でも女子栄養大学らしい特徴ある催し物がたくさんありますが、もう一つ、創立当時からの〝伝統〟をあげれば、東大などの国立校を落ちて、私たちの大学へ来る優秀な学生がいることではないかと思います。

そんな学生に、しばらくして感想を聞いてみると、「栄養学がこんなに難しいものとは思いませんでした」と言います。初めのうちは「大学に入ってまで料理のことを勉強しなくても」と考えていたのに、栄養学と医学や化学などの関係がわかってくると、とても中途半端なことではだめだと思うようです。退学したり転校したりする学生が少ないのも、私たちの学校の特徴です。


話は前後しますが、昭和二十六年七月十七日は、私にとって忘れることができない日となりました。学園疎開をしていた大胡町の有志や、女子栄養短期大学の職員と学生、同窓生などによって、七回忌が行なわれ、応昌寺の山内に、昇三の頌徳碑《しょうとく》が建てられたのです。撰文、潤筆ともに漢文学の権威、東大教授故塩谷温《しおのやおん》博士によるもので、除幕式には多くのかたがたが参列してくださいました（注・この碑文は『群馬の漢文碑』浜口富士雄著、二〇〇七年、東豊書店、二六〇―二六三頁に収載されている）。

その席で、昇三の友人で最後の診察をしてくださった前田博士が、次のような話をされました。

「戦争で大勢の学者、有名人が地方に疎開しましたが、引き揚げたあとに、地元の好意で頌徳碑が建ったという例を私は知りません。しかも、それがもっとも地味な職業の学者に寄せられたことは、まったく香川君の人柄によるもので、戦争が残してくれた美談として、生涯私の心を温めてくれると思います。友人の一人として大胡町のみなさんにお礼を申します」

私は前田先生の言葉を聞きながら、昇三に「なにもかも村の人たちやみなさんのおかげですよね」と、そっと語りかけました。六年前の葬式の日には、激しい通り雨が降りましたが、その日は昇三が多くの先生がたや卒業生との再会を喜ぶかのように、空もすっきりと晴れ渡っていました。

第九章　実践の手がかりを求めて

計量カップと計量スプーン

戦後しばらく、私は学園の再建に追われていましたが、けっして本来の栄養改善や料理関係の仕事をなおざりにしていたわけではありません。私が計量カップと計量スプーンを作ろうと思い立ったのは、昭和二十二年に女子栄養学園が復興した直後のことではないかと思います。

私は、昭和初期の東大・島薗内科時代から一貫してメートル法を使用してきました。しかし、戦争中は敵国のメジャーを廃して尺貫法を用いるように定められ、それが戦後になると、医学も科学もすべてメートル法に統一され、また学校でもそのように教育されるようになったのです。ところが、料理関係のものは統一されないまま、グラムと匁《もんめ》が混合して使われている状況でした。

そんなことから、ぐずぐずしているとアメリカやイギリスのポンドやオンスも使われるようになり、料理のものさしは統一できなくなると私は思いました。ものさしがバラバラでは、教える人によって単位が違い、習う人もたいへんで、栄養のある料理を広く普及するというわけにはいきません。また、化学教育と食物教育の間にメジャーの相違があっては、至る所に混乱が起きてきます。

そこで、私は二つのことを考えました。一つは料理のものさしをメートル法に統一すること。もう一つは、私が昭和の初めから努力していた計量化による調味の割合、パーセントの味付けを食生活に根づくようにすること、そしてこの二つを満たすものとして、計量カップと計量スプーン、それにへらを作ろうと思ったのです。

あれは昭和二十三年の春でしょうか。学園の卒業生が新潟県の三条市にいたので、私はその人を頼って、鋳物の街、燕市へ出かけました。

三条は東京から離れているとはいえ、戦後のまもないころのことです。私が殺風景な三条駅に降り立つと、卒園生が泣きそうな顔をして待っていてくれました。あとで、彼女の友達に聞くと「こんなときでも、先生は栄養学に一生懸命で、わざわざこんなところまで来られて……」と思うと、涙がこぼれそうになったのだとか。

それはともかく、昔はスープスプーン三〇ccを大さじ、デザートスプーン一八ccを中さじ、ティースプーン六ccを小さじとして計量に使っていました。ところが、正式に度量衡法で決めたものではないので、実際には中さじが一三ccであったりして正確とまではいきませんでした。また、計量カップはまだなく、一合とか一升ますを使用していたので、これもメートル法に切り替えて使いやすいものにしたいと私は考えたのです。

それで計量スプーンについては、昭和二十三年に燕市で、三〇cc、一五cc、五ccの三種類を試作して使ってみました。しかし、普及させるには種類が少ないほうがよいので、文部省（注・現文部科学省）の職業教育担当者や農林省（注・現農林水産省）の生活改善普及課の人たちと相談して、計量スプーン五ccと一五cc、それに計量カップ二〇〇ccにしたのです。現在では、これにミニスプーン一ccが加えられています。また、へらを作ったのは、スプーンやカップですくうだけだと、手加減と同じで正確ではなくなるので、へらがあればすり切り一杯とか、四分の一とか二分の一に分割するのに便利だと思ったからです。

そしてこれを利用した場合、しょうゆの塩分は小さじ（五cc）一杯一グラム、大さじ（一五cc）一杯三グラム、塩小さじ一杯五グラム、大さじ一杯一五グラム、みその塩分は大さじ一杯約二グラム、というふうに覚えれば味つけは自由自在にできるというわ

けです。

たとえば、現在の味つけは高血圧を防ぐ目的や材料の持ち味を生かすために、だいたい濃くても二パーセントの味つけになっています。そこで正味一〇〇グラムの野菜を二パーセントの味つけにしたいときは、塩なら小さじ五分の二杯、しょうゆなら小さじ二杯、みそなら大さじ約一杯ということになります。これを塩としょうゆを半々にしてもよいし、しょうゆだけで煮しめることもできます。いずれにしても、この場合、でき上がりの煮物の塩分は二パーセントになるわけです。

この塩分と同じように、砂糖の甘みも割り出すことができます。きんとんや煮豆などの甘みは別として、しょうゆと砂糖で甘辛く味つけをするときほ、塩分が多くなるほど砂糖の味も濃くなっていき、砂糖としょうゆが同容量になっていくのが普通で、しょうゆが小さじ一杯なら、砂糖も小さじ一杯で調和がとれてきます。そこで、これを基準にして、さやえんどうなどは甘みを控えて塩味を主にし、美しくキリッとした味にするとか、さつま芋を甘く煮たいときは砂糖を多くして塩を少量にするなど、材料の持ち味を生かすくふうができるのです。

このように計量スプーンを使えば、材料に対する調味料の割合が簡単にはじき出せるので、料理ノートを見ながらだれにでも料理が作れるというわけです。初めての料理でも、少量でも大量のときでも、基本的な味つけがわかっていれば失敗はしません。いつでも同じ味つけの料理が作れるということでもあります。これはまた、塩分や糖分の過剰摂取を防ぎ、病気の予防にもなります。つまり、計量カップ・スプーンは、料理と健康を結びつける一つの方法でもあったのです。

ところが、そのころすでに料理番組を放送していたNHKやマスコミ関係者に、その重要性を説明してまわったり、料理講習会ではいつもその使い方を説明したりしていましたが、最初はなかなか私の意図が理解されなかったようです。実際に五ccと一五ccの計量スプーンと二〇〇ccのカップに統一されたのが昭和二十五年ごろから、そしてグラムと匁の併用をやめてグラムだけ使うようになったのは、なんと昭和三十年ごろからのことです。敗戦十年後に、やっと料理のものさしが統一されたのです。『栄養と料理』の読者が増加してきたのも、昭和三十年前後のことでした。それは〝栄養料理はまずいもの〟という考えが見直されてきたことであり、また計量化された料理カードが料理を人に伝える方法として、そしてだれもが目安にできる基本的なものとして、認められるようになったということでもあります。考えてみると、私が料理の計量化を手がけて三十年後に、やっと日の目を見るようになったのです。

そうした料理の計量化が定着し始めたころ、ハワイの「桜祭り」から、日本料理の教室を開催してほしいという依頼を受けて、私はハワイに行きました。昭和二十九年四月のことです。これは、昭和二十四年に私が書いた『日本の料理』（英文・日本交通公社刊）がきっかけでした。

ハワイでは、ホノルルの劇場が料理教室の会場となりましたが、おもしろかったのは、広い壇の上に電気・ガスなどの調理器具を並べ、給排水は大きな二台の自動車にタンクをのせてパイプをつないでいたことです。調理器具の温度表示が華氏だったことにも、ちょっととまどいました。これは摂氏に換算して使いましたが、私が前もって百種類の日本料理をカードにして、材料名や分量、作り方、所要時間、温度、調味パーセントを書いておいたのがよかったのでしょう。日系二世・三世、アメリカ人やハワイの先住民の人たちにもよく理解されたようです。講習は九回やりましたが、いつも満員でした。

料理は、手軽に作れて見映えのするものが喜ばれました。盛りつけを変えた冷やそうめん、茶きんずし、みつ豆、鶏肉の照り焼き（焼きとり）など……。その日の講習がすむと、日本料理の材料を売っている店では、講習をしたものがよく売れましたが、私の『日本の料理』も『栄養と料理』も一日ですっかり売り切れたほどです。

講習会が全部終わったとき、お世話になっていた日系二世のかたが、慰労のためにオアフ島一周に招待してくださいました。途中、やしの木陰の砂浜で休息したとき、青い海と空が連なる遠い一線をながめているうちに、昇三が外国にあこがれドイツ留学を夢見ていたのに、それも果たさないまま急逝したことを思って、私はとめどなく涙を流しました。

戦後、学園復興に苦闘していたときは、むしろ昇三がこんな苦労を味わわなくてよかったと思うこともありました。けれども、短大ができ、鉄筋コンクリートの新校舎が建築できるまでになり、私も初めての外国講演が終わって、急に感傷的になったのでしょう。「いっしょに来たかったわね」と、時のたつのも忘れて昇三に話しかけていました。

しかし、短大を創立してまだ四年、栄養教育にわずか一点の灯をともしただけといってよいでしょう。私には、まだまだやるべきことがたくさんあります。みんなの健康のために、本当の仕事はむしろこれからだとも思っていました。

そのあと、マウイ島やハワイ島からも招待されて各地をまわり、船で帰国しました。そして折から完成した鉄筋コンクリートの新校舎に、ハワイから航空便で送られてきた美しい蘭やアンスリウムの花をいっぱい飾って、「子ども料理クラス」を開いたのは、その翌年の昭和三十年のことです。ハワイでは、ボランティアとして4Hクラブ（ヘッド＝頭、ハンド＝手、ハート＝心、ヘルス＝健康の頭文字をとったもの。生活改善や技術改良を目指す農村青少年の組織）や、その他の社会活動をするお母さんがたが、子どもたちを集めて料理の基本と食事のマナーやパーティーのことなどを教えていました。これが「子ども料理クラス」のヒントになっていますが、生活の基本的な技術は男の子も女の子も身につけておくことが必要で、複雑多様な料理を習得させるためには、子どものころから体験させておくのがよいと思ったからです。

また、「子ども料理クラス」で食品の数を覚えたり幾種類もの料理を味わえば、子どもたちの偏食がなくなりますし、頭を使う合間に料理や洗い物をすると、気分転換になって、かえって勉強の効率が上がるものです。さらに、その子どもたちが成長したとき、母から子どもへと料理の伝達が日常生活の中でスムーズに行なわれるとも、私は考えたのです。

「子ども料理クラス」を開設してみて、私がひじょうに楽しく思ったのは、子どもは料理に対して白紙で受け入れるから、分量も正しく計り、時間も味つけも先入観なしにやっていくということでした。男の子も女の子も教えたとおりに、計量カップやスプーンを使って、決められた温度と時間で、何回でもケーキや料理を同じように作ります。計量とか調味パーセントを、いちいち説明しなくても、料理ノートのとおりにやって、ちゃんと立派なものを作るのです。

ところが、同じ条件でお母さんたちがやると、やわらかすぎたりかたすぎたり、焦げたり焼き足りなかったりします。それは、お母さんたちがすでに自己流でやりつけているからです。そのために、砂糖や塩の割合などをいくら教えても、いつの間にか自己流の癖が出て、その日の気分でやるから今日のは甘いとか辛かったということになるのです。どうも、お母さんたちには計ることに抵抗があるように思われました。

しかし、料理カードに出ている材料の分量や調味の加減などは、一つの目安ですから、もっと気楽に計量カップや計量スプーンを使ってほしいと思います。

昭和五十二年の『栄養と料理』一月号に、「計量カップ・スプーンで作る料理はおいしくないか」という記事があります。原稿を寄せられたかたがたは、計量カップや計量スプーンを使っての料理作りに両手をあげて賛成はしないけれど、「まあしかたがないだろう」「プラス愛情があれば……」というふうに、消極的賛成と消極的反対とが相混交しているように見受けられました。

私ももちろん、計量しながら料理を作れば一〇〇パーセント完璧にできると考えているわけではありません。けれども、「材料は○○を○グラム用意して、それを△△に切り、しょうゆは大さじ○杯、手順は……」というふうに分量や調理の方法、手順などが明示してあれば、初めて作る人でもわりあい失敗なく作れて、八十点ぐらいの味には仕上げることができるはずです。そして、こうして指示された分量や手順どおりに何回も作っているうちに、料理の作り方の記事に出てくる「カラリと揚げる」「シャキッとゆでる」「トロリとなるまで練る」というような意味もわかってくると思います。

そして、あとの二十点は、料理経験の違い、材料の産地や育成の度合い、それから作る人の体のコンディションや味覚をはじめとする感覚の差などによって多少の違いが出てきます。

そんなわけで、料理には数字だけでは表わせない複雑な要素があり、満点の料理作りができるようになるのは容易なことではありません。しかし一応は、分量や味つけなどの基本を身につけたうえで、材料の特徴を見分けたり、食べる人の好みや要求を考えて臨機応変に変化をつけたり、味だけでなく視覚やその他の感覚も満足させるようなものが自由自在にできるようになれば、満点といってもよいでしょう。

ですから、もし計量カップや計量スプーンを使って作った料理に、家族から不満があるようなら、それは計ってやったからではなく、〝料理を作る心〟に問題があるのではないでしょうか。経験不足とか材料や献立の選び方が悪いとか、家族の健康状態を考えずに味つけしたとか……。

それからもう一つ、調味パーセントの味つけなどというと、その言葉を聞いただけで抵抗を感じる人がいるのではないかと思います。しかし、もともと調味パーセントというのは、日本料理、フランス料理、中国料理など各界の名人といわれる先生がたに料理を作ってもらい、それにものさしを当てて、重量、容量、時間などを科学的に割り出したものです。ですから、「料理に数字なんて」と頭から決めてかからないで、「料理ノートに四人分の分量で書いてあるけれども、うちは三人だからこの分量を全部四分の三にして」とか、「高血圧だから、この分量より少なめに調味料を加えよう」というぐあいに、気軽に計量カップ、計量スプーンを使えば、その便利さがしだいにわかってくるのではないでしょうか。

そして、計量カップや計量スプーンを使っての調味パーセントの味つけに慣れたら、もう一歩進んで、〝愛情〟というスパイスを加えた百点満点の料理作りに励んでほしいと私は思います。

数年前、新聞を見ていたら、本の広告に『聡明な女は料理がうまい』（桐島洋子著）というのがありました。本を読まないで言うのは失礼かもしれませんが、その書名を見たとき、私は感心してしまいました。

というのは、料理の材料は乳、卵、魚、獣鳥類、大豆製品や豆類、野菜やくだもの、芋類、穀類などです。そしてその料理の種類は、汁物、煮物、蒸し物、焼き物、揚げ物、いため物、酢の物、あえ物、サラダ、菓子などで、この味つけはすべて調味パーセントで割り出せます。

つまり、私たちがふだん食べている料理は、これらの材料と料理法の組み合わせであり、その代表的な作り方のポイントを身につけていれば、どのようにも応用できるし創作もできるということになります。

そんなことから『聡明な女は料理がうまい』という書名が生まれたのではないかと思います。

ただ、問題になるのは、料理のポイントをどうしてつかむかということです。その基本的な料理の種類や味つけを、私は計量という方法によって行なうことを提案しているわけです。計って、作って、味わってみて、自分の皮膚や舌に覚えさせるのが、料理が上達するいちばん確かな早道で、こうして〝わが家の味〟ができ、〝おふくろの味〟が母から子へ、孫へと伝えられていくのではないでしょうか。

よく、料理が計量化されたから、どこの家でも同じ味になって〝おふくろの味〟がなくなったという人がいます。しかし、本当にそうでしょうか。

私には三人の息子がいますが、そのお嫁さんのうち一人は音楽家で、料理はどちらかというと得意ではありませんでした。その家族が私と離れて住んでいたころ、月に二、三度遊びにきて私の手料理を食べていました。そのとき、別に料理教育をしようと思ったわけではありませんが、「どう?」と私が聞いて、「おいしい」と言えば残り物を弁当箱に入れたり、関心がありそうなものとか、手のこむ料理には作り方を添えてやったり、ときには材料を持たせたりしていました。この方法なら、一か月に一つの料理を覚えたとしても、一年には十二のレパートリーが増えるし、自然に〝わが家の味〟が伝えられると私は思っていたのです。

別に強制したわけではありませんが、彼女も音楽家の感覚でその味と調理法をマスターしたのでしょう。現在、私のすぐそばに住んでいますが、わが家の夕食はほとんど任せているほどです。

これからもわかるように、計って料理を作るようになったから〝わが家の味〟や〝おふくろの味〟がなくなったのではなく、伝えるくふうと習う心がないから、それがなくなっていくのです。

「四群点数法」になるまで

この自伝を出すにあたって考えたことは、これまでどれだけのことが私にできただろうということです。力不足を痛感し、気恥ずかしい気持ちもありますが、すべての人の健康のためにという信念だけは変わりませんでした。個人の利益のために大学をつくったのでも、『栄養と料理』を出版しているのでも、通信教育や料理の普及活動をしているのでもありません。

昭和二十七、八年ごろのこと、私たちのところで出版した本に誤植がありました。ところが、それをそのまま引き写したらしい出版物が出されて、内容も私の本をまとめたような形跡がありました。それを見つけた編集者が「抗議しましょうよ」と言ってきましたが、私は、「いいじゃないの、基本はまちがっていないのだし、私の考えを受け入れて、それが実行されて、みんなが健康になるなら」と言いました。

栄養学とは、本来そういうものだと思います。個人の利益を目的にしていたのでは、すべての人の健康づくりはできないし、その教育をするときも文部省や厚生省（注・現厚生労働省）に対して、なにも言えなくなってしまいます。また、病人をつくらないという立場を貫き通すことも不可能です。あの嗜好飲料はエンプティーカロリー（熱量だけでほかの栄養素がないこと）だからやめなさいとか、栄養剤や胃薬を買うお金を食事にかけなさいとか、『栄養と料理』には食品業界の広告主があるのに、高血圧の予防のために料理はうす味にしたほうがいいですよとは言えなくなってしまいます。そういう意味では、私の栄養学の人生は社会に対して横車を押し続けた六十年、ということかもしれません。

ちょうど昭和とともにスタートした私の栄養学の歩みをふり返ってみると、大きく分けて二つの仕事になります。一つは栄養改善活動、もう一つは女子教育です。これらはともに国民の健康という一つの理念に基づくもので、区別しにくいものですが、ともかく二つに分けられるように思います。

そのうち、栄養改善活動では、栄養料理の普及が大きな流れになっています。料理を計量化して料理ノートを作ったり、計量カップや計量スプーンを作ったのも、栄養料理を広く伝えて実行してもらうためでした。

しかし栄養学は、学問の進歩とともに、そしてその時代の食生活や環境に合わせて、実行されやすいかたちにすることがたいせつです。よく私は、栄養学の知識を「覚えただけで、お蔵入りさせてはだめですよ」と口がすっぱくなるほど言っていますが、栄養学は生活の中で生かされてこそ、私たちの生命を支えるのです。

そう私は考えていたので、その時代の食生活を栄養的なものにする「食事法」を、広く多くの人たちに利用されやすい形にして提案し続けてきました。

最初に提案したのが、昭和三年ごろからの「主食は胚芽米、魚一、豆一、野菜が四」です。これは前にも述べたように、脚気の予防と白米偏重を改めて栄養のバランスをとることがねらいでした。戦前は、ずっとこの食事法の普及に努めました。

これを発展させ、「五つの食品群」としたのは昭和二十三年ごろのことです。

ここで牛乳・乳製品を第一群としたのほ、昭和二十二年から学校給食が始まると、牛乳（当時は脱脂粉乳）が著しい栄養効果を上げていたからです。そのころ、私も各地の学校を見てまわりましたが、一年前には、おできができていた子、皮膚につやのない子、栄養失調で立っていることもできなかった子などが、見違えるほど元気に成長していました。それで良質のタンパク質を含むものとして、ぜひ牛乳を日本人の食事に加えたいと思いました。しかし、まだ牛乳や乳製品は日本人になじみが浅かったので、第一群にしてこれを強調した食事法にしました。

それから、「七つの食品群」にしたのは昭和二十五年ごろのことです。これを『栄養と料理』を通じて普及に努めましたが、かならずしも実践効果を上げることができませんでした。その理由の一つは、七群では数が多くて覚えにくいことと、食品の分け方が成分的に統一されていないためだと思われました。

そこで、似通った食品をまとめて「四つの食品群」とし、もう少し気軽に栄養のバランスがとれるようにしました。昭和三十一年ごろのことです。

この四つの食品群は、のちに「四群点数法」に改めましたが、食品群の構成は、まず各種の栄養成分を豊富に含み、生命を維持し発育上必要で、日本人に欠乏しがちな良質タンパク質、カルシウム、ビタミンB_2を補うものとして、乳・乳製品と卵を第一群としました。

また、豆と豆製品は植物性タンパク質として、七つの食品群では肉や魚などの動物性タンパク質と区別していましたが、アミノ酸の組成がよい良質のタンパク供給源と考えて、肉・魚・豆製品を第二群にまとめました。

それから芋類は生のものはビタミンBやCが含まれており、さらに調理によってビタミンが減損しにくいという特質があります。また貯蔵性があって、いつでも食べられるという利点もあります。そんなことから、ビタミンやミネラルが豊富な、くだものや野菜と芋類をいっしょにして第三群にしました。

そして最後に、エネルギー源として穀類・砂糖・油脂を第四群にまとめました。

こうして、七つの食品群を四つの食品群に改訂した昭和三十一年ごろは、戦後の傷あとから国民の生活が立ち直りつつある時代でした。

人間は豊かになると、まずそれまで満たされなかったものを求めるのが習性で、それがそのころは銀飯への渇望となって表われてきました。また昭和三十年から三十三年ごろは米の増収期でしたが、同時に米の消費量もぐんと多くなり、副食がそろそろ洋風になり始めたのもこのころからです。

しかし、副食が増えてビタミン剤が生産されるようになっていたので、脚気はほとんどなくなり、抗生物質の出現で結核も少なくなっていました。また、環境衛生の進歩に伴って、疫痢やチフスなどの伝染病も減って乳幼児の死亡率も低下し、どんどん寿命が長くなり始めていました。それにつれ動脈硬化や脳卒中、がん、とくに消化器系のがんが増えて、病気と食生活の関係が追究されるようになってきました。

食品群の移り変わり

主食　胚芽米
副食　魚1　豆1　野菜4
（昭和3年～）

●五つの食品群（昭和23年ごろ～）

1乳・乳製品
2魚介類100g、豆・豆製品100g
3緑黄、淡色野菜、くだもの、芋、乾物400g
4穀物450g
5砂糖、油

●七つの食品群（昭和25年ごろ～）

1乳及び乳製品、卵1/2個
2魚と肉70～100g
3豆製品(みそ20g＋豆腐週に1丁)
4緑黄色野菜100～150g
5淡色野菜200g、芋100g
6穀物（パン130g＋米130g)
7油脂（マーガリン小さじ1＋食用油大さじ1)
砂糖（大さじ2～3)

●四つの食品群（昭和31年ごろ～）

1乳、卵250g
2魚、肉、豆製品200g
3野菜、芋類、くだもの500g
4穀物、油脂、砂糖400g

●四群点数法（昭和45年ごろ～）

1乳・乳製品、卵	3点
2魚介・肉類、豆・豆製品	3点
3野菜、芋類、くだもの	3点
4穀類、砂糖、油脂、その他	11点
成人女子軽い労作（1点は80kcal）	

昭和三十二年十月から翌年の二月までの四か月間にわたり、アメリカの国際協力局から招かれてアメリカの食物および栄養に関する大学教育、行政、施設についての研究視察旅行をしました。このとき私は、七つの食品群を四群に改良した大きなポスターを持参しましたが、アメリカで栄養指導の先生たちと話をしてみると、ちょうどアメリカでも四つの食品群にしたいという気運があり、これが検討されていた時期でした。

よく、アメリカの食べ物はまずいといわれますし、料理や栄養学も大ざっぱなように思われがちです。しかし、予防医学の発達した国ですから、そんなことはありません。ただ、長い間に形成された食生活の違いによって、食品群の分け方が異なってくるわけです。

アメリカでは第一群は牛乳だけで、卵は魚の群に分類されていました。これに対して当時の日本の場合は、牛乳がどこでも自由に飲めるという状態にはなく、それが飲めないときは良質のタンパク質やビタミンAやBは卵からとることになるので、私は牛乳と卵をまとめて第一群にしました。

また、アメリカと違って、当時の日本はまだまだ肉の摂取量が少なく、鯨肉が全盛時代で、豚も牛もこま切れを味だし程度にしか使わなかったし、鶏肉も今ほど安く豊富には買えなかったのです。そのためにタンパク源は魚が主となり、大豆製品の納豆や豆腐を重視しました。

野菜のとり方にしても、戦争中に野草やかぼちゃを食べた反動でしょうか、肉を食べると同時に野菜もたくさん食べるアメリカに比べて、日本は極端に少ないものでした。それで高血圧を防ぐために、お米を減らし、辛い漬物類はやめ、副食の味つけはうすめに、そしてみそ汁もうすくして実をたくさんにするなど、第三群の野菜のとり方も強調して、と昭和三十年ごろから指導するようになりました。

私は、このアメリカ研究視察旅行のときも、引き続きまわったヨーロッパでも、食べ物に苦労したという記憶がまったくありません。それは、私にはもともと好き嫌いがないうえに、外国で食べる料理はどこでもそれぞれの国の特性が表われていておもしろいのと、食事が楽しかったからでしょう。料理について語ればきりがありませんが、また別のことでも、システムや国民性の違いを感じることがありました。

たとえば、アメリカでは栄養教育が家政学部で行なわれていたことです。その家政学部も、大学によっては農学部の一学科になっているところもありました。

また、栄養士には、保健所のような公衆衛生の仕事をする人と、学校給食や4Hクラブや主婦の料理コンクールなどを担当する人がいました。しかも、そのいずれの栄養士も、大学や行政の間に立って、生活指導員や大学教授らと協力して、地域の食生活の向上のために努力していることが目につきました。

学校給食の献立カードも、ワシントンの農事中央研究所の家政研究所で研究したものを、アメリカじゅうの各州立大学に送り、生活改善を担当している部署で地域に合わせて手直しをする、というふうになっていました。そして各州立大学で手直しした献立を、各学校の給食担当者に講習をして、その人たちが給食を作るのです。マサチューセッツ州立大学では私たちのために歓迎パーティーが開かれ、にぎやかな民族舞踊まで披露されました。

もう一つ、アメリカで記憶に残っているのは、北海道大学のクラーク先生を派遣してくれた私立のマサチューセッツ大学を訪問したときのことです。そこで通された部屋に内村鑑三先生の額がかかっていたのには驚かされました。私は内村先生には幾度かお会いしているので、話を聞いてみると、人類の文化向上に貢献した人として、戦争中もはずさなかったという返事でした。日本では英語を使ってはいけない、交戦国のものを読んではいけないという政策をとっていたのに、アメリカ人はもっと人道的で国際的な視野に立って物事を考えていたのです。

アメリカからヨーロッパへまわって、イギリス、西ドイツ、フランス、スイスなどでも、栄養教育の実態や学校給食を見てまわりました。ヨーロッパにおいては、だいたい大学の医学部で栄養士の教育をしていました。医学系の講義で学んだことを、病人食作りなどに生かしているわけです。

こうした外国の状況に比べて、日本はどうでしょうか。

昭和五十一年の夏、日本の長寿村を見学して歩かれたアメリカのリーフ博士（ハーバード大学医学部教授、マサチューセッツ総合病院主任、女子栄養大学出版部刊『世界の長寿村』の著者）が、私たちの学校にこられたとき、「この学校は国立大学でしょ」と聞かれたので、「いいえ、私立大学です」

と私が答えると、博士は、
「栄養士を養成したり国民の健康のために研究をしているのに、なぜ私立大学なのか。国がやるべきことを、なぜ私立大学がやらなければならないのか」
と不思議がっておられましたが、日本の場合、こうしたことを国民のためと考えるより、学校や役所がそれぞれの立場でつごうのいいことを勝手に主張していることが多いのではないでしょうか。

厚生省が食品群で六群を決めたとき、六群よりも四群のほうがわかりやすいし、栄養のバランスがとれるうえに日常生活で実行しやすいと思ったので、私は厚生省に行って四群を採用してほしいといったことがあります。

たとえば厚生省の六つの食品群では、カルシウムは牛乳でも海藻でも煮干しでもいいですよ、という区分になっています。しかし、カルシウムの吸収率はそれぞれ食品によって違うはずです。煮干しは骨を食べなければカルシウムはとれないし、カルシウムをとるために、そう毎日たくさんの海藻を食べる人はいません。

その点、牛乳はカルシウムも他の栄養素も充分に含んでいます。これに対して六群は牛乳が嫌いな人がいるから海藻や煮干しでもいいというようにしたのだとか、牛乳の供給量が不足しているからほかのものでとかいわれましたが、嫌いな人がいるのは、わが国の場合牛乳の歴史が浅いからであり、当時牛乳の供給量が少なかったのは、根本的には国家が酪農に取り組んでいなかったからです。

また、厚生省の六つの食品群では、米と穀物と芋が同じ分類に入っていますが、穀物と芋とは栄養成分が違います。芋はビタミンBもあればCもあります。そしてミネラルもいろいろ含んでいるのです。それに対して米にはビタミンCはありません。ビタミンBにしても、米は胚芽を取ればなくなってしまいますが、芋はどこを食べてもそれを含んでいます。

それから、私が芋と米や穀物を別の食品群にしたのは、カロリー上の問題からです。厚生省の分類によると、芋を食べても米を食べてもカロリーがとれることになりますが、芋は多量に食べなければビタミンもミネラルも不足するのです。

これに対して私の四つの食品群では、芋を食べることでビタミンとミネラルはとれますから、あとは適量の米や砂糖や油でカロリーを補えばよいようになっています。

厚生省の六つの食品群によって、もし栄養士が熱量やタンパク質を重視して栄養計算をした場合、極端にいうと米や油や砂糖で大部分の熱量が摂取され、ビタミンやミネラルが欠乏していても、たとえば二二〇〇キロカロリーという数字づらは合ったものになり、栄養バランスが見落とされた献立表が作られることになります。これでは栄養学の目的である病気の予防はできないわけです。

そんな理由から、私は厚生省の課長に、

「実践上のことを決めるときには、実際に仕事をしている学校の先生や栄養士に意見を聞いて、

六つの食品群（厚生省）

食品群	おもに含まれる食品	働き	おもに含まれる栄養素
1	魚介、肉、卵、大豆・大豆製品	血や肉をつくる	タンパク質、ビタミンB_2、脂質
2	牛乳、乳製品、海藻、小魚類	骨・歯をつくる 体の各機能を調節する	カルシウム、タンパク質、ビタミンB_2、ヨウ素
3	黄緑色野菜	皮膚や粘膜の保護 体の各機能を調節する	カロテン、ビタミンC、カルシウム
4	淡色野菜、くだもの	体の各機能を調節する	ビタミンC、カルシウム
5	穀類、芋類、砂糖	エネルギー源となる	炭水化物、ビタミンB_1
6	油脂類	エネルギー源となる	脂質、ビタミンA、ビタミンD

四つの食品群

食品群	おもに含まれる食品	働き	おもに含まれる栄養素
1	乳・乳製品、卵	栄養を完全にする	たんぱく質、脂質、カルシウム、ビタミンA、ビタミンB_2
2	肉・魚介類、豆・豆製品	血や肉をつくる	たんぱく質、脂質、カルシウム、ビタミンA、ビタミンB_1、ビタミンB_2
3	野菜、芋類、くだもの	体の調子をよくする	カロテン、ビタミンC、ミネラル、食物繊維
4	穀類、砂糖、油脂、その他	力や体温となる	炭水化物、たんぱく質、脂質

それから検討したらどうですか。天下り式に実行しにくいものを決められても、健康にはならないし、迷惑をするのは国民ですから」と言いました。

しかし、結局私の「四つの食品群」は認めてもらえませんでした。現在でも、高校で献立表を作るとき、六群では作りにくいという話を聞いていますが、そのままになっています。

けれども、私は役所のために教育をしたり、栄養改善の仕事をしたりしているのではありません。すべての人の健康のためですから、みんなが使いやすく、栄養学的にまちがいなく、簡単に献立が立てられて食生活に生かされれば、それでよいと思っています。教科書会社から、高校の教科書を書いてほしいと頼まれたときも、「私は四群で書きます。検定が不許可になったら、あなたの会社が損をするからやめなさい」

と言いましたが、勧められて四つの食品群で書き、検定にもパスをしたので、ずっとこれで通しています。そして今では、高校の六冊ある家庭科の教科書の中で五冊までが、「四群点数法」になっています。

この六つとか四つの食品群というのは、実践の方法の違いで、純粋な学問上の問題ではないかもしれません。しかし、栄養学は専門的な研究ばかりでは不充分で、実践されない限り意味はありませんし、栄養学の発展もありえないといっても過言ではありません。ですから、いかに理論を日常生活に結びつけるか、だれにも実行しやすい形に具体化するか、を私はいつも前提にして考えてきたのです。

四群点数法の基本

四つの食品群になった昭和三十年ごろ以降の『栄養と料理』を見てくると、食生活の変化に対応して病気の種類も変わってきたことがうかがわれます。

昭和二十九年には胃潰瘍《かいよう》や高血圧の記事が多くなり、三十年には糖尿病が話題になり始め、三十一年には「肥りすぎをコントロールする」という記事が出ています。また三十四年には大気汚染公害や胃がんの問題、三十五、六年からは貧血や成人病（注・現在は生活習慣病）、インスタント食品の出現、四十一年には「肥満児の問題」をとり上げています。

この『栄養と料理』の記事からだけではわかりませんが、食生活が急激に変化したのは、高度経済成長時代に入った昭和三十四、五年からではないでしょうか。その原因を考えてみると、

一、核家族の出現、婦人の職場進出

その原因の一つは家族制度の崩壊です。核家族が多くなり、親子、夫婦共働きの家族が多くなって、外食をしたり、インスタント食品で簡単に食事をする習慣になってきました。デパートでも原料食品の売り場が狭くなって、お総菜の売り場が広がったのはそのためでしょう。

二、家庭料理の伝統が失われてきたこと

戦争中に育った現在の主婦は、母親から家庭料理をよく教えられていないし、若い主婦は核家族化によって習う人がいないから、伝統の〝おふくろの味〟が失われてきました。そのうえ材料が豊富に出まわるようになり、中華料理やフランス料理、アメリカ料理、イタリア料理など世界各国のものが入ってきて、日本人の食べ物の好みが変わってきました。この洋風化の傾向につれて、ご飯と相性のよい栄養的でおいしい食事が作れなくなってしまったのです。

三、食事作法がしつけられなくなったこと

現在パン食の家族が多くなってきたとはいえ、わが国ではやはり和食が家庭の食事の中心に

なっています。その和食の食べ方は、ご飯を一口、汁を一口というぐあいに、ご飯からお菜へと箸《はし》を移すとか、腹八分目に食べるとか、盛られたご飯はけっして食べ残さないとか、いろいろな作法が親から子どもに伝えられていました。ところが今では、この作法もしだいに忘れられて、ゆっくりと楽しい食事を味わうという雰囲気がなくなってしまいました。テレビを見ながらの食事とか家族がてんでんバラバラに食べるとか、ある意味では食べることを軽んじる傾向もあります。

四、自主的な食事の選択ができないこと

食糧が不充分な時代からぜいたくな時代へと変わりましたが、自主的に食物の量や、料理の種類を決める能力がまだ日本人には弱く、栄養的になにを、どれだけ食べよう、という意欲が足りないことも、食生活の方向を誤り、病気をつくった原因の一つになっています。

五、まずくなったご飯

最近の米は粘りけが足りず、炊き上げてよく蒸らしてもふんわりとおいしくないものが多くなっているようです。古米でなくてもそんな感じがします。これは炊き方に問題があると思いますが、そのためにパン食の家庭が増え、自然に副食の形態が変わってきました。

以上のようないろいろな原因がからみ合って、食生活が変化してくると、それにつれて病気と死因が変わってきました。そしてそれから、やっと栄養と病気の関係が公的に研究されるようになったのです。

その一つ、糖尿病食品交換表作成委員会に、私が日本栄養・食糧学会のメンバーとして参加したのは、昭和四十年二月のことです。

日ごろから私は、ふだん食べているものが健康をもたらすような食事であれば、病気を予防することもできるし、また病気になったときは、その体内の代謝に応じて食事の一部分を変化させればよいというふうに考えていました。すなわち、一つの完全な食事のパターンを作って、これを各自の体の状態に合わせて運用するようにすれば、健康な人の食事法として、また成人病予防の食事法としてもわかりやすくて実行しやすいのではないかと思ったのです。

そこで私は、昭和三十一年に発表した四つの食品群をさらに整理し、一貫して熱量（エネルギー）で処理できるように「四群点数法」の食品群を作り、それを委員会に提案しました。

この四群点数法の特徴の一つは、アメリカ風に一皿または一回分の食品量を重量で表わすのではなく、熱量で示すことです。

次の特徴は、熱量の標準を八〇キロカロリーとし、それを一点としたことです。それは日本食の一回または一個という場合、食品の熱量が八〇キロカロリーで割り切れるものが多いからです。たとえば、卵一個（五〇グラム）一点、魚一切れ（七〇グラム）一点、りんご一個（二〇〇グラム）一点、じゃが芋一個（一〇〇グラム）一点というふうに（注・食品成分表の数値の見直しに伴い一部変更）、日本人の一回に食べる食品の量は、ほぼ八〇キロカロリーに近いものが多いのです。ところが、従来の食品成分表はすべて一〇〇グラムを単位としていましたから、これでは使用した食品重量を一度熱量に換算しなければならず、これが栄養士などの大きな負担になっていました。それに対し私の考えた点数法では、一回量の食品はだいたい八〇キロカロリーとなりますから、病人にも何点食べたか、すぐにわかるようになったのです。

のちに私は、従来の一〇〇グラム立て食品成分表を換算し直して、『食品80キロカロリー成分表』を印刷し、これを四群点数法を利用する人たちに提供しました。

三つ目は糖尿病の食事療法をするときの単位計算が八〇キロカロリーを一単位としているので数字を合わせておくほうが、使用者が混乱をしないということです。

それから、一日の栄養所要量が、たとえば一六〇〇キロカロリーの人なら、一点八〇キロカロリーで計算すると二十点というふうに、暗算も記憶もしやすいという利点があります。

次にたいせつなのは、「なにを」「どれだけ」食べたらよいかということですが、四つの食品群の構成は次のようになっています。

第一群は、乳・乳製品と卵で、良質のタンパク質が含まれていることが特徴です。この点では第二群も同じですが、第一群には日本人に不足しがちなカルシウムや鉄、ビタミンA・B_2などの栄養素もバランスよく含まれています。そこで、欠乏しがちなものをまずしっかり確保し、しかも各種栄養素を含んでいて栄養を完全にするという意味から、毎日優先してとるべき食品として第一群にしたのです。

第二群は、魚介・肉類と豆・豆製品です。これらの食品は良質のタンパク質を多く含み、筋肉や血液をつくるものです。

第三群の野菜と芋類、くだものには、ビタミンA・B_1・B_2・C、ミネラル、食物繊維などが含まれ、体の働きを円滑にします。

そして第四群は、穀物、砂糖、油脂で、活力や体温となるエネルギー源の食品群です。

このうち第一群から第三群までは、体の組織や機能を実質的に維持するものです。タンパク質、ビタミン、ミネラル類といった栄養素をまず確保する必要があります。成人の場合、タンパク質やビタミン、ミネラルは、熱量ほど個人差はないので、第一群から第三群まで三点ずつの計九点をとっていれば、熱量以外の栄養素は九割以上確保できるのです。

これに対して第四群のエネルギー源は、性別、年齢、労働量、あるいは肥満の程度や病気などによっても必要量は違いますから、その人の条件に合わせて点数を加減すればよいのです。

私はこのようにして「四群点数法」の食事を編み出しました。「四群」が「なにを」で、「点数法」が「どれだけ」という意味です。これは、大人も子どもも、病人も健康な人も、人間が生きていくために必要な栄養素は優先的に確保し、そのうえで個人の必要に応じて加減する、という考えに基づいたものです。

この方法によると、各群の食品は熱量構成や栄養内容が似ているので、それぞれの群内で適宜に食品を自由に選ぶことができます。また、分量については、一回にとる食品は八〇キロカロリーのものが多いことから、その目安量を覚えておけば、これを一点として自分のエネルギー摂取量を簡単に計算することができます。つまり、献立はだれにも栄養のバランスがとれるように作れるし、エネルギー計算も点数でだれにでもできるというふうにしたのです。

委員会の同意が得られなかったものの、私は独自の立場で研究を続けて、昭和四十二年から自分自身の食事日記をつけてこれを実践し、翌四十三年に「香川式食事法」を一般に発表しました。これがいわゆる現在の「四群点数法」です。

最近では糖尿病に限らず、食事は基本的に病人も健康な人と共通で、病院の食事でも、病気の症状によって障害になる栄養素を加減するというふうになっています。私の考えはまちがっていなかったといってよいでしょう。

病気の人にも応用できる

糖尿病や太りすぎの人に話を聞くと、

「ようかんが食べられないくらいなら、死んだほうがいい」とか、

「わかっているけど、やめられない」と言われます。

そんなとき私は、

「あなたの命は、ようかん一切れの値打ちしかないんですか」と言います。

点数計算したり、調味パーセントだなんて、そんなめんどうなことをしなくてもと、考えら

れがちだけれども、それは自分の生命をどれだけたいせつにするか、ようかんくらいの値打ちだと思うか、にかかわってきます。

　このようにめんどうがって気ままな食事をしている人がいる反面、××病には××がいけないといわれると、神経質になる人もいます。

　あるとき、新聞社の人から、

「高血圧の人はベーコンエッグを食べてもいいのでしょうか、悪いのでしょうか」

という質問を受けました。ベーコンには飽和脂肪酸が多いし、塩けも多い。また、卵の黄身にはコレステロールが多い。というわけで、高血圧の人にはベーコンエッグはよくない、と答えてもらいたいらしい口ぶりに、私は電話の前で返事に困ってしまいました。

　一口に高血圧といっても、その状態にはいろいろあります。それに、その人の年齢、生活状況、食事の内容、そういった条件が一人一人みんな違うはずです。

　それなのに、この病気にはこれはだめと、区分けしてしまわなければ気がすまないような性癖が、私たち日本人にはあるのではないかと思います。そのうえ、これがいけないとわかると、病気の症状や自分の生活条件、栄養の全体的なバランスも考えないで、みんな同じような食事療法をするようです。

　私はこんな食事療法を見るたび聞くたびに、せっかくの食事が楽しくないだろうなと思ってしまいます。高血圧の人でもベーコンエッグが食べたいときがあるはずだから、あれもだめ、これもだめと決めないで、たまにはベーコンエッグも食べてみたらよい、塩分はそのほかのものでとらないようにくふうすればよいのに、と思うのです。

問題は、だれが、いつ、なにを、どういうふうに食べるか、ということです。たとえば、日本人の一日食塩摂取量はだいたい十五グラムであり、高血圧の人はその半分くらいまで減らせばよいといわれています。この程度の減塩なら、肉や魚やかけ汁、めん類のつゆなどを控え、料理に食塩やソースをかけないように注意すれば、家族と同じおかずでもよいわけです。

ただ、その場合でも、漬物やつくだ煮などはできるだけ控えること。太りすぎの人は全熱量を少なくして体重を減らすこと。動脈硬化を予防する意味で、動物性の油やアルコールや砂糖を少なめにすること。野菜に多く含まれているカリウムは、心臓や血管をじょうぶにする働きがあるのでたくさん食べること。

このような基本的なことを守りさえすれば、全部の料理をうす味にしなくても、塩分を重点的に使うとか、酸味や香辛料を効果的に使うとか、うま味の出るだしを使うとか、いろいろくふうができます。材料そのものがおいしければ濃い味つけをする必要がないので、新鮮な食品を選ぶことなども、一つの方法です。

また身体的には、寒さに気をつける、お風呂は四十度から四十一度くらいのぬるま湯に入る、できればタバコや酒をやめる、便通を整える、なども気をつけたいことです。

ところがこのように書くと、コレステロールを恐れるあまり、極端に魚や肉を敬遠して、逆に栄養バランスをくずしてしまう人がいます。また、禁酒をしてストレスがたまり、寝つきが悪くなって体調を悪くしたりする人もいます。

しかし、魚や肉類については、血中のコレステロール値が高くない限り、それほど神経質になる必要はないし、飲酒は、酒自体の害よりも酒の肴に塩分が多いことや、夜更かしになるなど、二次的な害のほうが大きいのです。

これは別に私の発見ではなく、常識であるにもかかわらず、なぜ、ベーコンエッグはいけない、酒はいけない、などと思い込む人が多いのでしょうか。これは日本人一般に哲学とか文学とか抽象的な理論を立派なものだと思い、日常的なこと、ありふれたことをたいせつにする精神が欠けているからではないでしょうか。そこには総合的な栄養知識から学ぶ姿勢もないし、実行しようという意欲も感じられません。ですから、病気になるとひとたまりもなく、手っ取り早い療法として「食べてはいけないもの」を気にしたり、〝なんとか健康法〟や薬に頼ろうとするのではないかと思われます。

しかし、健康は一夜にしてできるものではないし、局部的な療法はその場限りの気休めでしかないのです。やはり、毎日毎日の食事を楽しみながら健康づくりに励むのが、あらゆる意味で正しい道だと私は思います。

ここで、四群点数法を実践面から、もう一度整理して述べてみましょう。ポイントになるのは、次の四つのことです。

四群点数法の
手引き書２冊

一、食品は栄養的な特徴によって、四つのグループ（食品群）に分けています。そのうち第一群から第三群までは、体の組織や機能を支えるタンパク質やビタミン、ミネラルが含まれている食品群です。また、第四群はエネルギー源となる糖質（注・現在は炭水化物）、タンパク質、脂質が含まれている食品群です。

そして、これらの各食品群の食品は、栄養内容が似ていますから簡単に覚えることができますし、それぞれの群内で自由に食品を選ぶことができるようになっています。つまり、一群から四群までの食品を、自分の条件によって組み合わせて食べれば、栄養のバランスがとれるようになっているわけです。

二、食品の重量は、八〇キロカロリーを一点とする単位で表わします。これは、『食品八〇キロカロリーガイドブック』（女子栄養大学出版部発行）を見るとよくわかりますが、各食品の一点あたりの目安量は、だれにも覚えられますから、各群の食品点数や一日の点数計算も暗算程度でできるということです。

三、一日に食べるべき食品の量は、第一群から第四群まで点数で示します。たとえば、第一群三点、第二群四点というふうにするのです。

四、一日二十点（一六〇〇キロカロリー）を基本とし、性別・年齢・労働の程度・身長や体重の違いなどによって点数を増減します。

そして二十点の内訳は、第一群で三点（乳・乳製品で二点、卵で一点）、第二群で三点（魚介・肉類で二点、豆・豆製品で一点）、第三群で三点（野菜で一点、芋類で一点、くだもので一点）、第四群で十一点（穀類で八点、砂糖で一点、油脂で二点）が基本です（注・現在では目安量の見直しおよび第四群の点数配分の見直しが行われ、穀類で九点、砂糖で〇・五点、油脂で一・五点とされている）。このうち、第一群から第三群までは、前に述べたように体を実質的に支える栄養素が含まれている食品群で、その栄養所要量を満たす必要がありますから、各三点は優先的に確保するようにします。

なお、基本の二十点は、軽い労働の専業主

四群点数法の基本　　（一日に食べるべき量の目安）

食品群	各群の点数	食品例	目安量・正味重量	点数		
第一群	3点	牛乳	3/4本 140グラム	1	3	20点
		プロセスチーズ	厚さ1センチ 1切れ 23グラム	1		
		卵	1個 50グラム	1		
第二群	3点	アジ	1尾 70グラム	1	3	
		鶏肉	1切れ 65グラム	1		
		豆腐	1/2丁 140グラム	1		
第三群	3点	緑黄色野菜	100グラム	1	3	
		淡色野菜	200グラム			
		じゃが芋	1個 100グラム	1		
		りんご	1個 180グラム	1		
第四群	11点	ご飯	茶わん3杯 330グラム	6	11	
		パン	小2切れ 60グラム	2		
		砂糖	大さじ2杯 20グラム	1		
		油	大さじ2杯 20グラム	2		

婦やOLに適したエネルギー点数ですが、一点八〇キロカロリーですから一六〇〇キロカロリーで、成人女子の栄養所要量一八〇〇キロカロリーより少なくなっています。これは、専業主婦やOLといっても、人によって所要エネルギーに違いがあるのと、肥満や成人病を防ぐために、とりすぎないようにするためです。

つまり、この二十点は一つの目安量ですから、男女・老人・小・中・高校生・乳幼児、あるいは活動量の多少によって、一日の熱量点数は違ってきます。そこで、自分の適正な点数を求める必要がありますが、成人の場合、第一群から第三群までは各三点をとり、第四群を自分に合うように決めるのが基本です。

体の大きい人、若い人、男性、運動量の多い人はたくさん食べますが、これはエネルギーをたくさん使うからです。しかし、同じ人間でも運動量が多いか少ないかによって、そのときどきでエネルギーの必要量は変わってきます。

しかし、もし食べ方が少なすぎると、おなかがすいたり、だんだんやせてきたり、ときには抵抗力が弱ったり、寒く感じたりするようになります。逆に、必要以上にエネルギーをとると、次々に体内で脂肪として蓄えられ、肥満してきます。

そこで、エネルギーのとり方がちょうどよいかどうかを調べるためには、一週間に一回くらい体重を計って、その増減をチェックしてみるとよいでしょう。

また、具体的な食べ方としては、基本の二十点と、健康な人はこれにさらに自分の好みに合ったものを四つの食品群の中から選び、食欲に従って食べるようにします。この場合、できればその分についても点数を記録しておきたいものです。

こうして一週間たったとき、まず体重の増減を調べてみます。もし増えていれば、自分の好みに合わせて選んだ食べ物を、その中から二点くらい減らし、体重が変わっていなければそのままでかまいません。万一減っているようなら、二点くらい食べる量を増やして様子を見ます。だいたい二週間くらいを一つの区切りにして調節していきますが、運動量が変われば、それに合わせて食べる量も多少変えていかなければなりません。

しかし、人によっては同じ体重を保つのに、相当幅のある点数でもよいことがあります。これは体自体に体重を一定に保とうとする生理的な働きがあるからで、そのようなときは、体重を維持できるもっとも少ない点数を続けるのが、成人病などの予防上よいでしょう。

それでは適正な体重はいったい何キログラムなのかということになりますが、もし体重が標準的体重域範囲内にあって健康であれば、とくにその体重を変える必要はありません。しかし、この範囲内であったのが毎週どんどん増えていったり、逆に減ったりするときは、肥満し始めているのかもしれないし、病気が始まっているのかもしれません。

どんどん増え始めた場合は、まずむくみがないかどうか調べる必要があります。むくみ始めれば尿量が減り、向こうずねを強く押すとくぼみが残ったりします。女性では月経の前にむくむ人がいますが、むくみがなくても体重が増えてくれば、太り始めていると考えられるので、総点数を二十点くらいにおさえるか、ふだんとっている点数より減らしてしばらく様子を見ます。

　そして体重が減っていき、元の体重まで戻ってから、今度は一点か二点増やして、標準的体重域内で、自分が活動するのにちょうどよいと思われる点数を見つけ、これを毎日守るようにすればよいわけです。

　もし、第四群や自分の好みで食べる分まで細かい点数計算ができないという人は、間食でよく口にする清涼飲料水やアルコール類や菓子などを、やめるか減らすかすればよいのです。これらはだいたいエンプティーカロリー食品ですから、とらなくてもエネルギーが減るだけで、ほかの栄養素量は変わりません。しかし、どんな場合でも、第一群から第三群までの各三点はかならずとることが原則です。

　こうすれば、総点数の計算はしなくても、体重を少しは減らせるものです。油の使用量などあいまいになりがちなものもあって、総点数を知ることは難しいかもしれませんが、四群点数法になじめない人は、体重を見ながら増減していくのも、一つの方法です。

　それでは、実際に病気になった場合はどうすればよいか、について書いてみましょう。

　たとえば、糖尿病の人は、太りすぎであれば体重を減らさなければならないし、やせすぎであれば体重を増やす必要があります。そこで医師に、太りぐあいや性別・年齢・労働量・体格などのあらゆる条件から、一日の必要エネルギー量を決めてもらいます。

もし一二〇〇キロカロリーと指示されたら、一点八〇キロカロリーだから一日十五点ということになります。この十五点のうち、第一群から第三群までの九点を確保すれば、残りの第四群はわずか六点です。

しかし、糖尿病の場合問題となる糖質は第四群に含まれているので、これはかえってつごうがよいわけです。第一群から第三群までの九点を確保しておけば、特別に合併症がない限り制限される食品はないので、指示カロリーに合う献立が作れるし、第四群の穀類を減らしても、第一群から第三群までの必要な栄養素がすべて満たされていれば心配ありません。

献立を作るときの注意としては、

一、一日総摂取エネルギーを必要最低限におさえること

必要最低限というのは標準体重を維持するために必要なエネルギーを目安にしていますが、その量は体重一キログラムあたり二五～三五キロカロリーぐらいとされています。肥満している人は当然標準体重までやせるようにすることです。

二、栄養のバランスのとれた食事をすること

一日の摂取エネルギー量が決まったら、これをタンパク質、糖質、脂質の三熱量素でバランスよくとり、さらにビタミンやミネラルも毎日一定量を確保するようにします。

まず、タンパク質は体の組織を構成する重要な成分なので、優先的にとらなければいけません。これは良質のタンパク質を多く含む乳、卵、魚、肉、大豆製品などからバランスよくとる

ようにします。

それから糖質の量は、いくら尿に糖が出るからといって、糖質をあまり減らしすぎると脂質の代謝異常に拍車をかけ、かえって病気を悪化させることになります。一日一五〇グラムから二〇〇グラムくらいは最低必要だといわれていますが、なるべく消化吸収の緩慢なもの、たとえば砂糖よりも穀物のデンプンでとったほうがインスリンを効果的に働かせることができます。また、調味料としてとる砂糖は、軽症の人でもせいぜい一日に一〇グラムくらいにとどめることです。

こうしてタンパク質と糖質をとれば、残りのエネルギーは脂質からとることになります。これがほぼ四〇グラムになりますが、糖尿病は動脈硬化を合併しやすいので、その原因となる動物性脂肪はおさえて、おもに植物性油でとるようにします。

それから塩味をうすくすれば自然に砂糖もご飯も少なくなるので、味つけはうすめにし、空腹を補うためにかさの多い食事をくふうします。

三、食事時間は規則正しく、食事量は三食平均にすること

朝寝坊して、朝食抜きで通勤ラッシュにもまれるなどはもってのほかです。とくに経口血糖降下剤を内服したりインスリン注射をしている人は、血糖が下がりすぎると危険な低血糖症状を起こすので、三食の食事間隔もできるだけ一定にとるように注意しなければなりません。間食も一日摂取量の範囲内でなら許されますが、これも午前十時とか午後三時とか、時間を決め

てとることが大事です。

四、できればアルコール飲料はやめたいもの

お酒を飲むと食生活が乱れがちになるので、やめるにこしたことはありません。しかし、症状が軽くて合併症がない場合、日本酒をお銚子に一本、ビールも一本くらいなら許されることもあります。しかし、その分のエネルギー量は一日の摂取量に加算されるということを忘れないことです。

以上あげたような食生活と医師の指示を守っていれば、食後に少しぐらい糖が出てもあまり気にしないでもよいと思います。

糖尿病に限らず、四群点数法では、健康な成人でも老人でも基本は同じです。病人食とか老人食という区別はしません。第一群から第三群までの九点を確保して、第四群だけを個人の必要量や条件に合わせて加減していくという原則は、あらゆる人に共通するものです。

成人病と栄養クリニック

私は現在一日十七点内外です。四群点数法を自分で実験的に始めた昭和四十二年には二十点以上だったこともあります。そのときどきの年齢、活動に合わせて増減してきたのです。現在は十七点内外が健康を保つのに、ちょうどよいように思います。

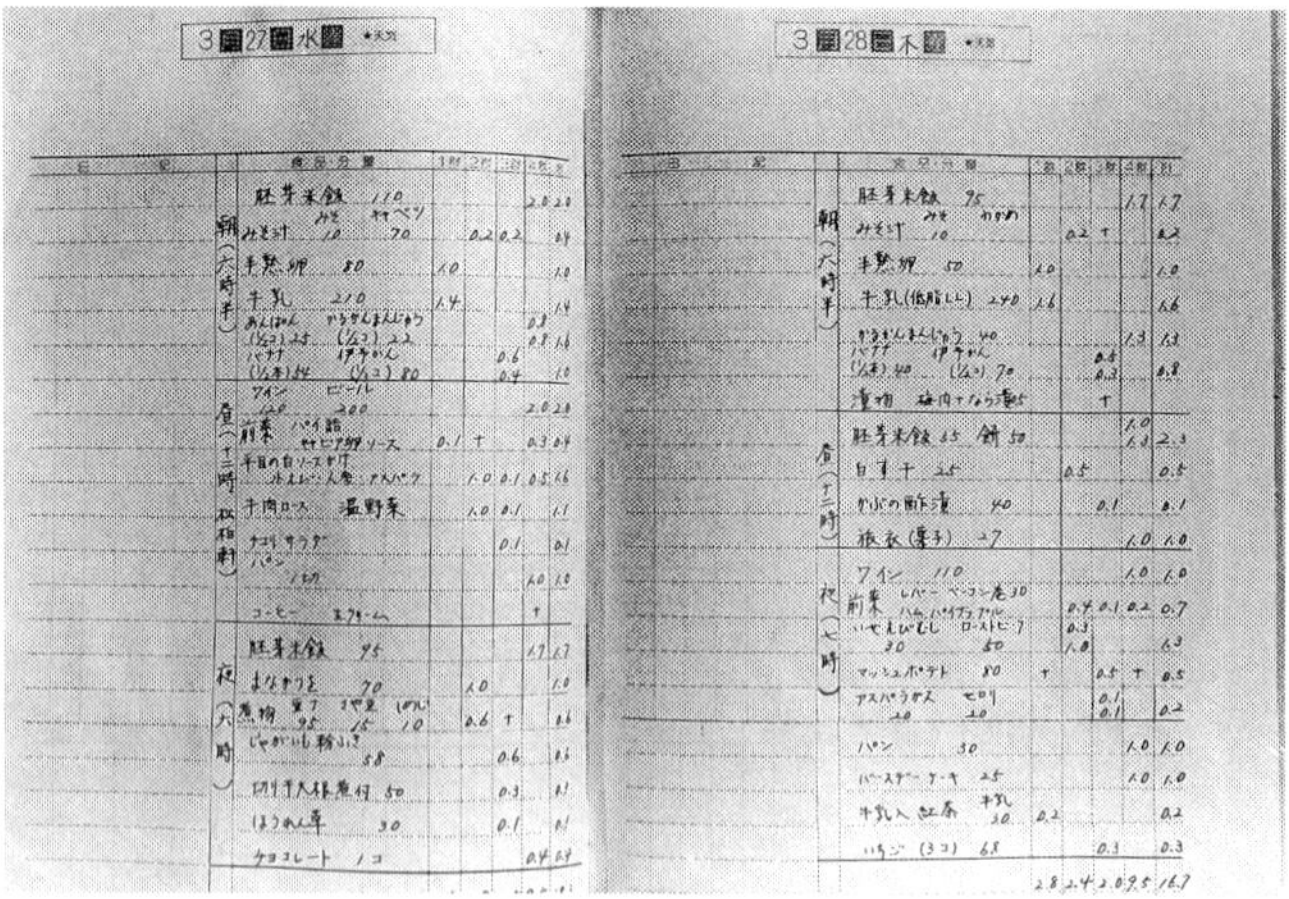

私の食事日記

けれども、一日十七点にこだわっているわけではありません。ときには、息を抜きたいこともあり、誕生日や祝い事があると、ついハメをはずすこともあるからです。しかし、ストレスを解消し明日の活力をつけるために、気楽に食べる日があってもよいと思っています。

ところで、私の食事日記でわかるように、献立は粗食ではありませんが、けっしてぜいたくでもありません。このことは、四群点数法による食事も同じで、これを発表したとき、食べ物が豊かな時代に一日肉六〇グラム一点というのは粗末すぎる、という批判がありました。そして一方では、こんなに毎日魚や肉を食べていたのでは、家計簿が赤字になってしまうという人もいました。

私は、この食事法を決めるとき、そのような経済的、嗜好的なことについても、もちろん考えなかったわけではありません。しかし、同じ人間であれば、生物的な必要量はだれも平等ではないだろうか。貧乏人であろうと高貴なおかたであろうと、食べすぎれば健康を害するし、栄養が偏れば病気になります。というわけで、私はあくまで栄養のバランスを重視するほかはなかったのです。

それからもう一つ思い浮かべたのは、当時しきりに話題になっていた太りすぎということです。私はそれまでも、その時代に応じ、そのときどきの食生活に応じて栄養の問題を考えてきたつもりですが、昭和四十年ごろは、食事との関係で糖尿病や心臓病などの成人病が増加していたので、そのことも念頭において四群点数法を考えました。

肥満は成人病の原因になりやすいものです。現代では三歳から成人病が始まるともいわれていますが、肥満していることは、本来は不必要な体脂肪を重い荷物としてかついでいるのと同じことで、心臓をはじめ、呼吸器、腎臓、肝臓、その他の臓器に大きな負担をかけているわけです。そのために、臓器は無理をしがちで、一つが悪くなるとさらに他の機関に負担をかけるという悪循環を生じます。その相関関係からいろいろな成人病を誘発するのです。

太った人はまず糖尿病に気をつけなければいけません。また、脂肪やコレステロールが血管にたまって高血圧になりやすく、さらに、それが心臓の血管にたまると心臓病、心筋梗塞《こうそく》の原因にもなるのです。

私が注目したのは、このうちの高血圧で、食事の仕方によって症状がはっきり違ってくるということでした。また、米食と漬物を中心にした和食型あるいは農村型の食事が、脳出血になるのに対して、脂肪や糖質のとりすぎなど洋食型あるいは都市型といわれるものは、心筋梗塞や脳梗塞（脳血栓）になりやすいのです。

そこで、四つの食品群を発展させて「四群点数法」を決めるとき、私は都市型と農村型の中庸をとれば、脳卒中も心筋梗塞も防げるのではないかと考えました。じつは、この食事法に対する前述の批判も、理由の一つはこんなところにあったのです。つまり、健康な人や洋食型の食事に慣れた人からみると、粗末だということになりますし、和食型からは逆の不満が出てくるわけです。また、病人食という立場から考えれば、糖尿病食品交換表作成委員会でのように、まどろっこしい食事療法という批判が出るのだろうとも思われました。

私は、栄養学の実践は人間の生命がかかっているので、科学的な根拠がなければならないと考えていますが、この食事法の合理性を裏づけたのは、私たちの学校の栄養クリニックです。

栄養クリニックは昭和四十四年の四月にスタートしましたが、それに先立って昭和四十三年の十月から、成人女子の肥満者を対象に食事指導をしてみることにしました。第一群から第三群までを三・三・三と第四群をその人の条件に合わせた食事にして、減量をしながら、栄養学的に体質改善をしようというのが目的です。

この仕事は娘の芳子が担当することになったので、それが始まるとき、私は四群点数法の資料を渡して、

「このとおりにすればかならずやせるから」

と言いました。この食事法はすでに私自身が実行して、その効果に確信を持っていましたが、芳子は、すべての人を納得させるにはまだデータが不充分だとか、本当に余分な脂肪だけがとれるのか、とか慎重な構えでした。そこで私が、

「だいじょうぶだから、ともかくやってみなさい」

と言うと芳子は、

「それなら、食事指導をまじめに実行してくれる人を選ばなくちゃ」

ということで、ともかくスタートすることになりました。

ところが、一コース四か月で、四群点数法の食事法を指導してみると、その効果がはっきりと現われてきたのです。検査は週一回の基礎代謝や血液検査（ヘモグロビン、ヘマトクリット、タンパク質、コレステロールほか）、血糖検査、全身カリウム量の測定、身体計測（体重測定、皮下脂肪厚の測定）、体力測定などを行ないました。このうち、全身カリウム量の測定は東大医学部に依頼しましたが、その他の検査や測定は私たちのクリニックで行ないました。

とくに、余分な脂肪だけが減少するかという疑問については、体細胞をヒューマンカウンターで測定してみると、毎週一キログラム程度までの減量で、摂取タンパク質六五グラム以上では、全身のカリウム量は減少せず、つまり筋肉や臓器などを構成しているタンパク質は減らずに、脂肪だけが確実に減っていることがわかったのです。そしてその結果、血圧の高い人は下がっていましたし、肥満のために低下していた運動機能が回復し、体力が若返っていることが

認められました。

すなわち、第一群から第三群までの三・三・三の点数を確保し、第四群の油脂や穀物や砂糖をその人の条件に合わせて減量をすれば、健康になるという四群点数法の食事法が、科学的に実証されたわけです。

実証といえば、『男のためのヤセる本』を書かれた指揮者の岩城宏之さんは、その中でおよそ次のようなことを言われています。

フランスで指揮をしたら、新聞に「指揮はひじょうにじょうずだが、あの格好は見ていられない。自由に手がふれないくらい腹が出ている。ナンセンスだ」という評が出た。

自分は格幅がいいと思って自慢にしていたのに、みっともない、醜悪だと言われてびっくりした。それで日本へ帰っていろいろと本を探し、「香川式食事法」を見つけて、これだと思い、それをフランスへ持っていった。そして演奏旅行にもはかりを持ち歩き、自分で食事をコントロールして、みごとにやせることができた。そこで『男のためのヤセる本』を書いたのだ、と。

このように、自分の意志で、継続的に、しかも科学的にやらなければ、健康で美しくやせることは不可能だといってもよいでしょう。最近、若い人たちの間に貧血症や栄養失調が多いのは、規則正しい食生活をしていないうえに、「お母さんのように太るのがいやだから」とか「既製服のサイズに合わなくなるから」とか言って、見当違いな食事制限をしているからです。

私たちの学校に、成人病の予防と治療を目的として「栄養クリニック」を開設したのは、昭和四十四年のことです。これまではクリニックの人手不足から、通院ができて、四群点数法がきちんと計算ができ、決められたとおりの献立が実行できる人、などの条件を設け、現在は期間を三か月（十二回）一コースとして最小限に人数をおさえてきましたが、それでも十六年間で約二千人の修了生を出し、成人病の予防と治療に着実な実績をあげています。

その卒業式はちょっと変わっていて、一人一人の卒業証書に今後の食生活の注意が細かく書いてあるし、式が終わったあとで開かれる懇親会の食事も、各自の症状に合わせて、選んで食べるようになっています。そして私はその送別の言葉に、いつも同じことをつけ加えています。「健康という問題には、一生卒業ということがありません。これからも努力して、健康な体で自分が持っている能力を充分に活用して生きてください」と。

どんなに科学が進歩しようと、文化が発展しようと、人間は一生、食べるということ、健康という問題から逃れることはできません。この世に人が存在する限り、食と健康の問題は永遠になくならない研究テーマのはずです。

そうした意味から、栄養学は平凡なこと、卑近なことかもしれませんが、人が一生取り組まなければならない問題を、私は職業とすることができたのだから、幸福だと思っています。

昇三が生きていたころと同じように、学問上の助言をしたり励ましてくれる家族に恵まれたことも、私にはありがたいことでした。長女の芳子は、東京女子医大、東大と学んで私たちの学校で教鞭をとっていますし、長男の靖雄は、私にははっきり言ったことはないけれども、父の遺志を継いでくれたのでしょう。東大の医学部を出て現在は自治医科大で生化学の教授をしています。また、次男の恒雄は北海道大学を卒業後、協和発酵に勤め、新薬を扱って医学のことも関連して勉強しています。そして三男の達雄は、早稲田大学を出て現在は東芝の原子力研究所に勤務。というように、それぞれが自分の分野から、最近の情報を提供してアドバイスしてくれるのも、私にとって幸せなことです。自由なものの考え方と真実を求める精神を、近ごろ私はいつも子どもたちから鍛えられているような気がします。

第十章　充実と発展

夜間部の増設

私は前に書いたように、若かったころ、進学の志に燃えながら四年間小学校の教師をしていました。そして東京女子医専を受験するときも、教員免状一枚を持って悲壮な覚悟で上京してきたのです。

そんな経験があるので、昭和二十五年に女子栄養短期大学を創立したとき、私はすぐにでも短大二部をつくりたいと思いました。当時は食べるのが精いっぱいのころでしたが、働きながら学びたいという人のために、もう一つ窓を開きたいと考えたのです。

短大二部の設置を申請したのは、昭和二十六年のことです。ところが申請してみると、審議の席上でそれまで教育の機会均等や男女平等を叫んでいた人の口から、それとはまったく裏腹の意見が出たことを聞かされ、私は驚いてしまいました。

私たちの計画に対して、この設備では不充分であるとか、二部には学力の低い者が集まるのではないかとか、いろいろと否定的な意見が出され、中には、夜学生まで入学させて私学の経営を営利的にするのは好ましくない、とまでいう委員も一人いたということです。

私は、それらの言葉を聞きながら、勤労学生に対する無理解と女子教育に対する侮蔑、そして教育を頭から営利事業のようにいう意見に、激しい憤りを感じました。

男子教育には長い伝統があり、そのうえ財力に恵まれた学生ばかりを教育している巨大な私学の人たちには、私の純粋な気持ちも苦悩も通じないのでしょうか。不平等な扱いを受けてきた明治の女性の引け目や執念かもしれませんが、一人でも多くの女性のために大学を開放したいという夢や、女性の地位の向上に努めたいという願いは、理解してもらえないのでしょうか。なによりも、栄養学というのは一部の学者、研究者のものではなく、私たちみんなの問題であるはずです。

また、夜間部の採算が合うかどうかは明白なことで、働きながら学ぶ学生の乏しい財力を前提にして、その経営は赤字を覚悟して取りかかっているのです。しかも私の主義として、学力が弱いために昼間の学部に入学できなかった人を、二部に入学させようとは思ってもいませんでした。昼間職場で働きながら、優秀な素質を持ち、勉学への熱意にあふれた人に限り入学を許可して、厳格な教育をしたいと考えていたのです。

それに、はたして何人の応募者があるか、見当がつかないときでした。しかし、たとえ数人でも栄養学を学びたいという人がいれば、その人たちに機会をつくってあげたいと考えたのです。それなのに、

「二部までつくってお金もうけをするのか」

とまで言われる、そんな発言に私は腹が立ってたまらず、あるとき、たいせつな席であることを忘れて、一方的に言い切ってしまいました。

「今年は二部の設立を願い下げることにします。もしなにを設備し、なにを充足したら二部教育ができるのか、それを充分に示してもらえるなら、どんな条件でもそのとおりにして、完璧な短大二部をつくりましょう。もうけ仕事かどうかは、そのうえで事実が証明します」と。

それから六年かかって、短大ができたときは木造校舎でしたが、二部のためには鉄筋の校舎を新築し、食堂を作り、教務課も学生課も一部とは別に準備をしました。そして昭和三十一年に、やっと短大二部の増設が認められたのです。

けれども、まだまだ二部に対する差別や偏見があるのは悲しいことだと思います。現在に至るまで、役所とこれを取り巻く体制の頑強な反対によって、二部学生は一部とまったく同じ課程を勉強しても栄養士の免状がもらえないという状態です。その理由は、夜間部では学習のための充分な時間がとれないとか、校外実習に支障があるということですが、これは二部学生の

学習意欲や献身的な働きぶりを知ってのことでしょうか。

二部学生は、今日も昼間の疲れをものともせず、目を輝かせて勉強をしています。先生がたも、夜間学生の授業は一時間もゆるがせにはできません。休講を喜ぶ昼間の学生とは違って、教えるほうも張り合いがあるというものでしょう。

学生数は、初め定員の百二十名には足りなかったものの、その後、栄養士の免状がもらえないにもかかわらず、だんだん入学を希望する人が増え、現在も増える一方です。二年をすませて、さらに一年間、教職課程を修める者や、大学の栄養学部二部に編入を希望する者、さらには昼間の大学院修士コースを目指している者もいます。中には自分が二部の出身で栄養士の免状がもらえないために、別に栄養士を採用して事業を経営している者もいるほどです。

二部の学生は、栄養士の免状はともかく、教員免状のほうは昼間の学生と同じように与えられています。また、一部の学生と二部の学生が教員を志願するとき、二部の学生がなんの差別もなく採用されていますが、これはうれしいことです。人生を深く考えながら生きてきた二部の学生は、勤労年数も長く、真剣に仕事をし、孤島にも僻地にも進んで就任するからでしょう。私はこのような優秀な人たちが、栄養士の仲間から除外されていることを残念に思い、まだまだ私たちの努力が足りないのだと思っています。

こんなことを書いているうちに、つまらないことを思い出しました。以前、うちの教務課の課長が文部省（注・現文部科学省）に行ったときのこと、たまたま陳情団が押しかけるとかで、玄関にものものしい警備陣が敷かれていました。あまりのものものしさにびっくりした教務課の課長が、大学課で用事のついでにそのことを話題にしたところ、むろん冗談ですが、

「あなたの大学の学長さんは、一人できても圧力団体並みですよ」

と言われたそうです。一人できても圧力団体とはおそれ入るけれども、私の学園づくりの奮闘ぶりにはそんなところがあったかもしれません。学園を充実させ、人間の健康増進に直接寄与する人たちを養成したい、という思いでいっぱいでした。ですから四面楚歌の中で、文部省や厚生省（注・現厚生労働省）に行き、声を大きくして叫ぶことが多かったのです。

栄養学部と大学院

現在、女子栄養大学の栄養学部には、栄養学科と保健栄養学科があります（注・二〇〇八年現在、実践栄養学科、保健栄養学科、食文化栄養学科に改組）。このうち保健栄養学科は昭和五十五年に増設したもので、昭和三十六年に四年制の大学として認められたときは、家政学部食物栄養学科だけで発足しました。栄養学部ではなく、家政学部としてスタートしたわけです。

私は短大ができたころから、機会があれば栄養専門の四年制の大学をつくりたいと思っていました。短大の意義は充分認めるとしても、二年制では栄養学の序論を学ぶだけで終わること、そして栄養士の養成学校が雨後の竹の子のように増えて、年々たくさんの栄養士が送り出され

始めると、二年間の専門教育だけでは、社会的にもそれほど高く評価されず、管理者として伸びていくためには、学歴の不足が大きなブレーキになっていたからです。

その一方、栄養学の進歩は目覚ましく、識者の間では、これを一つの学問分野として認める気運も高まってきたので、昭和三十五年に私は栄養学部の設立を申請しました。

しかし、当時はまだ、栄養学士の教育はどこの大学でも行なわれてはおらず、文部省では、とくに私たちのような小さな女子の私立大学に、新しい学部を認めるわけにはいかなかったのかもしれません。栄養学部というのは、いまだかつてない学部だから審査をする人がいないとか、栄養学は衣食住の一つである〝食〟に含まれることで、〝食〟の中のまたその一つの分野にすぎず、「いったいなにを教えるのですか」とか、一つの学部をなすだけの内容がないとか、家政学部があるのだからそれでいいじゃないですか、などと言われました。

これは相手のお役人が男性の行政官だから、「栄養栄養というけれど、栄養学を知らないうちのカミさんだって、毎日ご飯を炊いて、料理を作っていますよ」くらいの認識しかなかったのではないでしょうか。なにも大学で料理を教えなくても、というような気持ちが応答の言葉の端々にうかがえました。そこには、栄養学が食物を通して病気を予防し、健康を増進し、さらに医学の治療を助けることを目的とした学問である、という根本の認識がまったくなかったといってよいでしょう。

ともかく、そのために私はとりあえず栄養学部の名称をあきらめて、文部省の意向どおりに、家政学部栄養学科で設立を申請しました。ところが今度は、家政学会で家政学部に栄養学科を設けることが認められないのです。そのために「食物」の二字を入れることにして、家政学部食物栄養学科として認可されたのが、昭和三十六年の三月十日でした。ほとんどの学校が入学試験が終わったような時期に、やっと開設が許可されたわけです。

認可が遅れた関係で、昭和三十六年度の学生募集は困難が予想されましたが、一期、二期の入学試験によって三名の外国人学生を含め、たくさんの優秀な学生を収容することができました。そして昭和三十九年度の入学生が四十三年に卒業するまで、約二百名の家政学士を社会に送り出すことができました。

しかし、ここでも、短大が創立されたころ授業時間の調整に困ったように、家政学士として卒業させるためには家政学関係のカリキュラムを盛り込まなければならない、という難問がありました。そのほか栄養士の資格を取るために、あるいは希望者に対しては高校および中学の家庭科の教員資格を与えるために、カリキュラムが盛りだくさんになり、時間割がぎっしり詰まってしまうのです。これでは、学生にとっても授業に選択の余地がないし、さらにその盛りだくさんな授業を消化するために夏休みを短縮するなど、先生も学生もたいへんなのです。

いったい、こんなことで立派な栄養士を育てることができるだろうか。社会に出て充分な働きができるだろうか。また、栄養学という学問を発展させることができるだろうか。

私はそんな不安を抱いていたので、本学園の理事であり、そのころ徳島大学の学長をしてお

児玉桂三博士

られた児玉桂三先生に相談してみました。

「単一の栄養学部を設立したいと思っても、女の学校だからとか、私立だからだめだと言われるんですよ」

と私が話すと児玉先生は、

「それじゃ、徳島大学でやってみましょうか。栄養学は立派に学部構成ができる学問ですから」

と言われたのです。

そんなことから、昭和三十九年には徳島大学の医学部に栄養学科が設立されました。そこで私は、わざわざ文部省まで出かけていき、

「今度、国立の徳島大学に栄養学科ができましたね。私立ではだめですか」

と言ってみました。文部省の人は苦笑しておられましたが、私のこんな面が圧力団体といわれるところかもしれません。

ともかく、徳島大学に栄養学科ができたので、私たちの学校でも昭和三十九年に学部の名称変更を申請。そして審査の結果、翌年になって栄養学部栄養学科として認められたのです。さらにその年、徳島大学に次いで管理栄養士養成校の認可も受けることができました。

ところで、私は、大学の四年のうち教養部の二年間は全寮制にしてみました。私はよく学生

に、うちの大学は花嫁学校でも料理学校でもありません、といっていますが、二年間を全寮制にしたのも、そんな意味合いからです。つまり、学生だからといって甘えて過ごさず、共同生活や炊事当番を通して、栄養士に必要な「生活の実践」を自分の体で覚え、社会に役立つ人間として「ものを見る目」「ものを考える頭」を養ってほしい、学問を実践の場で生かすくふうをしてほしい、と思ってのことです。

寮は教養部の校舎がある埼玉県の坂戸町にあって、テニスコート、バレーコート、運動場、体育館などを持っていますが、このキャンパスは都塵を離れ、清澄な空気に包まれて、青春の二年間を過ごすには絶好の場所といってよいでしょう。また、ここには二千坪の農場が管理されていますから、土に親しみながら植物学や食品学や調理学が研究されるようになっています。さらに、カウンセラーである寮監と相談しながら、自治的に生活運営をしていくことも貴重な体験になると思います。

こうして念願の栄養学部ができ、栄養学士を送り出す日が近づいたとき、私はかねてから考えていた大学院設置の申請を出しました。これは、栄養学士として巣立っていく者の中には、栄養学をさらに深く勉強したいと希望する人も少なくなかったからです。

そこで厚生省や文部省にその意向を話したところ、「小さい私立大学が大学院を持つことは難しいから、さらに研究をしたい卒業生については、医学部や農学部で勉強してもらったらどうですか」と言われました。しかし私には、学生の希望をかなえてやりたいという気持ちがあ

りましたから、「勉強ばかり教える学校はたくさんあっても、命のことを教える学校は少ないのではないでしょうか」と言って、栄養クリニックの話をしたのです。

「栄養クリニックでは、病気の人でも病気になりかけた人でも、食物さえよかったらそれで治っているんです。このような栄養学の実践を行なうためには、大学の卒業生がさらに研究を続けていく必要があります」と。

すると、「そういうことならやってください」と言われ、昭和四十四年に大学院（栄養学研究科栄養学専攻）の設立が認められたのです。

この通知があったのは、ちょうど私の七十歳の誕生日を、昇三に習った人たちが祝ってくださっている席でした。それだけに私の感激も大きく、今でも記憶に残っているほどです。

私がジョギングを始めたのは、その記念のようなものでした。栄養学を自分の体の骨の髄まで実行した証人として、これからも健康で、いつまでも働きたいと思っていましたが、ちょうどそのころ、私の体重は六五キロもあり、一時間も教壇に立っていると足がむくんでしまうのです。そこで、こんなことでは大学院までの学校経営はやれなくなると考えて、ジョギングを始めたのです。

ジョギングは、それから十年余り続けましたが、その間、階段の上り下りにエレベーターを使うこともありませんし、息切れがしたり、肩こりに悩まされることも、ほとんどありませんでした。ジョギングをやめた今も、私が健康なのは、四群点数法によって栄養バランスのとれた食事を心がける一方、自分なりの健康法を編み出して体を鍛えているからでしょう。

それはともかく、昭和四十四年に私たちの大学に大学院が認められた背景には、次のような理由があると思われます。

まず、新制大学では多くの時間が一般教養にあてられ、専門学科はいずれも入門程度で終わります。そのために、専門家や研究者を養成するというわけにはいきません。そこで、さらに二か年の修士課程と、私たちの学校にはありませんが三年間の博士課程が加えられたのです。このことは、栄養学の重要性を考えれば、高度の専門教育機関が必要なことは当然だったといってもよいでしょう。

しかし、当時はそれ専門の栄養学部を置く大学は多くはありませんでしたし、大学院はさらに少ないころでした。それだけに、大学院ができたとき私は喜びを感じると同時に、その役割や責任の重さを感じました。

それから現在までに、修士課程の卒業者は七十名にもなろうとしています。そうした意味では、もうそろそろ栄養学者や教育者となる人材を養成するために、博士課程を設立してもよいのかもしれません。しかし、その課程を終えた者が、プロフェッショナルとして社会に出て働き続けてくれるかどうか。これは社会の要求も必要ですから、私はもう少し様子を見たいと思っています。

このように、昭和八年に家庭食養研究会を始めたときから「いまに大学にしてみせる」と言い続けて、昭和二十五年にまず短大を創立し、昭和三十一年には短大二部を増設。そして昭和三十六年に四年制の大学をつくり、昭和四十二年にはその二部を開設しました。大学院の修士課程ができたのは、昭和四十四年のことです。

しかし、これで私の学校づくりが終わったわけではありません。さらに充実させるために、昭和四十九年には栄養学部栄養学科を、栄養科学専攻と実践栄養学専攻の二つに分けて、より高い能力と技術を持つ栄養士の育成に努めることにしました。

また、昭和五十五年には、栄養学部保健栄養学科を設けました。これは栄養学を通して、現代の人たちが当面している健康上の問題に、深く、かつ広く寄与しようというものです。そのため栄養学科とはまた少し違った臨床検査技師や養護教諭などの資格が得られるようになっていますが、これでさらに栄養学を社会に生かす窓を開いたといってよいでしょう。

こうして私の学校づくりは一段落したわけですが、もう一つ、私たちの学校には、大学とは別に香川栄養専門学校があります。こちらは、いわば栄養学の職業コースで、栄養士科、調理師科、製菓科があり、栄養士、調理師などを養成しています。

また地方の人のためには、昭和四十年から社会通信教育の講座も開設し、現在その受講者は年間一万名に及んでいます。

戦後、ほとんど徒手空拳の状態から出発してここまでやってこられたのは、なにもかも多くの人たちのおかげですが、ともあれ女子教育などに多少の功があったということで、昭和四十七年には勲二等瑞宝章を授与されました。そのときの感想を、私は当時の『栄養と料理』の巻頭で次のように書いています。

たどたどと長い間一筋の道を歩み続けてきました。世の移りかわりに従って、ときにはひなたに出たり、ときには日陰になったりしながら、ユニークな道を追い求めてきました。第二次大戦前後の変転きわまりない環境の中で、人々の毀誉《きよ》褒貶《ほうへん》はいうに任せて、ひたすらわが道を切り開いてきました。そのささえとなったものの一つは、激しく進歩する科学の中の栄養知識でありました。その片鱗を吸収しながら、健康はすべての人の希いだと思い、栄養学を通して病気を予防する医者として働いてきました。もう一つは、わが師わが夫・香川昇三の思想が、絶えず感動的に私の心の支えとなりました。

このようにひたむきな生活に埋もれてきましたので、数年前から春秋の叙勲をすすめられるたびに、なにか私には不似合いなものに思えて、ご遠慮申し上げてきましたが、このたび周囲のかたがたのご熱心なすすめに従いまして、受けることにしましたところ、思いがけなく勲二等に叙せられました。

長い旅路の終わりに近づいて、はからずも光を得た喜びに感激しています。仕事は、まだこれから、と夢は果てしなく拡がります。これから先、どこまで心とからだのバランスが保てるのかわかりませんが、一日一日を大切に精進して進みたいと思います。

（注・一部改変）

この瑞宝章は、私個人がいただいたというより、食生活の分野で働く人たちの代表として受章したということでしょう。このとき、私は七十三歳。もうひとふんばりしてほしいという激励だと思いました。

その後も、いくつかの功労賞などをいただきましたが、昭和五十九年にははからずもエイボン女性大賞を受賞しました。ちょうど八十五歳のときでしたが、このように私が長い間仕事を続けてこられたのは、よい協力者や関係者のみこしに乗せられて、多くの人たちの声援を受けてきたからです。

けれども、その命のもとを与えてくれたのは、私の父であり母です。とくに早くに母を亡くした私は、苦難のときも幸せなときも、母の姿を胸に抱き、母に祈り、その力に助けられて多くのことを乗り越えてきました。私が今日あるのは母のおかげと思っています。

それは、私の姉安藤歌も、妹福田多喜も同じで、前々から母にかわってなにか人のお役に立つことをしたいと考えていました。

話は前後しますが、昭和五十八年に香川栄養学園の五十周年記念事業の一環として、奨学資金設立の構想が立てられました。その年は母の昇天七十年祭で、よい機会でもありましたので、三人で三千万円を寄付しましたところ、「横巻のぶ記念奨学基金」と母の名がつけられることになりました。僅少で、お役に立つかどうか案じていますが、これは経済的困難から学業を継続できなくなった本校の在学生に与えられるものです。これに、エイボン受賞のさいにいただいたお金も、役立てさせてもらうことにしました。母が私たち三人に力を与えてくれたように、このささやかな贈り物が少しでも学生の励ましになればと思っています。

また、これと同じ志ですが、慈母像を坂戸校舎の一角に残すことにしました。人の子はだれでも母の愛と祈りに助けられながら、次なる命を育てるもの。ここを訪れる人たちへ、多くの母の祈りが伝わるようにと願っているのです。

選択の時代を生き抜くために

足が痛くなって、私がジョギングをやめたのは、五年くらい前のことです。最近でも散歩に出かけることがありますが、おもな健康法は一日に二回くらいお風呂に入ることです。

これは一種の心と体のショック療法といってもよいでしょう。仕事をやっていて疲れたり、生活に張りが感じられなくなったとき、刺激を与えるために、お風呂に入るのです。

入浴は、朝のときも夕方になることもあります。また夕食後、眠いときは八時過ぎにベッドに入り、夜中に目が覚めてお風呂に入り、それから四時ごろまで仕事をすることもあります。

お風呂は年寄りにはよくないといわれていますが、血圧が高くなければ、そんなに気にすることはありません。私は少しぬるめのお湯に入り、順々に沸かしながら十五分くらいつかります。そのあとで、全身をたわしでこすり皮膚を刺激するのです。出るときは水をかぶります。水とお湯を交互にしたり、水をかぶってヒヤッとしたら、もう一度お湯に入ることもあります。

すると、身も心もシャキッとして、また仕事をする意欲が湧いてくるのです。ただ、あまり無理はしません。一日じゅう会議が続いたり、人と会って疲れたら、一、二時間休むこともあります。これは職住近接の利点ですが、生活の中心になっているのが食事です。朝は六時半、昼十二時、夕方は六時に、できるだけ規則正しく食事をし、そのたびに一皿ごとの重量を計ってメモをつけ、食事日記を記録しています。別に、計ったり記録しなくても、だいたいわかりますが、それが私には生きているしるしのように思えるのです。

こんな話をすると、忙しいから食事日記なんてつけられないとか、そんなめんどうなことをしてどんなメリットがあるのかしらと思う人もいるようです。

しかし、このありきたりな記録が生活のコントロールタワーになったり、健康づくりの基盤となっていることがあるのです。

一九七七年（昭和五十二年）に、アメリカのジョージ・マクガバン上院議員が、アメリカ人にとって望ましい食事目標を発表しました。それによると、昭和五十五年ごろの日本人の食事は、アメリカの食事目標にほぼ近い理想的なものでした。

そこで盛んに「日本型の食事」ということがいわれていましたが、実際には、平均値で理想的なレベルであっても個々人の間の較差は広がっています。食糧の豊かな時代ですから、栄養のとりすぎや不足、食品の選び方の偏りなど、個人差がますます大きくなってきたのです。

それとともに、肥満や成人病が多くなり、胃がんが減少したのに腸がんが増えるなど、食生活の変化に伴って疾病も変わり始めてきました。

つまり、日本人の食生活は平均的にはよくなったものの、個人個人については警戒すべき状況が加わったわけです。したがって、自分で自分の食事を管理することが、よりたいせつになってきたのです。

私はその基本的なものとして、これまで四群点数法や食事日記、栄養家計簿などを提案してきました。栄養家計簿は家族の総体的なことしかつかめませんから、個人としては食事日記がほしいところです。四群点数法で、具体的に「なにを」「どれだけ食べるか」を選択し、食事日記をつけながら食事管理をしていけば、それがひいては健康管理につながるからです。

そのことは、私たちの学校の栄養クリニックにきた人たちの例でよくわかります。たとえば、Aさんの場合、身長一五三センチ、体重八〇キロで血糖や血圧が高く、お風呂で倒れたということがクリニックを訪れた動機でした。それまでの食事習慣を見ると、菓子やアルコールが多く、乳製品と野菜が少なく、外出も車に頼ることがわかりました。そこで、四群点数法の十七点（一群三点、二群四点、三群三点、四群七点）から始めて、一年四か月たってみると体重が六一キロばかりになっていました。最初、肥満度五二・五パーセントだったものが現在では一八・五パーセントになっているのです。生活意識が変わるといえばよいでしょうか。今では十五、六点を維持し、ストレッチング体操やゴルフで積極的に運動量を増やしています。

また、若い女性のBさんは、体重七〇キロで既製服は着られないほどでした。ところが今では六〇キロになり、いろんな洋服を着る楽しみもあってか、別人のように美しくなり、料理教室で生き生きと勉強するまでになっています。

このほか、四群点数法の食事で高血圧や高脂血症、糖尿病などを治した人がたくさんいますが、「なにを」「どれだけ食べるか」によって、これほどまでに健康管理ができるのです。これでわかるように現代は選択の時代でもあるわけです。

ところが、食糧が豊かなだけに、ややもすると食事がぜいたくになったり、嗜好的になったりします。また、手数が省かれる、料理の伝統がおろそかにされる、外食が多くなるなど、栄養の基本的な条件が軽んじられる傾向もあります。そのため健康にとって危険なことが多いのです。

その一つは、肉類のとり方です。これが多くなると、魚や豆腐が子どもに好まれなくなり、その結果、脂肪の種類のバランスがくずれ、血管や心臓の障害のもとをつくります。また、肉に偏ると、味の淡泊な野菜は、どうしても少なくなる傾向があります。これについては、とくに緑野菜が少なくなったり繊維が少ないことなどで、新たに腸がんとの関係が警告されているのです。

このように考えてくると、四群点数法や食事日記を、めんどうだからやらないといってすますことはできないのではないでしょうか。もちろん、四群点数法も、ただ一つの方法で完全というものではありません。けれども、栄養クリニックの例でわかるように科学的な根拠もありますから、健康への総合的な案内書として臨機応変に活用してほしいのです。

逆に、四群点数法や食事日記をつけていると、楽しいことがたくさんあります。私は「あ、この程度の暗算はまだ正確にできるな」と思ったりすることがありますが、過食をしないので料理がおいしく食べられますし、四群をまんべんなくとることからたとえば魚が嫌いな人でも栄養的に訓練されるということがあります。そしてもっと楽しいのは、栄養が具体的に生命を支配していることがよくわかることです。肥満や成人病を治した人は、その効果に驚かれるほどですが、健康な人でも自分の体をコントロールし、いつでも生きていることがはっきりしているような爽快さがあります。

四群点数法や食事日記のメリットというのは、病気を予防し健康が維持できるということです。若い人は、なぜそんなに努力しなければいけないのかしら、健康になったらなにかいいことがあるのかしらと疑問に思う人もいるようですが、健康であればやりたいことができます。

人間の持つ一四〇億の脳細胞が活発に働きますから、自分の能力を存分に発揮できるのです。

世界保健機関（ＷＨＯ）は、健康について「健康とは、肉体的、精神的ならびに社会的健全さの最上の状態をいう」と定義していますが、ただ病気でない状態を健康というのではありません。心と体が自分の能力いっぱいに働いて、初めて健康だといえるのです。そして、環境や経済的条件など社会的な健全さも、一人一人の健康によって成り立つものです。

そして、その健康を求める一つの方法として、私は四群点数法や食事日記を提案しているのです。

新たな一歩に向かって

香川栄養学園は、昭和五十八年に創立五十周年を迎え、その記念祝賀会が十月二日ホテルセンチュリーハイアットで盛大に行なわれました。

ふり返ってみると、その長い歳月には、順調なときも不調なときも、そして毀誉褒貶もありました。世相にもまれながら、ともかく栄養学の灯をともし続けた結果が、五十年という歴史になったのです。

しかし、創立五十周年は、一つの区切りでしかありません。食と健康の問題は、人間が生きている限り、永遠のテーマです。私たちは、これからさらに新しい一歩を踏み出しますが、食生活がそうであるように、一日一日をたいせつにしましょう。五十年先に目標をおかなくてもよいのです。自分の足元を見つめて、今日一日をみんなの健康のために努力をするのです。そして明日がきたら、またその一日をがんばって、いつの間にか、あらもう創立百年目だわというふうにしていきましょう。

健康の輪を大きく広げること、それが私たちの学園の創立理念であり、私の祈りでもあります。

創設の遺志を継いで

香川芳子

一　二十一世紀のために

学園に育てられながら

この本に、綾は五十年にわたる栄養学と学園の歴史を含む自分の足跡を記しています。考えてみると、私も香川栄養学園で仕事を始めて半世紀が過ぎています。綾の話と重複するところがありますが、学園での私の五十年を述べてみましょう。

私は昭和六年、東京・駕籠町（現在の文京区千石）で生まれました。本当は四月中旬生まれなのに、三月生まれとなっています。昔は出生届もゆるやかなもので、綾が自分と同じ三月生まれにしたかったようです。小さいころから私は本を読むのが好きで、戦前の卒業生から「よく本を読んでいたわね」といわれたこともありますが、きょうだいばかりで遊んでいたのと、学年でいえば一つ上の子といっしょですから、第五章にあるように、郵便局も大家さんも知らないのも無理はありません。

そのうえ、小さいころは起立性循環障害で学校の朝礼でよく倒れたり、長期間欠席した時期もあります。私自身、虚弱児童と自覚して女学校卒業までは生きられないと勝手に思い込んでいたものです。

昭和十六年に戦争が始まり、十八年に入学した女子聖学院では、二年生から板橋の造兵廠《ぞうへいしょう》で和紙とこんにゃく糊の風船爆弾づくりに動員されました。その後、私と弟たちは浦和の農場へ疎開し、そこから通った浦和市立高等女学校でも、軍需工場へ動員され勉強どころではありません。

そして、昭和二十年四月には駒込の学園が空襲で全焼。その後、学園は群馬県大胡町に疎開をしましたが、七月十七日に突然、父昇三が死去しました。その前日はよく晴れた日で、父母と長男の靖雄が宮城村の分校となっていた金子さんの蚕室の教室（現在の群馬フラワーパークの隣）に向かいました。その山道で靖雄は通学していた前橋中学（現前橋高校）の話や未来の夢を語ったとのことです。

当時私は十四歳、前橋高等女学校（現前橋女子高）の三年生。学校は工場になり、ここでも兵器の部品みがきをしていましたが、大胡の学園宿舎から前橋までの電車通学をしていましたが、工場になった学校でも田圃《たんぼ》道でも、いつ機銃掃射を受けるかわからない毎日です。今どうすればよいのか、将来自分はなにをしたいのか、そんなこともまったく考えられない状況で、父が亡くなっても泣くことを忘れたような状態でした。

だれが撮ってくださったのでしょうか。私は全国統一のスフのへちまえりの制服、三人の弟は学生服を着て、田圃道を歩いている葬儀の写真がありますが、みんな疲れたような顔をしています。学生を預かっている綾だけが、沈痛な面持《おもも》ちの中にも背筋をしっかりと伸ばしていました。綾はたいへん悲しかったに違いはないのですが、生徒と子どもを抱えて、とてもしっかりしていたのが心に残っています。

昭和二十年八月十五日、敗戦。その後、私は空襲で焼けた前橋高等女学校のかたづけをしていましたが、学園で授業を再開した綾を残して、十月に私たち子どもだけが浦和の農場に帰りました。以前と同様にきょうだいで力を合わせて、やぎを飼い、林の下草刈り、乳搾り、畑では小麦やさつま芋を作りました。私は薪で火をおこし屋外の井戸水をくんで、食事を作りました。

ところが、女子聖学院へ復学してみると、友達が次々に退学します。父親が戦死した、空襲で家が焼けたからという理由です。ある日、綾に「私は学校をやめなくてもいいの」と尋ねると、「あなたは心配しなくてもいいのよ」ときっぱりした返事です。私はその言葉を聞いて、目の覚めるような思いがしました。

それまでは女学校を卒業したらお嫁さんに行って、と漠然と考えていましたが、将来自分の子どもに今の綾と同じように答えることができるだろうか。綾の動じない態度に、女性も仕事を持ち経済的にも精神的にも自立することが大切だと気がついたのです。

私が自分の道を探し始めたのは、このころからです。ピアノもだめ、英語もだめ、でも生物や化学など理系のものなら少し自信のあった私は、医学を専攻することにしました。私はだれにも相談しないで試験を受け、昭和二十二年東京女子医科大学（当時旧制医科大学として認可されたばかりでした）の予科に合格しました。綾はたいへん喜んでくれましたが、まだ女子栄養学園が駕籠町に復活したばかりで、入学者も少なく経済的にも苦しかったはずです。

焼けたビルに板を打ちつけただけの駕籠町の校舎の一室に、私も助手の人と住んでいましたが、冬は窓の内側に雪が積もり、晴れた夜には板壁のすき間から月の光が射していました。みんな食べるのが精いっぱいの時代です。

昭和二十五年、綾の念願だった女子栄養短期大学が創立されました。同じ年に私は東京女子医科大学医学部に進学。私たち第一期生は四十人ばかりの小さなクラスでした。二年生になると大学の厳しい規則をかいくぐりながら足立区にあった東大セツルメントに参加しました。当時は結核やトラホームが多く、検診や家庭訪問をしました。皇居前広場のデモに参加して、けがをして戻ってきた仲間たちもいました。ときには、女子栄養短期大学の学生を誘って行ったこともあります。世間知らずの私にとってセツルメント活動は青春の一ページとなりました。

一方、綾はカップ・スプーンを考案し、短大を創立し、『栄養と料理』には毎月原稿を書くなど、寝る間も惜しむように仕事をしていました。弟の靖雄（現副学長）は県立浦和高校から都立小石川高校へ転入。転入のさいには、一歳だけ年上の私が多忙な母に代わって校長先生にご挨拶《あいさつ》しました。その後、達雄（現理事長）は都立小石川高校、恒雄は都立北園高校に進学しました。

昭和二十年代には、わが家でもたいへんでした。女子医大の通学路にある肉屋さんで、当時、一般家庭にはなじみのなかったハツ、タン、マメなどを買って帰ると、綾が料理をしてくれました。たまにすき焼きをすることもありましたが、私がわざわざ安い肉屋さんまで出かけて行き、こま切れを二〇〇グラム買ってきます。これが家族五人分です。私も弟たちも成長期ですから、またたく間になくなります。綾は肉には箸《はし》を出さず、ニコニコしていました。

経済的にぎりぎりの生活の中でいかに家族の栄養を確保するか。そう考えるうちに、「栄養家計簿」の原型が生まれました。私も食品を買って帰ると、かならず食品ごとの重量と価格を母に報告したものです。

もう一つ、こんな思い出があります。私は女学生時代から食事のしたくはしていましたが、料理は習ったことがありません。当然、ほうれん草ならゆでる、じゃが芋なら煮物にという簡単なものばかり。それでも綾は「私は、こんなのが好きなんだよ」と喜んでくれました。ある日、綾がじゃが芋を薄切りにして、玉ねぎの薄切りと交互に重ね、塩、こしょうで煮てくれました。そのときの驚き、そしてなんともおいしかったこと。材料不足でもくふうしだいで、こんなにも変わるものかと感心しました。

つまり、豊かな生活の中から綾の実践栄養学が生まれたわけではありません。物の多少にかかわらず、病気を予防し健康を維持するために、いかに栄養のバランスをとるかという一点から生まれたものです。それはまた、日本人の健康のためにという信念からでした。「主食は胚芽米、副食は魚一、豆一、野菜が四」から「四群点数法」が完成するまでには何十年もかかっています。

ところで、短大二部ができるまでのいきさつは十章で述べていますが、そのころ綾は疲労困《こん》憊《ぱい》していたようです。私は東京女子医大を卒業後、東大病院でインターンをしていました。そして昭和三十年五月に東大病院の医師・森本繁と結婚しましたが、式の途中で綾は気分が悪くなり、しばらく席をはずしたほどです。二部増設のために心労があったのだと思います。

短大二部ができたのは、その一年後の昭和三十一年のことです。私はインターンを終え、東大大学院吉川春寿先生の栄養学教室の院生でした。吉川先生は生化学が専門ですが、当時新設の栄養学教室の主任教授となられて、臨床検査技師制度の立ち上げにも尽力されました。臨床検査技師の一号、二号の人たちはそこの教室員と聞いています。のちに、吉川先生は本学の副学長に就任されています。

私は大学院時代に、本学の二部の授業を少し担当していましたが、ある日、教務課をのぞいてみると、新人の職員二人だけで講師や学生の世話をしているのです。これはたいへんと、私は毎晩のように出かけて講師の先生がたと話をしたり、学生の世話もしました。すると、いつの間にか二部の教務課長ということになってしまいました。

二部の学生は本当に熱心でした。仕事の疲れも見せず、居眠りをする学生もいません。のちに、私はよく「遅刻をすると授業料を返せといわれますよ」と先生方に冗談をいったものです。残念ながら、経済的にも豊かになり少子化で応募者が少なくなり、平成十三年に短大二部は廃止しました。短大二部は四十五年の歴史を閉じましたが、働きながら学ぶ学生のレポートを読むたびに感動し、勇気を与えられたものです。

二部の教務課長をしていた昭和三十三年、長女郁子が、二年後には長男明夫が誕生しました。ところが、そんな中で、綾のすすめでフルブライトの奨学生に合格しました。綾は、自分が二年前に国際協力局の招きでアメリカを視察した折に、カリフォルニア大学デービス校の家政学部長エパーソン先生に私を留学させたい旨をお願いしていたのです。娘にも広い世界を経験させたいと思ったのでしょう。

子どもが心配でしたが、綾はいとも簡単に「いいわよ、子どもの面倒は見るから」と言います。夫も賛成で、昭和三十五年にカリフォルニア大学大学院に留学することになりました。三歳前と、まだ一歳にもならない子どもを残しての出発です。もちろん、子どものことは気がかりでしたが、研究者としてチャンスを与えられたと思って出かけました。

アメリカに着いて驚いたのは肥満の人が多いことです。そのため肥満症の研究が盛んに行なわれていました。栄養実験の被験者として応募してきた人を、選別するさいの条件がユニークでした。家庭にトラブルをかかえているような人は、研究対象にはしないのです。

カリフォルニア大学大学院での私の研究テーマは、「マンガン欠乏ラットの代謝について」でした。また、教育制度や実験方法についてもずいぶん参考になりました。のちに、栄養クリニックの実践指導を行なうさいに、その経験をおおいに生かすことができました。

留学して一年半近くたったころのことです。担任教授から「カリフォルニア大学で、このまま研究を続けないか」と言われました。もちろん、家族も一緒にという意味です。私にすればうれしい誘いで、さっそく日本の綾に伝えました。

すると、「早く帰ってきなさい」と、連日速達が届くようになりました。ときには、私の二人の子どもが描いた幼い絵を同封して、「お母さんに会いたがっているよ」と書いてあります。私に続いて夫もドイツに留学したのと、綾にとっては信頼のおける後継者を早く決めたかったのだと思います。ついに綾の手紙攻勢に私のほうが音をあげて、一年半で帰国しました。

実践の伝統

戦前の小さな学園のころから綾は「いまに大学をつくる」と言い、昭和二十五年に短期大学ができ二部を開設したあとも、ふた言めには「栄養大学をつくる」と言い続けていました。とうとう綾の情熱で、昭和三十六年に家政学部食物栄養学科が設立されたことは第十章に書いてあるとおりです。
綾は『栄養と料理』の巻頭言に「女子栄養大学の開学に際して」と題して、次のような文を記しています。

女子栄養大学が認可されて、本年四月から開学の運びになりました。（省略）四年制大学を必要とした理由は、一つは、さらに深く系統的に基礎から専門へと栄養学を積み上げて勉強することによってみずから創造し、応用する能力を養い、豊かな指導力を身につけることが必要です。第二に、一般教養を身につけ、広い視野から生活を研究することにより、食生活を低く制約している生活の諸条件を改善する総合的な能力が必要です。第三は、豊かな生活感覚を備えた栄養学者を育成して、次代の女子教育に人間性と科学性の向上を期待したいためです。以上の結果、人々の健康をよくし、体力と精神力を高め、個人の幸福と社会の平和をもたらし、日本人のみならず、東南アジアの人々にも奉仕することのできる栄養士を育てることができれば幸いです。

（注・一部改変）

男女差別の教育を受けた綾にしてみれば、職業人としても人間としても実力のある女性を育てたいと思っていたのです。当時でも栄養学への理解は浅いものでした。栄養学が理科系の分野であるという認識も、特に男性にはほとんどなかったのではないでしょうか。そのため「栄養学は科学的であり、科学の分野である」と社会的に認められない限り、優秀な男子学生が本学にくるとは思えない。それならば、熱心な女子だけのほうが高い教育ができる、と綾は話していました。女子栄養大学という名前にも、綾の信念がこめられています。

カリキュラム一つにしても苦労をしていた家政学部が、栄養学部栄養学科として認可されたのは昭和四十年のことです。学部が埼玉県坂戸市に移転を完了したのはずっとあとのことですが、当初、学生たちはみな教養部の二年間は坂戸で寮生活を送りました。当時、東武東上線に若葉駅はなく坂戸駅を利用しており、通勤する先生がたも職員もたいへんで、少し遅くなると暗い道を駅までよく走ったものです。しかし、栄養学部誕生という喜びがあり、みんな溌剌《はつらつ》としていました。先生がたも若く、放課後の校庭で学生といっしょにテニスをする姿がありました。

私が栄養学部に導入したのは臨床検査です。医学部の学生のころから担当患者の臨床検査をさせられていたので、東大病院でのインターン時代も他のインターン生から頼りにされていたものです。栄養士も栄養に関係のある検査結果を理解し、そのうえで栄養指導をすることがたいせつだと考えたのです。学生には、自分の血液で貧血の有無を調べたり、血糖値を測定し、健康状態を把握するのに臨床検査が重要なことを体験させせました。学内の健康診断でも、貧血やコレステロールなどの検査は私の研究室が担当しました。

また当時、夫・繁が東大の産婦人科にいたので、妊婦さんたちの栄養調査、栄養指導を私の研究室で行なっていました。そんなデータの集計や分析のために、コンピュータに関心をもち、短波ラジオでソフトの勉強をしました。まだ簡単な計算しかできない時代でしたが、新しいものが好きな私は夢中になりました。また、私のカメラ好きは、大学院生時代に、海外の新着専門雑誌を読むためにカメラを手にしたのが始まりです。というのは当時、貴重な新着雑誌を若い院生が長く借りることはできなかったし、コピー機もない時代でしたので一晩で写真に撮って勉強したのです。

夫の繁は昭和四年生まれ、私とは二歳違い。東大のインターンで知り合いました。江田島の海軍兵学校に終戦までの数か月在籍したこともあり、当時の学生が学べなかった勉強をしっかりしていたようです。旧制三高時代と東大医学部時代では水泳部に所属し、卒業後もよく泳いでいました。八人きょうだいの長男だったので、英語力を生かして進駐軍の電話交換手の仕事をしながら学費をすべて自分でまかなっていました。

結婚のとき、綾の強い希望により、私が香川姓を名乗れるように、繁は長男でしたが香川姓になってくれました。

本学でも公衆衛生や栄養病理学を教えるなど、ずいぶん協力してくれました。趣味も広くカメラや車、水泳、英語もドイツ語も堪能。そして勤務先や患者さんには柔和で信頼されていたようですが、家では寡黙《かもく》な人でした。しかし、口数は少なくても、郁子と明夫を見るときは満面の笑みを浮かべていたものです。

あれは昭和五十七年十月二十五日のことです。当時、繁は厚生年金病院の産婦人科部長で、私がドライブがてら病院まで送ることにしました。朝八時過ぎ、文京区千石の交差点で信号に従って右折しようとしたときです。そこへ居眠り運転の鋼材を満載したトラックが、中央分離帯の植え込みの陰から飛び出してきて私たちの車に衝突、一瞬の出来事でした。私は気を失っていましたが、救急車に運び込まれながら、かすかな意識の中で繁の顔を見ました。そして「ああ、だめだ」と思った瞬間、また気が遠くなりました。それが二十七年間、私を支えてくれた繁との別れでした。私は内臓出血のため葬儀にも出られないまま、五十日間の入院生活を送りました。

幸いその四年前に、私は滝野川教会で洗礼を受けていました。子どもたちも幼いころからキリスト教に接し、どちらも高校二年のときに洗礼を受けています。私は綾の影響と女子聖学院でキリスト教に触れてきましたので、以前から洗礼を受けることは心に決めていましたが、子どもたちが自分の意志で洗礼を受けるのを待っていたのでそれを見届け、安心して私も受けたというわけです。

本学はキリスト教ではありません。また、信教は自由ですから強制するものでもありませんが、旧約聖書のイザヤ書に、

生れ出た時から、わたしに負われ、
胎を出た時から、わたしに持ち運ばれた者よ、
わたしに聞け。

わたしはあなたがたの年老いるまで変らず、
白髪となるまで、あなたがたを持ち運ぶ。
わたしは造ったゆえ、必ず負い、
持ち運び、かつ救う。（旧約聖書、イザヤ書第四十六章三節～四節）

とあります。すべてを創造主に任せ、私は自分の役目を忠実に精いっぱい果たせばよいと思いました。大げさかもしれませんが、〝神を仰ぎ人に仕える〟ことにしたのです。これは女子聖学院のモットーでもあります。

そのころから、私が生かされているのは、綾の主張や生き方を見つめながら、高齢になった綾を見守り、栄養学や健康に対する伝言を受け取り、私たちのあとに続く人たちに伝えていく役割があるからではないか、と考え始めたのです。

しかし、人生は有為転変《ういてんぺん》、なにがあるかわかりません。平成三年、一人娘の郁子が亡くなりました。小学生のときから食事のしたくをしてくれるような素直な子でしたが、東京女子医科大学を卒業し、医者として歩み始めたばかりでした。心不全のため、三十三歳という若さでこの世を去りました。今でも学生を見ると、ふと娘を思い出すことがあり、幸せになってほしいとつくづく思います。

私事はさておき、私がアメリカから昭和三十七年に帰国したとき、肥満の人が増えていることに気づきました。それまでは欠乏の栄養学といい、不足を満たすことが中心でしたが、これからは適正に食事をしなければ肥満になると思いました。その後、予想どおり肥満が問題になり始め、食事指導をする糖尿病学会が指針を立てることになりました。

綾が糖尿病食品交換表を作る委員会に日本栄養・食糧学会のメンバーとして参加したのは昭和四十年のことです。そのころ、すでにアメリカでは一〇〇キロカロリーを一点として計算するようになっていました。ところが日本の食品は卵一個（五〇グラム）、魚一切れ（七〇グラム）というように（注・食品成分表の数値の見直しに伴い一部変更）一回の食品量がだいたい八〇キロカロリーです。

あるとき、委員会から帰宅した綾は、

「一点、八〇キロカロリーに決まったわ」

と本当にうれしそうにいいました。このほうが日本人には向いているということです。

ところがその後、どの食品群を使うかという段になり、綾が「四つの食品群」を使ってはどうかと提案したところ、出席者から「それは健康人のものでしょう。これは糖尿病の患者用です」とか「あなたは臨床の経験がないのに」とか言われました。そして、厚生省（注・現厚生労働省）が六つの食品群を使用しているので大半がそれに賛成です。結局、「国全体のことだから六つの食品群でやります」といわれ、綾はサッサと帰ってきたといいます。

「健康な人も病人も基本は同じで、エネルギー以外のものは欠乏しないように栄養のバランスを取る。あとは、その人の条件や病状に合わせて増やしたり減らしたりすればいいのだから、数が少なく、群分けもわかりやすい四群のほうが理解しやすく実行しやすいのよ」と、話していました。

そのころではなかったかと思います。綾は学校でころび腕を骨折して東大病院に入院しました。戦時中の栄養失調に加えて過労と高齢で骨が弱り、太ってもいたので肥満はよくないと実感したようです。また、四群が採用されなかったことで、かえってファイトが湧いたのでしょう。昭和四十二年から四群点数法によって「食事日記」をつけはじめ、一群から三群までを各三点とし、四群のエネルギーを減らすことで減量に成功しました。

もう一つ、糖尿病学会は八〇キロカロリーを〝一単位〟としましたが、同じ八〇キロカロリーを〝一点〟と数えることにしました。同じ量なので糖尿病学会の交換表と共存しても混乱しにくいし、計算しやすいからです。しばらくは「香川式食事法」と呼んでいたものです。しかし個人名より、広く利用されるように「四群点数法」のほうがよいと私が主張して決定しました。

この四群点数法が、簡単にだれでも容易に実行できることを実感し、減量に成功した綾は、意気揚々と「四群点数法」を学会に出しましょう、といい始めました。しかし、すべての人を納得させるには、綾一人だけのデータでは不十分です。そこで昭和四十三年に学内に栄養クリニックを開設、私が初代の所長になりました。そして『栄養と料理』で肥満者を募集し、テストケースとして四群点数法で食事指導をし、脂肪で体脂肪の減少や血圧の変化、血清脂質（コレステロールや中性脂肪）などを調べました。その後、豊島区医師会に登録し、正式にスタートさせたのは昭和四十四年のことです。当時の助手は「先生、栄養ってすごく効くんですね」と驚いていたものです。

それ以来、栄養クリニックの活動は三十九年間続いています。ヘルシーダイエットコースは現在六か月で、週に一回、受講者はすでに五千人を超えています。おもに食生活指導を行ないますが、肥満や高血圧、高コレステロール、高血糖の改善など生活習慣病およびメタボリックシンドローム（内臓脂肪型肥満によってさまざまな病気が起こされやすくなった状態）の改善に効果を上げています。

のちに、香川靖雄が、本学の栄養科学研究所所長として、大学院生に二十年以上前の受講者の追跡調査をさせたところ、連絡の取れた約二五〇人は平均約七十歳で、みんな信じられないほど健康でした。遺伝子解析もしましたが、高血圧や肥満になりやすいという因子はあるものの、発症はほとんどありません。これは食事指導で生活習慣病の一次予防が可能だということです。

また、近年ではビタミンB群の一つである葉酸は不足すると貧血になり、動脈硬化を起こしやすく心筋梗塞や脳梗塞、認知症の発症リスクを高めることがわかっています。特に、妊婦の場合、初期に不足すると胎児の神経管閉鎖障害の危険が高いのです。そのためアメリカやカナダなどでは一九九〇年ごろから穀類製品に葉酸の添加を義務づけています。日本人には葉酸を利用しにくい遺伝体質の人が一五パーセントいます。本学でも希望者の遺伝子分析を行ないましたが、葉酸を利用しにくいタイプの人は葉酸の多いレバーや緑茶、野菜などをたくさん食べるとか、サプリメントで補えば心筋梗塞や認知症などの予防ができます。

栄養クリニックでは、こうした遺伝子解析の結果をふまえて、受講者本人が希望する場合には、事前に遺伝子を調べて、その人に合わせた食事指導を行なうようになっています。いわゆるテーラーメードの栄養指導で、これは日本で初めてのことです。これまで一律にやっていた指導法と違い、たとえば肥満の遺伝子を持つ人は、普通の人と同じように食べていると肥満しますから、二〇〇〇キロカロリーくらい少なめにするなど、本人に合わせてきめ細かい指導をしています。もちろん、糖尿病、高血圧、脂質異常症なども、遺伝子の有無によっても栄養指導や運動指導が違います。なによりも、遺伝子がわかれば病気を発症する前に予防対策が立てられるということです。

現在、日本ではメタボリックシンドロームが大きな社会問題になっていますが、経済的、時間的な理由から遺伝子解析はほとんど行なわれていません。本学が新しい予防対策に積極的に取り組んでいるのは、「食を通して人々の健康を維持し、病気を予防する」という建学の精神があること。また、生活習慣病研究センター、栄養科学研究所、栄養クリニックなどがあり、最新の設備で最先端の研究をしており、研究と実践が一体となって初めて健康づくりに奉仕できると考えているからです。

それはともかく、私は栄養クリニックを担当して「食によって病気を予防している」人たちを数多く見てきました。主としてダイエットコースでしたが、修了者でつくられた「綾の会」の人たちは、十年後、二十年後に会ってもみんな生き生きとしていました。クリニックで学んだ自分に合った食事法をずっと実行しているのです。

また、最近気づいたことですが、本学の卒業生のなんと元気なこと。平成二十年に、私は七十七歳となり小学校から大学まで喜寿の会が行なわれましたが、その中では本学の卒業生がいちばん元気に活動しています。四群点数法を学び、栄養のバランスをとることを在学中に身につけているからでしょう。綾が言い続けた〝実践の精神〟が受け継がれています。私は元気な卒業生に会うたびに、喜びと勇気を与えられていますが、教育の原点はお互いに喜び合えることではないでしょうか。

食と健康の総合学園に

昭和四十年に家政学部を栄養学部に改組し、昭和四十二年には大学の二部を開設。さらに昭和四十四年には大学院栄養学専攻修士課程を開設しました。昭和三十九年に東京オリンピックが開催され、食糧が豊かになるにつれ肥満や糖尿病が増加したことなど、社会的に栄養学と病気の予防に関心が深くなってきていたからです。

大学院開設にあたって、文部省（現文部科学省）から派遣された審査員の先生がたは、当初「栄養学で大学院？」と疑問視されていたようですが、栄養クリニックを見て、これこそ大学院にふさわしい研究施設だといって、全員一致で認可されました。

昭和五十五年には栄養学部に保健栄養学科（現在、保健栄養学科は栄養科学専攻と保健養護専攻に分かれている）を開設しました。当時まだ私は教務を手伝っていたので、新学科申請に文部省を訪れたときのことをよく覚えています。

「新学科をつくりたいのですが」

「えっ？　新学科なんて」

と、担当者に無視されそうになりました。ところが、私が「養護教諭を育てたいのですが」と言うと、驚いたことに、さっそく申請という運びになりました。

ちょうど、そのころから少子化が始まっており、「うちの大事な子どもが学校で熱を出したりけがをしても、養護の先生がいないのでは困る」という父母の声を受けて、文部省が養護教諭の全校必置を決めたばかりでしたが、具体的な養成計画がなかったのです。「定員は臨床検査技師、養護教諭合わせて五十名」と言うと、「たったそれだけですか」と逆に文部省の人に問い返されたほどです。

当時、養護教諭を養成する四年制の大学は少なく画期的なことでした。「なぜ四年制の大学でするのか」と問われたこともあります。できれば栄養士と養護教諭をいっしょにとれるようにしたかったからですが、実際には認可されませんでした。

栄養学を学んだ養護教諭の養成を目指したのには、次のようなわけがあります。

私が心配したのは子どもの食習慣です。スナック菓子などが氾濫し、子どもたちは食べ放題、肥満が増加していました。ところが一度身についた食習慣はなかなか変えることはできません。子どものうちに栄養や食べ物、健康のことを教える必要があります。本当は栄養士が教えればいいのですが、栄養士には教員資格がありません。また、教員の場合、栄養のことを指導するとしても自分のクラスだけです。そこで、養護教諭なら全校の健康状態に問題のある子どもを指導できると考えたのです。最近は養護教諭を養成する大学も増えてきましたが、優秀で熱心な先生方のおかげで、本学の卒業生は高く評価され、採用率も全国一を誇っています。

創立50周年祝賀会

ここまで短大、大学、大学院、専門学校と次々に開設し、苦労はあったにしろ順調のように見えます。しかし、栄養学や健康のたいせつさは、本当に理解されてきたのでしょうか。

学園創立五十周年を昭和五十八年に終え、二年後に

『栄養と料理』創刊五十周年記念展を開催したときのことです。

「栄養と料理展」は五月二十四日から二十九日までの六日間、西武百貨店池袋本店の大催事場で行なわれました。私は実行委員長を務めましたが、企画会議のとき、綾が「食と健康のたいせつさについて知ってもらうには、いいチャンスです。人の集まるデパートでやりましょう」と言って決まったものです。会場は「暮らしの栄養学」「栄養クリニック」「ヘルシークリニック」「食べ物知識物知り館」「栄養と料理の歩み五十年」「ヘルシーレストラン」のテーマに分かれていましたが、食生活診断や健康相談、ヘルシー料理教室や体脂肪測定など、どのコーナーも満員です。また、先生がたによる講演も毎日行なわれ、熱心にメモを取る人がたくさんいました。六日間で来場者は五万人を超え、デパート側の要請で宇都宮店、船橋店でも開催したほどです。

この記念展は確かに成功でした。栄養と健康への関心が高まっていたからといえます。栄養大学ってなにを勉強しているの？　どんな研究をしているの？　栄養と健康の関係は？　そんなことを知りたい人たちがたくさんいたということです。

しかし逆にいえば、関心が高まっているとはいえ、本当のところはよく理解されていないのではないかという思いにとらわれました。

そのころから、私は栄養学プラスアルファのなにか新しい学科が必要ではないかと思うようになりました。のちの文化栄養学科の種のようなものが芽生えたのです。

弟たちの応援

残念ながら、その当時の学園はけっして新しい学科をつくれるような状況にはありませんでした。当時、理事長・学長・校長であった香川綾はすでに八十代半ばであり、運営面を人に任せていたことと、大きな累積赤字をかかえており、学園は経営的に危機的な状況にありました。

さらに、昭和六十三年五月に綾が乳がんの手術を受け、生命の危険が心配されました。綾は病院へ見舞いに来た三男の達雄に、学園に入り、後継者として学園運営の正常化をはかってほしいと依頼したのです。

理事長就任当時の香川達雄

達雄は大学で機械工学を専攻し、三十年間民間企業で原子炉の開発研究や安全研究に従事していたのですが、原子炉が工業製品として機械的にはほぼ完成されたという判断から、後輩にあとを譲り、子どもたちの教育と、新しい事業のためにオーストラリアのパースに移住することになっていました。しかし学園のためにパースから単身赴任で東京に戻ることが急遽決まりました。そして六十三年七月から学園の職員となり、新しい常務理事とともに学園運営の正常化にとりかかりました。

綾は達雄が学園に入ってくれたことをたいへん喜んでくれましたが、ほとんど家族と別居同然で学園の仕事をするのを気の毒に思っていたようです。

昭和六十四年、大学院に栄養学専攻の博士課程が開設されました。綾はこのこともたいへん喜んでおりました。この年の綾のことは鮮明に覚えています。そして年の明けた一月二日、連日、昭和天皇の病状が伝えられていたので、私と二人で寒い中を山手線に乗って皇居に行き、お見舞いの記帳をしました。綾は「だいじょうぶかしら、どうしていらっしゃるのかしら」となんども繰り返していました。同じように明治、大正、昭和と生きた者として感慨深いものがあったのでしょう。大喪の礼にも二人で参列しましたが、そのときの綾の寂しげな姿を忘れることはできません。

平成二年、綾は理事長・学長・校長を退任して学園長となり、理事長と学長には達雄と芳子がそれぞれ就任しました。

新理事長は以来、経営に手腕を振るい、八年間で累積赤字をゼロとして、特に新校舎の建設、多くの老朽化した実習室の改装など施設設備の面で面目を一新、充実させました。また、ＩＴ化とＰＣの充実、教育への活用、ＬＡＮ敷設も完了させ、事務のＯＡ化も積極的に行ないました。

さらに本学では従来消極的であった国際交流についても、達雄が個人的にパースの大学と交流を始め、平成六年にはオーストラリアのパースにある三つの大学と正式に教育研究協約を結び、特にカーティン工科大学とはきわめて親密な関係を築き、平成十年、同大学の中に本学のアカデミックオフィスを持つまでになりました。その後、毎年学生の短期留学や教員の交流なども行なっています。また、専門学校でも平成十五年よりパースの専門学校ＳＷＡＮ　ＴＡＦＥとの交流、学生の留学なども始めることになりました。

企業方式を用いた新理事長の学園運営は学園の組織を一新して人員の有効活用を容易にし、目標管理方式を導入して各人の仕事を明確にするとともに、教員と職員の分担をできるだけ専門化することによって、教育研究や学生へのサービスにできるだけ多くの時間をさけるようにしました。

副学長就任当時の香川靖雄

十八歳人口が激減し、国立大学の法人化、株式会社立大学が認可され、さらに新しい大学が次々に創設される中、まさに私学は大競争・氷河時代を迎えています。本学は将来を見据《す》えて、この困難な時代に対応できる学校経営の理想的な形をつくることに努力しています。

平成十一年からは、非常勤だったいちばん上の弟、香川靖雄が大学副学長・短大部副学長に就任しました。靖雄は東京大学の生化学教室の助手などを経て、栄養学の中心といわれるアメリカのコーネル大学の生化学分子生物学客員教授となりました。帰国後、自治医科大学で生化学の教授として教鞭をとり、名誉教授となってから本学へ来ました。

本学では、生化学の一分野にとどまることなく、栄養学における最新の学問分野の研究や指導にあたり、文部省（現・文部科学省）の助成によるハイテクリサーチセンター「高度バイオテクノロジーによる生活習慣病の一次予防」の研究代表者として足かけ十年に及ぶ国内外の調査研究を続けています。また、栄養科学研究所所長として、本学の学問的水準を維持するための推進役となっています。そのため研究教育の功績で紫綬褒章に続き瑞宝中綬賞を授与されたことは女子栄養大学にとって名誉なことでした。

また、学生指導のための大学教員の訓練、ＦＤ（ファカルティ・ディベロップメント）を導入するなど、教育者の意識改革にも力を入れて、管理栄養士国家試験合格率も飛躍的に改善されました。

そして、平成十九年には第三十九回アジア太平洋公衆衛生学術連合の国際会議、平成二十年度には、日本の栄養学の最大の学会である第六十二回日本栄養・食糧学会の大会を全学が一致協力して開催しました。

こうしてきょうだいそれぞれが、綾の遺志を受け継いだ者の一人として、学園のために奉仕することを心に決めています。

平成十八年からは私の長男・香川明夫が短大部准教授として加わりました。明夫は玉川大学卒業、上越教育大学大学院修士課程を修了、長く小学校の教諭として「子どもの食育」について研究をしていました。実行力や決断力のある綾と違って、のんびりしている私のことをみんなが心配してくれたのでしょう。

食文化栄養学科について

文化栄養学科（現食文化栄養学科）の議論が始まったのは、平成二年ごろだったと思います。九十歳を過ぎても綾の栄養学への情熱は衰えていませんでした。教授会で「少子化によって日本じゅうの大学は真価が問われています。こんなときこそ、女子栄養大学は社会のニーズにこたえながら飛躍しなければなりません」と発言し、それから私たちの新学科への模索が始まりました。

考えてみると、本学は栄養士や管理栄養士、臨床検査技師、養護教諭、家庭科教諭など多くの卒業生を出し、社会に貢献しています。しかし、世界じゅうの情報や食料があふれ、パソコンもあたりまえのように使われ、レジャーや食嗜好など個人の食生活も生活形態も多様化しています。

たとえば、フランスの大統領の食事会ではお客によってメニューもワインも違います。会話やエチケットはどうか。国によってはタブーの食物があり、国民性や宗教、食習慣の違いもあります。また、アメリカの資料を見ると、職業人の七割から八割くらいは食に関係があるといいますが、当然、生活スタイルも価値観もストレスなども違います。つまり、食の分野にも社会学的な側面や文化的な側面があり、栄養士教育だけではカバーできないことがあるのです。

教授会では、情報に重点を置きたいとか環境だとか調理だとか、さまざまな意見がありました。結局名称は「文化栄養学科」に決定しました。これまでは栄養と健康が中心で文化は付随したものでしたが、栄養と社会・文化の両方を見据えた学科ということです。文部省の認可を受けるまでに三、四年かかったように思います。次の文章は、私が『香窓』(香川栄養学園誌)に書いた「文化栄養学科新設について」の概要です。


平成五年度から女子栄養大学に文化栄養学科が開設される。日本では最初の学科である。これによって本学の栄養学部は栄養学科(実践栄養学専攻・栄養科学専攻)と保健栄養学科と合わせて三学科になった。

本学は創立以来、一貫して健康を守る食生活を目指して教育・研究にあたってきた。しかし、食には健康を守る基本的な働きのほかに、地域・環境、宗教・習慣などによる伝統や文化があり、個人の食生活を左右する要因である。こうした側面について飽食の日本では関心が深まっており、既存の学科では履修するのは無理である。

そこで新たに食の文化、社会的な面を中心とする学科の新設に踏み切った。すなわち基礎としての栄養の意義を心得た上で、食の文化とは何かということからはじめ、その多様性や重要性を具体的な食生活から学ぶのである。同時に、あふれる食の情報を処理する能力を養うように情報処理の設備も充実させた。一方、自己の持つ知識・技術を伝達する表現能力を身につけ、在学中に各自の目的に合った現場において実践・実習するなどのカリキュラムを工夫した。

従来とは少し異なる文系が増加することを期待しているが、幅広く素質のある学生を受け入れ、食の文化的側面についての教育・研究を進めたい。また、国内に限らず、国際的にも研究し、活躍できる「より人間的で豊かな食生活」のための人材の育成を目指し、多くの人が幸せになるような食生活を実現したい。これは栄養を専門とする本学の使命であり、社会の期待に沿うものであるが、色々な素質ある人々による、幅のある発想で食の研究が発展することを望んでいる。

飽食の時代、正しい食生活の普及は重要である。栄養の基礎を心得、食の文化面についても深い理解と実践・伝達の能力を備えた卒業生を育て、人々に楽しい豊かな食事で健康を享受して貰えるようにしたいと願っている。

こうして平成五年に文化栄養学科を開設しました。この学科には、はじめから二十名の編入生枠を設けました。基本的には資格取得を目的としない学科であり、自分でテーマを決めて三年の後期から一年半、国内外で研究・実習することとされているため、本気で食に関して学び

食文化栄養学科卒業論文（平成19年度一部抜粋）

フランスのブルターニュ地方の食文化	中高年男性の料理教室
コーディネーショントレーニング	野菜パンで食育
懐石料理を取り入れたら？	水戸納豆
デパ地下グルメについて	梅酒の梅を再利用
リラクゼーションshopのお茶	富士宮焼きそばの魅力
食べ物から見える香港	日本を導いた稲と米
北欧デンマークの食紀行	新式・おままごと
食の方言	カフェの魅力と若者文化
フェアトレードの魅力	ひとりカフェ
新商品開発―女性が買いたい缶コーヒーを目指す	赤ちゃんの離乳食
	幼稚園の食育
デザートになるお酒	ストレスと食欲
ダイエット法の変遷	色のチカラ
汁かけ飯	陰陽体質
魅惑のお菓子「落雁」	薬草を楽しむ
ブライダルテーブルコーディネート	

たい学生を入学させたいと考えました。

もともと大学は先生から基本は学ぶとしても、各人が研究したいことを自ら学ぶところです。その意味で、文化栄養学科は本人の個性と希望に合わせて学習ができるという魅力が理解されたのでしょう。しだいに優秀な学生も増えてきました。一覧表のように、毎年個性的な卒業論文が提出されます。

平成十八年には、「食文化」の教育・研究という目的を明確にするため、「文化栄養学科」を「食文化栄養学科」に改称しました。さらに最近では希望すれば、三年生の一年間、香川栄養専門学校の調理師科に通って調理師免許を取ったり、選択すれば介護食士三級を取得することもできます。また、製菓科で学ぶこともできますし、フードスペシャリストなどの資格も取れるようになり、ますます幅広い魅力的な学科になりました。

「順境には枝を伸ばせ、逆境には根を張れ」という言葉がありますが、平成七年には大学院に保健学専攻修士課程を開設。そして平成八年、厚生省が「成人病」を「生活習慣病」に改称したことからもわかるように、社会的なニーズもあり、平成九年には大学院保健学専攻博士課程を開設することができました。本学は卒業生をはじめ多くの人たちの協力によって、枝を伸ばし根を張ることができたのだと思います。

二　学園の使命

学びながら生きる

平成二年、綾は九十一歳のとき、学長・理事長を私と達雄に譲って学園長になりました。けれども、しばらくは理事会や卒業式や入学式、大学院の特別講義などで忙しく、また平成三年には文化功労者、平成五年には名誉都民として顕彰され潑剌としていました。そのころにはジョギングをやめ私と散歩を楽しむようになっていましたが、桜の季節には駒込キャンパスや染井墓地（染井吉野桜発祥の桜の名所）へ、藤のころには六義園へと折々の花を楽しんでいました。そして家にいるときは聖書を読んだり庭の植木や餌台にくる小鳥をながめたり、頼まれた色紙を書くなど、穏やかな毎日でした。ときおり靖雄が語ってくれる最新の学問情報にはたいへん喜んで耳を傾け、研究書を熱心に読んでいました。

平成九年三月二十八日には学園の理事会に出席し、満九十八歳・白寿の祝賀会で乾杯。二十九日は卒業生のクラス会に出席。三十日は私の誕生日を祝って家で夕食をともにして休みました。

綾が倒れたのは三月三十一日の早朝のことです。「すぐに来てください」ということで、同じ敷地の別棟に駆けつけると、綾はヘルパーさんにもたれかかるようにして頭を垂れていました。その直前、綾はトイレに立ち「あなたは起きなくてもいいのよ」とヘルパーさんに声をかけたそうですが、便座に座ったまま意識を失ったようです。私はすぐに、脳卒中だと思いました。もう高齢なので覚悟はしていましたが、あまりに突然のことでした。

まもなく、救急車で綾の母校である東京女子医科大学付属病院へ運ばれました。診断は、くも膜下出血。出血がひどく手術は無理でしたが、延命処置はしないことにしました。綾は、集中治療室のベッドでどんな夢を見ていたのでしょうか。私と弟三人が見守る中で四月二日午前九時過ぎ天に召されました。綾は桜が大好きで、坂戸校庭にたくさんの桜を植え、駒込校舎のそばの妙義神社にも桜を寄贈したほどです。私にとっては母であり尊敬する先輩でしたが、人々の健康のために懸命に栄養学の道を走り続け、桜の季節に終止符を打ったみごとな生涯だったと思います。

ところで、食文化を含めて栄養学の分野は、研究者がすばらしい成果を上げたとしても、私たちの生活から遊離していれば人は健康にはなりません。研究の成果を食生活の中で実践できるように取り組む人、大学や短大で栄養学や料理を学び社会に出て働く人、家族の健康のために役立てる人もたいせつです。そして料理やお菓子作りを楽しみながら、「健康という種をまいて育てる人」もいるでしょう。健康という輪を広げるためには、そんな教育の場も必要です。

昭和三十四年には香川調理師学校を開設しました。現在の香川栄養専門学校の前身ですが、当時はまだ食糧が豊かではなく、都内でも料理の専門学校は珍しかったように思います。綾はプロを目指す学生をたいせつにし、作品展は毎年楽しみに見学していました。

長年、栄養士科、調理師科、製菓科がありましたが、平成二十一年度からは栄養士科を短期大学部に一本化し、新たに二年制の「調理マイスター科」を発足させました。ここでは、幅広い知識と技術を備えたプロの育成を目指します。

本学は訪問介護員の養成施設として認められており、調理師科では、調理師免許はもちろん選択科目を履修すれば介護食士三級の資格も取得できます。調理師として料理店や施設で働くにしても、自分の店を持つにしても、体の不自由な人のためにどうすればよいか、お年寄りにはどんなメニューがよいかなど、現代の社会のニーズにこたえることができます。

調理師科では駒込キャンパスのレストラン「松柏軒」で、また、製菓科では製菓工房「プランタン」で実習を行なうことができるのも魅力です。

「松柏軒」は昭和四十二年に開設しました。東京オリンピック三年後のことですが、国際化社会にあって正しいテーブルマナーやエチケットを身につけること、また日本の伝統料理などの学習もたいせつだと考えたのです。そのため一般の人も利用できるようにしました。懐石料理、日本料理、西洋料理とありますが、綾は懐石料理を愛し、よく会に出席していました。同じ年から「食事日記」をつけ始めていますが、懐石料理の献立が貼りつけてあったほどです。西洋料理や日本料理についても「栄養のバランスがとれ、おいしくて、健康になるレストラン」と、自慢げに話していました。

栄養のバランスをとることは健康の第一条件ですが、それを広く伝えたいと開設したのが社会通信教育「栄養と料理」講座です。いつでも、どこでも、だれでも受講できるようにと、昭和三十五年に「たのしい食事」料理通信講座として誕生。昭和三十九年に当時の文部省の認定を受けました。今では生涯学習が盛んになっていますが、その先駆けといえるでしょう。綾が提唱した調味パーセントに基づく料理カードやカップ・スプーンの計量、わかりやすい教科書などが評価され、糖尿病の予防のために役立ったとか、健康になったという人もたくさんいます。また、本学の生涯学習講師認定制度の生涯学習インストラクターへの道が開かれ、料理講習会の講師や地域のボランティアとして活動している人もいます。

「栄養と料理」講座と同じように、古い歴史を持つのが「家庭料理技能検定」（登録名・料検）です。昭和三十八年に「女子栄養大学料理技術検定」として全国で始まりました。これは食生活の正しい知識を身につけ、栄養バランスのとれた、おいしくて見た目にも美しい料理を作れるようになるというのが目的でした。昭和六十二年には学校法人としては初めて文部省の認定となり、平成十八年からは文部科学省後援の検定となりました。「料理」は実践栄養学の基本です。理論だけでは日常の食生活につながらないからです。本学の在学生は基本的に全員料検を受験します。料検は調理技術の証明として高い評価を受けており、ヘルパーや食品会社、施設などに就職するさいも有利です。そのせいか、最近では男性の合格者も増えています。

「食は命なり」という言葉があります。人間は食べることで命を支え健康を保っています。しかし、まちがった食生活をしていると病気を誘発することもあります。生きている限り、私たちは食べるわけですから一生の問題です。一方、命は自分で守るのがあたりまえ、だれかが最後まで守ってくれるわけではありません。つまり、食と健康は一生学び続けることがたいせつなのです。

その意味で「栄養と料理」講座や「家庭料理技能検定」は最適です。そればかりか、ヘルパーになりたい、ボランティアをしたい、病気の家族のために、あるいは退職したので料理のことを勉強したいなど、やりたいと思ったときがチャンス。学ぶに遅いということはありません。学ぶことで生きる力と明日への希望が生まれるのです。そして主婦も高齢者も男も女も、健康であれば心も豊かになります。さらには認知症も防ぐことができるのではないでしょうか。

綾が最後に倒れたときのことです。当時、自治医科大学で生化学の教授をしていた靖雄が、「母の遺伝子を知りたい」と病院に依頼をし、血液検査や生化学、病理学などの検討が行なわれました。その結果は『人生あせることはない』（香川芳子著、毎日新聞社刊）に「老化と食生活、香川綾の場合」として靖雄が記しています。

それによると、綾には特別に有害な遺伝子も、長寿の遺伝子も見当たらなかったということです。また、老人性認知症を防ぐ遺伝子もありませんでした。つまり、長寿遺伝子がないにもかかわらず、九十八歳まで長生きをした。一般人と同じ遺伝子で老人性認知症になる可能性はあったが、認知症にならなかったということです。最晩年になってもきちんと食事をし、短歌を詠み、習字をし、花を生け、庭の草花に興味を示すなど、頭を働かせていたからでしょう。

綾の死亡原因となったくも膜下出血は、一般的には六十歳前後に破裂してもおかしくないタイプのものでした。それなのに九十八歳まで元気で、解剖所見にもきわめて珍しいと書いてありました。いずれにしても、綾は自分の主張した実践栄養学の正しさと実践することの大切さ、そして学びながら生きれば心身ともに健康で人生が楽しいこと、それを証明したといえるのではないでしょうか。

そして、これこそ私へのメッセージだと感じています。

「栄養学を実践する精神を伝え、健康のために尽くす人たちを育てなさい。それが本学の使命であり、芳子さんのいう人に仕えること、人のために奉仕することだと思いますよ」

綾のそんな声が今でも聞こえてくるように思います。

私は毎年、短大と大学のすべての新入生の前期に「実践栄養学」という科目を担当しています。私はこの授業をとてもたいせつにしています。まず入学式のあいさつで、

「五月の連休に旅行の予定がある人は、ただちにキャンセルしてください。そして連休には四群点数法で食べて、その食事の写真をとり、食事記録を提出していただきます」

と言います。入学したとたんに宿題ですから学生は驚くようですが、まずは〝実践する〟こと、自分や家族の食生活を見直すきっかけを作ってもらうことが目的です。そうして、この授業を通して、これから本学で学ぶ意義を考えてもらいたいと思っています。また、栄養学の基礎や関係のある科目など学問への関心を引き出す役目も担っているようです。

香川芳子講義風景

四群点数法とは、なにを、どれだけ食べたら栄養のバランスがよいかという食事法の基本です。豊かな時代だからといって、好きなように食べていると病気になります。食べ方によって健康にも不健康にもなるのです。ですから、正しい食べ方を身につけることは一生の宝物です。

栄養教諭の誕生

日本人の平均寿命は、平成十八年には男性七十九・〇歳、女性八十五・八歳。男女総合で世界一です。ところが同じ年の国民健康・栄養調査では糖尿病が強く疑われる人＝約八二〇万人、その可能性が否定できない人＝一〇五〇万人、合計＝約一八七〇万人と推定。これではとても平均寿命世界一と喜ぶわけにはいきません。また、子どもについても同じようなことがあります。平成十七年の調査によると、小中学生の肥満度を十七年前に比べると、「肥満」「太りぎみ」の男子は一九・六％から二二・六％に、女子も二二・九％から二五・四％に増加しています。

その大きな原因は食生活の変化です。もともと日本人は植物性食品が中心で、飢饉になっても耐えられるように、食べたものを少し余分に脂にして蓄えておくという、太りやすい体質を持っています。ところが、経済的に豊かになり食生活が欧米化して脂肪摂取量が三倍にもなっています。当然、高エネルギーの食品をとりすぎれば肥満になります。

また、スナック菓子やソフトドリンクなど、エンプティーカロリー食品も原因の一つです。

安くて子どもでも買えて、簡単に空腹を満たしてくれます。そのため偏食になり、体に必要なタンパク質やビタミン、ミネラルが不足し、エネルギーばかりが多くなって、肥満から生活習慣病を招くというわけです。

ライフスタイルの変化も大きな原因です。核家族になり子どもだけの食事も多くなりました。塾通いのために食事時間が乱れ、夜更かしやゲームに夢中な子ども、家族そろっての食事と団欒《だんらん》も減少しました。食のマナーや日本の伝統食を学ぶ機会も少なくなっています。その結果、肥満児が増え、睡眠不足や朝食欠食、無気力児などが多くなっているのです。

こんな状況を放置していると、子どもたちは好き勝手に食べ、肥満や糖尿病などの生活習慣病になり、一生をだいなしにしてしまいます。それは本人だけの問題ではなく、日本の未来にもかかわることです。

そんな心配をしていた平成十三年三月三十一日、私と靖雄、達雄の三人が卒業生の紹介で厚生労働大臣と話をする機会がありました。当時、ベストセラーになっていた靖雄の著書『生活習慣病を防ぐ』（岩波新書）をテキストにして、食生活が乱れて生活習慣病が増え、医療費が激増していること、女子栄養大学のクリニックでは四群点数法の食事で健康を回復している人がいること、国をあげて栄養対策や食育をやらないと日本はたいへんなことになりますよ、と話をしました。

その後、文部科学省が「食に関する指導の充実のための取組体制の整備に関する調査研究協力者会議」を立ち上げ、私もメンバーの一人として協議に参加しました。平成十七年四月から栄養教諭制度が実施されることになり、食育基本法も同年六月に公布されました。教育の基本である知育、徳育、体育、それに食育が加わったのです。

この栄養教諭の実現は、学校栄養士たちが長い間望んでいたものです。たくさんの卒業生が栄養士として学校給食に携わっていますが、「食事を作る人」だけでは子どもたちの健康は守れない、子どもたちに直接食の指導をしたいという声が早くから出ていました。そして、やっと念願がかなったのです。

栄養教諭の免許状は、栄養士あるいは管理栄養士の基礎資格の上に、教育に関する専門性をあわせ持つという画期的なものです。具体的には学校給食を担当する栄養士に養護教諭と同様の教員免許を持つ人です。これからは栄養教育の専門家として、学校での食育のコーディネーターになれます。本学では、短期大学部も含めて栄養教諭の教員養成課程が認められました。

文部科学省の「栄養教諭制度の概要」が表のように示されています。このように職務はいろいろありますが、年間の授業計画の中で授業や行事に合った献立を考えるとか、畑で野菜を子どもたちといっしょに育て、料理を作って好き嫌いのないように指導するというわけです。また、アレルギーや肥満の子どもの個人指導もできるということです。

その意味で学校給食は食育をするにふさわしい教材です。日本の学校給食は児童の場合、九九%、生徒でも七〇%近くが食べていますが、これほど学校給食が普及している国はありません。また、うれしいことに子どもたち自身、食について大きな関心があります。平成十七年度の国民健康・栄養調査で、子どもたちに「食習慣で改善したい点」を尋ねたところ、ベスト五は、①食品を選んだり、食事のバランスを整えるのに困らない知識や技術を身につける＝六六・五%、②副菜（野菜）を十分食べる＝五四・六%、③菓子や甘い飲み物をほどほどにする＝四九・六%、④主食・副菜・主菜を組み合わせて食べる＝四三・三%、⑤油の多い料理を控える＝三二・五%などとなっています。

　このように、子どもたちは食や栄養のこと、健康のことを学びたがっているのです。栄養教諭は、子どもたちに人間が生き

栄養教諭制度の概要

○趣旨

　食生活を取り巻く社会環境が大きく変化し、食生活の多様化が進む中で、朝食をとらない子どもの食生活の乱れが指摘されており、子どもが将来にわたって健康に生活していけるよう、栄養や食事のとり方などについて正しい知識に基づいて自ら判断し、食をコントロールしていく「食の自己管理能力」や「望ましい食習慣」を子どもたちに身につけさせることが必要となっている。

　このため、食に関する指導（学校における食育）の推進に中核的な役割を担う「栄養教諭」制度が創設され、平成17年度から施行される。

○職務

　食に関する指導と給食管理を一体のものとして行うことにより、地場産物を活用して給食と食に関する指導を実施するなど、教育上の高い相乗効果がもたらされる。

（1）食に関する指導

①肥満、偏食、食物アレルギーなどの児童生徒に対する個別指導を行う。

②学級活動、教科、学校行事等の時間に、学級担任等と連携して、集団的な食に関する指導を行う。

③他の教職員や家庭・地域と連携した食に関する指導を推進するための連絡・調整を行う。

（2）学校給食の管理

栄養管理、衛生管理、検食、物資管理等

※○資格、○配置、○身分については省略

ていくための基本は健康であること、そのためには「なにを」「どれだけ」「どのように食べればよいか」をしっかり身につけさせてほしいのです。その食習慣が大人になっても健康を守ることになるのですから。

けれども、栄養教諭の配置は学校給食を運営する自治体が決めることです。そのため市で一人とか町で一人といったケースがあり、何校かをかけ持ちしている栄養教諭もいます。これではとても満足な食育はできません。未来を担う子どもたちのために、自治体に栄養教諭の配置を働きかけていきたいと思います。

同じように私が心配しているのは、保育園や幼稚園の食事やおやつです。小さいときにいろんな食べ物を経験させ覚えさせることがたいせつですが、経済的な理由から栄養士を置かず手間のかからないものを提供している施設が多いのではないでしょうか。小さな子どもの中には、ご飯を食べない子、肉が噛《か》めない子、ソフトドリンクやインスタントラーメンしか口にしたことがない子、形のある食品が嚥下《えんげ》できない子など、悲惨な子どもの話を耳にします。そのため体の成長が遅いだけでなく、知能の発達が遅れる場合もあるのです。保育園や幼稚園も、学校給食と同じように栄養士を活用してほしいものです。

食育は、子どもだけの問題ではありません。食育基本法でも「すべての国民が心身の健康を確保し、生涯にわたって生き生きと暮らすことができるようにすることが大切である」と記しています。

実践と社会貢献

国民が心身ともに健康であるためには、大学や研究所、産業界も公共機関も協力し合うことが必要です。産学連携・地域協力とは、お互いに協力し合い、よりよい成果や情報を社会に還元することですが、すでに本学でも取り組んでいます。その一つに、平成十九年から取り組んだ「坂戸市葉酸プロジェクト」があります。これは埼玉県坂戸市と女子栄養大学が連携し、認知症の予防効果があるといわれる葉酸を一日に四〇〇マイクログラム摂取しようという運動です。香川靖雄の研究を生かしたものですが、希望者には遺伝子検査や栄養調査などに基づいて料理と運動の個人プログラムを作って提供しています。また、「さかど葉酸ブレッド」などもメーカーと共同で商品開発し、発売しています。

生活習慣病の予防や健康維持・増進という観点から、運動施設を持つ大手企業とも提携しました。本学の「栄養」と、その企業の「運動」に関するノウハウを補充し合い、栄養指導と運動を行なうことができる指導者の育成や健康づくりプログラムの共同開発などを行なうというものです。そのため、平成二十年度入学生から保健栄養学科栄養科学専攻のカリキュラムにスポーツライフサイエンスの科目群を加え、スポーツ栄養実践指導士としての実力をつけるように改善しました。

ほかにも、栄養クリニックとバイオ研究開発企業との提携、コンビニと「お弁当」の共同開発などいろいろありますが、地域協力についていえば、東京都荒川区の区長さんから、区民の健康施策について相談を受けたことがあります。

どの区でも同じですが、高齢者が増え、医療費が膨張しています。高齢者は買い物をするのも負担になり、栄養のバランスがとれた食事をとることがむずかしく、どうしても病気がちになります。そこで私は、高齢者に地域の学校まで歩いてきてもらい、学校給食を提供することを提案しました。自治体が運営する学校給食をうまく利用すれば、もっと高齢者が健康になれるというのが、私の持論です。

そんなことから、荒川区では週に一回、学校給食が近所のお年寄りに開放され、介護予防の効果を上げています。また、区内の飲食店の自薦メニューを改善した「満点メニュー」を本学短大部が各飲食店と共同開発し、利用者に健康によい料理を提供しています。

また、スーパーに学生食堂のレシピカードを提供するなど、さまざまな産学連携・地域協力のネットワークが生まれています。さらに、学園内の料理講習会や栄養と健康についての生涯学習講師派遣など、社会のニーズにこたえて活動を行なっています。

食と健康の分野は、単に栄養や運動に関係があるというだけではありません。健康は人間の基本ですから、社会や経済、農業や気候など多くの分野にかかわっています。本学は、多方面に活動の可能性があるといえるでしょう。

産学連携や地域協力とは少し違いますが、社会に貢献するものといえば、本学の出版部や代理部、学食や菓子工房の「プランタン」なども同じです。出版部は『栄養と料理』や書籍を数多く出版し、全国に食や健康に関する情報を提供しています。また、学生食堂のおいしいランチや菓子工房のパンやケーキも街の人たちに喜ばれていますし、調理器具などを販売している代理部もたくさんの人に利用されているのです。

本稿は「創設の遺志を継いで」と題しています。昔、唐の皇帝太宗が二人の家臣に「創業と守成いずれが難きや」と問うたところ、一方は「創業のほうが困難」、他方は「守成のほうが困難」と答えました。それに対し、太宗は「創業の困難が去った今、守成の困難をどう克服していくかである」としました。創業はたいへんですが、成果が目に見えます。ところが、守成つまり維持は創業と違って、根気よく努力しても目に見える成果が現われるわけではなく、細かい心づかいが要求されるのです。

本学の創立の精神は「食を通して人々の健康の増進と病気を予防する実践的人材を育て、社会に貢献すること」ですが、これまで述べてきたように、学科の新設や資格の取得、産学提携や地域協力、出版部や代理部などどの一つをとっても、すべてにその精神が貫かれています。それはまた、私たちの持つ知識や技術を、未来を担う子どもたちと、今を生きている人々の健康のために役立てる使命があるということです。職場にあるときはもちろん、家庭にいるときも、その使命と誇りを心にとめてほしいと思います。

私たちの願いは、すべての人が自分の身体能力に応じて持てる力を十分に発揮し、生き生きとした人生を過ごしていくことです。

あとがきにかえて――学生へのメッセージ

綾は手紙や色紙をこまめに書く人でした。なにか思いつくと卒業生に便りを、あるいは礼状を出していました。印象に残っているのは色紙を書くときの姿です。居間のテーブルで墨をすり、練習をし、それから清書をしますが、沈黙のまま背を伸ばし、しっかりと筆をおろしていました。忙しい中で自分を見つめる時間だったのかもしれません。

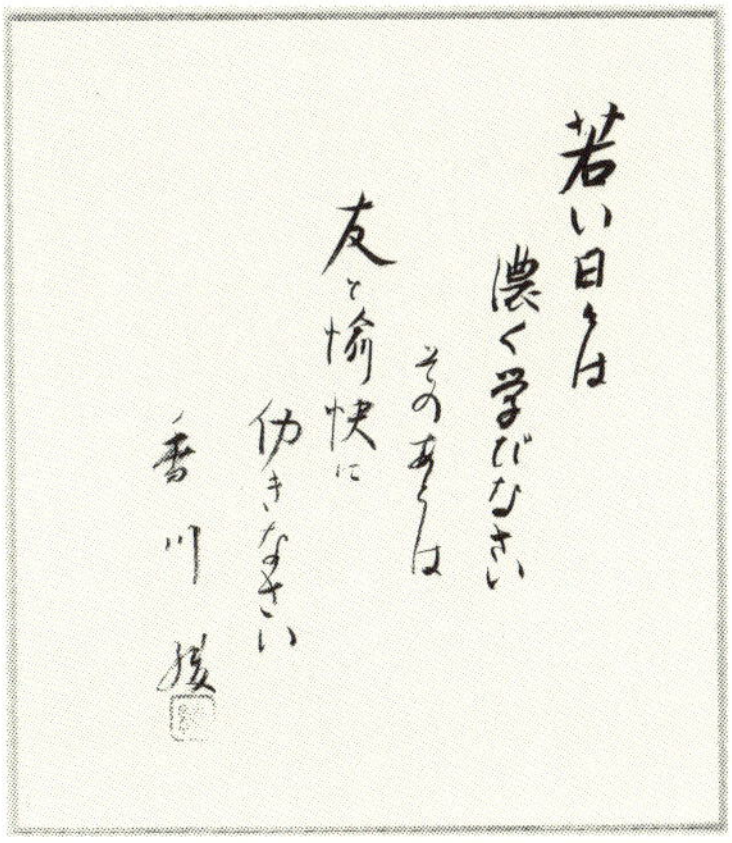

綾による色紙

色紙の中で特に多いのが「実践」です。実践は綾の信念であり、本学のバックボーンですが、次の色紙は学園の創立者として学生や卒業生、私たち関係者にも伝えたかったこと、そして折にふれて思い出してほしいと望んだメッセージではないかと思います。

実践なき理論は空しい
理論なき実践は発展しない
朝に読書して思索し
夕に反省して苦悩と戦い
あすの希望に夢を託す

人は置かれた環境から
全力をつくして出発する
その繰返しです

すこやかに
栄養学を学ぶなり
若人の上に幸あれと祈る

若い日々は濃く学びなさい

そのあとは友と愉快に働きなさい

私はというと色紙はほとんど書いたことがありませんが、いま心に浮かぶメッセージを言葉にしてみたいと思います。

人生、あせることはありません
しかし、学問も技術も日進月歩
学んでいれば道はかならず開けてきます

綾は満九十八歳で亡くなりました。そのせいか、私は八十一歳になった現在でも「人生あせることはない」と思っています。まだまだ自分のやりたいことができるからです。

といっても、のほほんと過ごしなさいというわけではありません。特に技術系の場合は、機械も機能もどんどん新しくなってきます。そのため、後輩が入ってくると行き詰まって退職する人もいるといいます。どんな職場でも同じですが、たとえ国家試験に合格していたとしても、それは一生を保障するものではありません。長くなれば配置転換もあるでしょう。そのときのために、自分の専門分野以外のことも勉強しておくことです。

私は
あなたたちの力を信じています
自分がやりたい分野の
道をきわめてほしいのです

毎年、私は学生に大学院に入りませんかと声をかけています。しかし、たいていの学生が管理栄養士になりたいからとか就職が決まったからとかいって社会人になります。

それが悪いというのではありません。自分の知識と技術を生かして社会に奉仕することはすばらしいことです。しかし最近は、専門家といえば大学院卒業があたりまえの時代になっています。技術部門であろうと研究部門であろうと、社会も高度な専門家を求めているのです。

ところが、それにこたえる学生が少ないのは、女性に意欲が足りないのか、まだ社会的に機が熟していないのか。アメリカの大学などは託児所があり、子どもを預けて大学院で勉強しています。そのうち日本でも託児所ができ、女性が勉強しやすい環境になるのではないかと思います。

私は女性の力を大きく評価していますが、単に大学院への進学をといっているのではありません。自分の得意な分野をきわめるために、もう一段上を目指してほしいのです。それがまた、人々の健康を願って栄養学を学ぶ者の務めでもあると思います。

料理は大きな武器です
自分の健康のためにも
人のためにも役立つのです

もう古い話ですが、私がかかわっていた医学部で、健康教育と食事改善のために、若い医者と学生たちが地方に出かけました。医者はこういうものが健康にいいですよと理屈は言えても、結局頼りにされたのは料理が作れる人だったといいます。つまり、料理は医者にも手が出せない独特の分野であること。そして、健康のもととなる食生活を実際に変えられるのは料理だということです。

ところが管理栄養士の国家試験では調理分野が大幅に減りました。そのため、どこの大学でも調理の授業が少なくなりました。しかし、栄養のことは理解できても料理が作れなければ、自分の健康さえ維持できません。特に人を指導する場合、私たちの大学の栄養クリニックがやっているように、料理を作って食べてもらい、本人にそれを記録させて、今度はメニューどおりに料理が作れるようになってもらわなければ、健康にはなりません。食と健康の分野にかかわる人は、料理が作れなければ説得力がなく、人の指導はできないといってもよいでしょう。

自分で料理を作る男性は、妻を亡くしたあとも長生きだといわれていますが、栄養と料理が一つになって、初めて食生活の改善ができ自分も人も健康になるのです。また、食べることは人生の楽しみの一つですから、自分の将来のためにも料理を習っておくとよいでしょう。『美味礼賛』の著者、ブリア・サヴァランは「新しい料理の発見は、新しい星の発見よりも人間を幸せにするものだ」といっているほどです。

生きるために学ぶ
学ぶために生きる
学んでじゃまになること
重荷になることは
なにひとつありません

確か、綾の文章に「生涯学習　生涯青春」という言葉があったように思いますが、最近しきりにいわれている生涯学習とは、生きている限り学び続けることです。学び続けていれば、生き生きと充実した生活が送れるからです。

そんな人たちが本学にはたくさんいます。六十歳を過ぎて自分の健康のために栄養学を学んでいる人、定年後に調理師科に入学し、お店を持ちたいという男性、昼間は働いたり高齢の両親のめんどうを見ながら四年制の二部で勉強をしている四十代、五十代の人、そして新しい知識を学ぶために再入学した人など。「生涯学習　生涯青春」を目《ま》のあたりにしているのです。

本学では、正規の学習のほかいろいろなことが修得できます。学科の専攻によって違いますが、訪問介護員（二級）、介護食士、フードスペシャリスト、食品衛生監視員、食品衛生管理者、情報処理技能検定や調理の技術を保証する家庭料理技能検定など。

こうした資格は、仕事には必要がない人もいるでしょう。しかし、たとえば訪問介護員や介護食士の知識や技術は両親のために役立つかもしれません。また、家庭料理技能検定も自分の家庭ばかりでなく、ボランティアで喜ばれることが多いはずです。もちろん生涯学習といえば、趣味の英会話や書道、絵画や俳句など習いたいという人もいるでしょう。

平均寿命が八十五歳を超える時代ですから、なにを習っても、何歳からでもいいのです。ところが、私たちの学園の卒業生を見ていると、みんな元気で、九十歳ごろまで長生きができるのではないかと思います。それは栄養学を学び、自分の健康を保つ方法がわかっているからです。そして、栄養学も三、四年でリニューアルされるため、仕事を持っていない人でも、講習会に出席したり再入学したりして学ぶことを惜しまないからです。学ぶことで希望が生まれ、人間関係も豊かになって人生が楽しくなるのでしょう。

私もコーラスやカメラなど分野外のことを楽しんでいますが、綾が亡くなった九十八歳ごろまで学びながら生きていきたいと思っています。

学校法人 香川栄養学園の構成

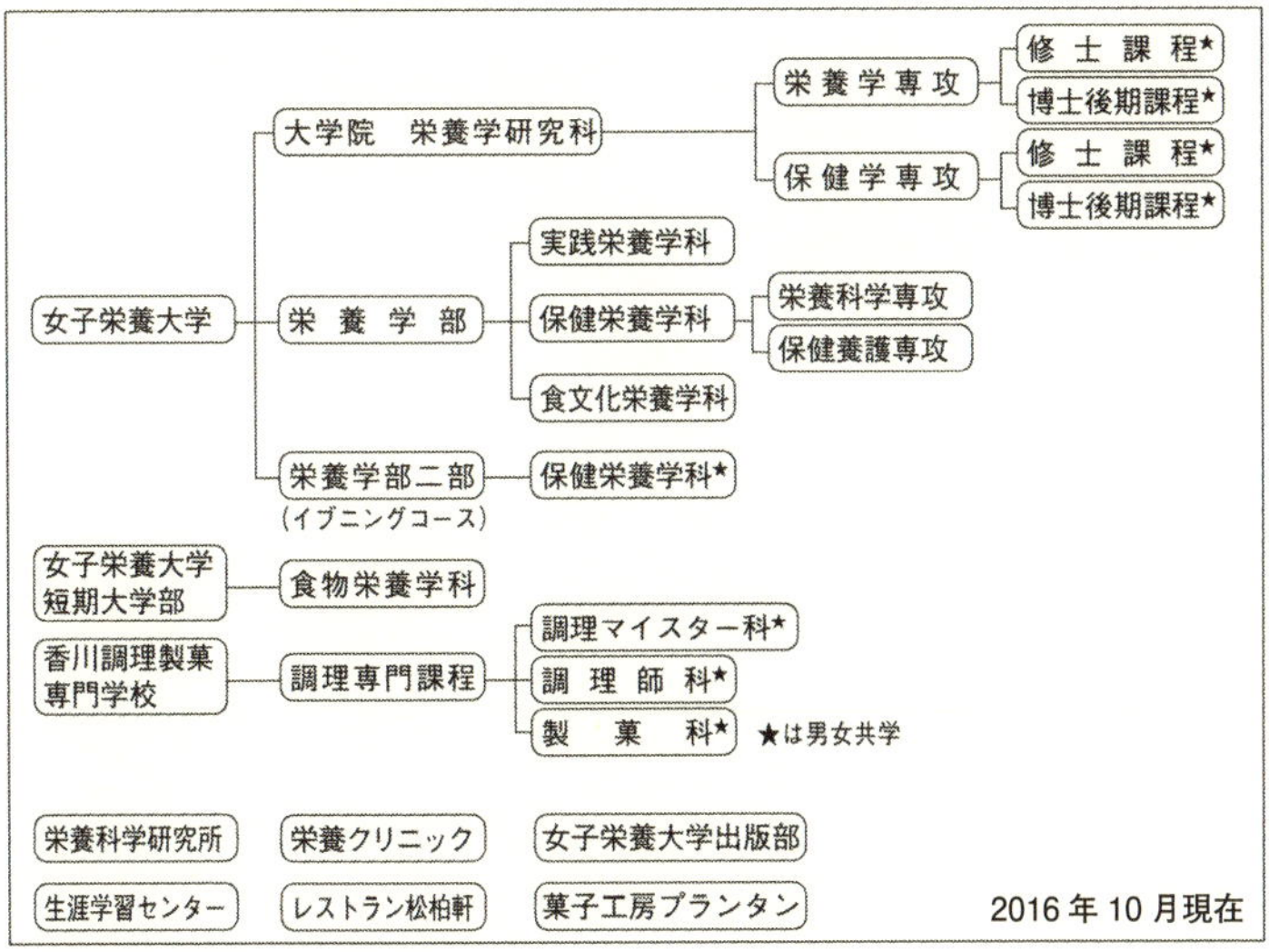

おもな取得資格（受験資格を含む）

管理栄養士
栄養士
栄養教諭（一種・二種）免許状
食品衛生監視員
食品衛生管理者
中学校・高等学校教諭一種免許状（家庭・保健）
高等学校教諭一種免許状（看護）
臨床検査技師
養護教諭一種免許状
食品微生物検査技士
バイオ技術者
スポーツリーダー
スポーツ栄養実践指導者®
フードスペシャリスト
フードコーディネーター３級
調理師
情報処理技能検定
家庭料理技能検定®
介護食士３級
食育インストラクター
食生活指導士®１級
キュイジィーヌ&バンケットコーディネーター３級
ラッピングクリエイター３級
製菓衛生師受験資格
フードアナリスト４級
カフェクリエーター３級
パンコーディネーター
洋菓子・和菓子・パン製造技能士
実践健康教育士
食品技術管理専門士

2016年10月現在

香川栄養学園の歴史

一八九五年（明治28）　香川昇三　香川県で誕生
一八九九年（明治32）　横巻綾（後の香川綾）和歌山県で誕生
一九二四年（大正13）　香川昇三　東京帝国大学医学部卒業
一九二六年（大正15）　横巻綾　東京女子医学専門学校卒業
一九二八年（昭和3）　綾「主食は胚芽米、副食は魚一、豆一、野菜が四」を講習会で提案
一九三三年（昭和8）　香川昇三・綾　小石川駕籠町の自宅で「家庭食養研究会」発足
一九三五年（昭和10）　月刊誌『栄養と料理』創刊
料理カード作成
一九三七年（昭和12）　「栄養と料理学園」設立　全国から学生を募集
一九四〇年（昭和15）　「女子栄養学園」に改称
家庭献立材料配給所開設
一九四一年（昭和16）　香友会（同窓会）創立
第一回国民食展覧会開催
一九四二年（昭和17）　東京都豊島区駒込に新校舎完成
一九四五年（昭和20）　4月　空襲で校舎全焼
5月　群馬県に学園疎開
7月　香川昇三死去（享年51歳）
一九四六年（昭和21）　『栄養と料理』復刊
群馬県衛生課の依頼により第一回の栄養調査を行なう
疎開学園卒業式・学園閉鎖
※学校給食一部実施
一九四七年（昭和22）　女子栄養学園復活（駕籠町一九八番地）
※栄養士法公布
一九四八年（昭和23）　「財団法人香川栄養学園」設立
栄養生活普及会発足
香川綾「五つの食品群」提案
香川綾　計量カップ、スプーン考案
※保健所法改正により保健所に栄養士配置
一九四九年（昭和24）　香川綾　東京大学から医学博士授与される
一九五〇年（昭和25）　女子栄養短期大学創立　学長香川綾
駒込校舎（木造）完成

香川綾「七つの食品群」提案
一九五一年(昭和26) 「学校法人香川栄養学園」に改組
第一回栄養展開催
一九五二年(昭和27) ※栄養改善法公布
※国民栄養調査を法律で規定
一九五三年(昭和28) 「栄養家計簿」発行
一九五四年(昭和29) 駒込校舎一号館完成
※学校給食法公布
一九五五年(昭和30) 子ども料理教室開設
一九五六年(昭和31) 短期大学第二部栄養科開設
短期大学専攻科第一部開設
香川綾「四つの食品群」提案
一九五八年(昭和33) ※調理師法公布
一九五九年(昭和34) 香川調理師学校開設
校歌作成
一九六〇年(昭和35) 料理通信講座「たのしい食事」開設
一九六一年(昭和36) 女子栄養大学家政学部食物栄養学科創立(学長兼教授 香川綾)
「香川栄養学校」開設(女子栄養学園と香川調理師学校を統合し、栄養士科、調理師科発足)
一九六二年(昭和37) 女子栄養短期大学別科開設

香川綾 教育功労者として藍綬褒章受章
※栄養士法一部改正により管理栄養士登録制度制定
一九六三年(昭和38) 女子栄養大学教養部 埼玉県坂戸町に開設
女子栄養大学料理技術検定発足
香川綾 国民栄養調査や厚生省の栄養所要量を参考に「四つの食品群」を改定、80キロカロリーを1点とする食事法を発案
一九六四年(昭和39) 文部省認定女子栄養大学社会通信教育「栄養と料理」講座開設
短期大学第二部食物栄養科開設
香川料理教室開設
女子栄養大学料理技術検定開始
東京オリンピック選手村の食事サービスに協力(専攻科、調理師科)
※徳島大学医学部栄養学科開設
一九六五年(昭和40) 女子栄養大学家政学部食物栄養学科を栄養学部栄養学科に改組
管理栄養士養成校の認可を受ける
社会通信教育講座開講
一九六七年(昭和42) 女子栄養大学第二部栄養学科開設

レストラン松柏軒開設
一九六八年（昭和43）　香川栄養学校製菓衛生師科開設
栄養クリニック開設（所長香川芳子）
一九六九年（昭和44）　大学院栄養学専攻修士課程開設
栄養学研究所開設
女子栄養大学報創刊
一九七〇年（昭和45）　香川栄養学校ホテル・レストラン科開設
香川綾に「栄養学の実践応用に関する研究と普及」の功績で日本栄養・食糧学会佐伯賞が授与される
女子栄養大学紀要創刊
香川綾「四群点数法」提案
一九七一年（昭和46）　短期大学第二部食物栄養学科開設
一九七二年（昭和47）　香川栄養学校製菓衛生師科を製菓専門科に
香川綾　勲二等瑞宝章を授与される
一九七三年（昭和48）　「食品80キロカロリー成分表」刊行
香川綾　1点80キロカロリーをまとめ「四群点数法」の名称を使いはじめる
一九七四年（昭和49）　大学栄養学部栄養学科を実践栄養学専攻と栄養科学専攻に分離

※学校給食法一部改正により学校栄養職員（栄養士）配置決定
一九七五年（昭和50）　香友会「香友荘」二号館落成
※第一次改定日本人の栄養所要量の策定
一九七六年（昭和51）　専修学校法に基づき香川栄養学校を「香川栄養専門学校」に改組
一九八〇年（昭和55）　大学栄養学部に保健栄養学科開設
大学栄養学部を埼玉県坂戸市に全面移転
一九八一年（昭和56）　香川栄養学園誌「香窓」創刊
一九八三年（昭和58）　香川栄養学園創立50周年
横巻のぶ記念奨学基金設立
一九八四年（昭和59）香川綾　学校給食法制定30周年を記念して文部大臣より表彰
香川綾エイボン女性大賞受賞
一九八五年（昭和60）　『栄養と料理』創刊50周年記念展開催
※栄養士法・栄養改善法一部改正により管理栄養士国家試験制度の制定
一九八六年（昭和61）　坂戸校舎2号館完成
香友会　香川綾米寿記念の胸像を駒込校舎に建立
※調理師法一部改正

一九八七年（昭和62）「女子栄養大学料理技術検定」が文部省認定「家庭料理技能検定」となる
一九八八年（昭和63）校旗（大学・短大・専門学校）制作
一九八九年（昭和64・平成元）大学院に栄養学専攻博士課程開設
一九九〇年（平成2）香川綾　理事長・学長・校長を退任し香川栄養学園長となる
学長・校長に香川芳子　理事長に香川達雄就任
栄養科学研究所開設
綾栄会募金発足
一九九一年（平成3）香川栄養専門学校、調理高等課程を調理専門課程と調理高等課程に分離、製菓科は調理専門課程製菓科となる
香川綾　文化功労者に顕彰される
一九九二年（平成4）香友会50周年祝賀会
一九九三年（平成5）大学栄養学部に文化栄養学科開設
香川栄養学園創立60周年
香川綾　東京都名誉都民の称号を授与される
一九九四年（平成6）埼玉県家庭科教員養成研修生受入れ
西オーストラリアの3大学と国際交流提携
オーストラリア研修旅行始まる

※高等学校家庭科男女必修開始
一九九五年（平成7）大学院に保健学専攻修士課程開設
国際交流センター発足
一九九六年（平成8）香川靖雄に「研究・教育」の功績で紫綬褒章が授与される
※厚生省「成人病」を「生活習慣病」に改称
一九九七年（平成9）大学院に保健学専攻博士課程開設
創立者香川綾死去（享年98歳）、位階「正四位」に叙せられ、銀杯を賜与される
香川綾奨励賞新設
学園ホームページ開設
一九九八年（平成10）女子栄養大学生涯学習講師認定制度発足
大学入試センター試験実施
一九九九年（平成11）大学院創立30周年
短期大学創立50周年
女子栄養大学生涯学習講師誕生
文部省助成ハイテクリサーチセンター研究「高度バイオテクノロジーによる生活習慣病の一次予防」発足
二〇〇〇年（平成12）短期大学を「女子栄養大学短期大学部」に名称変更

短期大学食物栄養学科第一部を短期大学部食物栄養学科に変更
香川綾記念講師派遣事業開始
香友会より学園に「香川綾記念教育交流センター」の建物を寄贈される
※栄養士法改正、介護保険制度スタート、健康日本21政策発足

二〇〇一年（平成13）　香川昇三・綾記念展示室開設
第1回「香川綾記念会」開催
短期大学部第二部（夜間）廃止
「訪問介護員2級認定講座」開講

二〇〇二年（平成14）　モバイルキャンパス運用開始
香川芳子に「栄養教育」の功績で日本栄養・食糧学会功労賞が授与される
※健康増進法公布

二〇〇三年（平成15）　大学栄養学部栄養学科実践栄養学専攻を実践栄養学科に、栄養学科栄養科学専攻ならびに保健栄養学科を統合し保健栄養学科に改組
同栄養学部二部栄養学科を保健栄養学科に改称
ＦＤ委員会（香川靖雄委員長）発足　シラバス電子化
『栄養と料理』デジタルアーカイブス公開
「介護食士3級認定講座」開講

二〇〇四年（平成16）　現職栄養教諭を対象に栄養教諭免許取得に必要な「科目履修」を実施（第一期生の栄養教諭誕生）

二〇〇五年（平成17）　※食育基本法公布、栄養教諭制度施行、日本人の食事摂取基準［２００５年版］の策定

二〇〇六年（平成18）　大学文化栄養学科を食文化栄養学科に改称
香川靖雄に「研究・教育」の功績で瑞宝中綬章が授与される
埼玉県坂戸市と市内3大学との連携協力　葉酸プロジェクト発足
独立法人国立女性教育会館と連携協定
（株）埼玉りそな銀行と連携協定

二〇〇七年（平成19）　坂戸キャンパスにおいて第39回アジア太平洋公衆衛生学術連合国際会議開催
香川芳子にアジア太平洋公衆衛生学術連合より功労賞が授与される
（株）コナミスポーツ&ライフ、（株）ベルクと

連携協力
東京都豊島区と区内6大学との連携協力

二〇〇八年（平成20）　坂戸キャンパスにおいて第62回日本栄養・食糧学会大会開催
国立科学博物館展示「なでしこたちの挑戦」の6名の女性科学者に綾が選ばれる
（株）サンメリーと連携協定
秋田県と連携協定
大学院修士課程特別奨学生制度開始
※特定健診・特定保健指導制度発足
二〇〇九年（平成21）　2年制調理師科養成過程（調理マイスター科）の設置
（株）グリーンハウス、（株）日清製粉本社グループ、（株）イトーヨーカ堂と連携協定
大学院修士課程長期履修学生制度を開始
北郁子奨学基金創設
※日本人の食事摂取基準［2010年版］の策定

二〇一〇年（平成22）　ハウスウェルネスフーズ（株）と連携協定
埼玉県農業大学校と連携協定
香川芳子「ひまわり褒章2010」で「食文化・食育功労賞」受賞
ソウル国立大学生活科学部と学生交流に関する連携を締結
香川芳子「荒川区特別功労者」として表彰される
「香川栄養専門学校」を「香川調理製菓専門学校」に名称変更
香川栄養専門学校栄養専門課程「栄養士科」閉幕式
短期大学部に大学・短期大学既卒者のためのキャリアコース設置
「女子栄養大学・女子栄養短期大学部保護者会」を組織

二〇一一年（平成23）　香川達雄「日本私立大学協会永年功労役員表彰」受賞
福井県と連携協定
埼玉医科大学と連携協定
埼玉県と連携協定
※3月11日東日本大震災

二〇一二年（平成24）　卒業生が主宰する料理教室に対する認定制度スタート
香川芳子　香川調理製菓専門学校校長・副校長を退任
香川調理製菓専門学校校長に香川明夫就任

イオン（株）、川越総合卸売市場（株）と連携協定タイ国マヒドン大学公衆衛生学部との大学間交流に関する覚書を締結

二〇一三年（平成25）　学園創立80周年
東京都麺類生活衛生同業組合、（株）プロントコーポレーションと連携協定
香川県と連携協定
クイーンズランド工科大学と国際協力合意書を締結
香川達雄　理事長退任
理事長に香川芳子就任

二〇一四年（平成26）　香川明夫　香川調理製菓専門学校校長を退任。校長に古川瑞雄就任
（株）東急百貨店と連携協定

※日本人の食事摂取基準［２０１５年版］の策定

二〇一五年（平成27）　香川芳子　理事長・学長を退任し香川栄養学園長となる
理事長・学長に香川明夫就任
生活協同組合連合会コープネット事業連合、キリン（株）と連携協定

二〇一六年（平成28）　香川靖雄［The Medal of Merit］（APACPH）受賞
ソウル国立大学生活科大学と学術、研究協力に関する覚書を締結
西洋フード・コンパスグループ（株）、埼玉縣信用金庫・さいしんコラボ産学官連携協定

（注）産学官連携は他にも多数

・第一章から第十章は『栄養学と私の半生記』（香川綾著・女子栄養大学出版部）を一部改変し掲載した。
・本文中の編集部による注は（注・――）として示した。

香川綾の歩んだ道――現代に活きる実践栄養学
2008年11月1日　初版第1刷発行
2016年11月20日　初版第4刷発行

著　者　香川綾・香川芳子
発行者　香川明夫
発行所　女子栄養大学出版部
〒170-8481　東京都豊島区駒込3-24-3
TEL 03-3918-5411（営業）　03-3918-5301（編集）
http://www.eiyo21.com
振　替　00160-3-84647

編集協力　岡田美代子
DTP　株式会社VNC
校正　編集工房DAL／土田玉江
印刷・製本　中央精版印刷株式会社

乱丁本・落丁本はお取り替えいたします。

ISBN978-4-7895-5353-7